Christina Buchner

Neues Lesen – neues Lernen

Christina Buchner

Neues Lesen – neues Lernen

Vom Lesefrust zur Leselust

VAK

VAK Verlags GmbH
Kirchzarten bei Freiburg

Bibliografische Information Der Deutschen Bibliothek
Die Deutsche Bibliothek verzeichnet diese Publikation in der Deutschen Nationalbibliografie; detaillierte bibliografische Daten sind im Internet über http://dnb.ddb.de abrufbar.

Abbildungen: Chr. Buchner, sofern keine andere Quellenangabe
Lektorat: Dorothea Wenninger
Umschlag: Hugo Waschkowski, Freiburg
Satz und Druck: FVA, Fulda
Printed in Germany
ISBN 3-935767-26-9

Inhalt

Vorwort

Als ich vor über 12 Jahren die erste Fassung dieses Buches schrieb, war ich eine Vorreiterin einer anderen – und wie ich fand: besseren – Art, das Lesen zu lehren. Vieles hat sich seither zum Positiven gewandelt. In den meisten Klassen haben die Kinder nun ausreichend Zeit, die neuen Buchstaben zu lernen, und werden nicht mehr in blinder Hast durch das Alphabet gehetzt, damit an Weihnachten „alles durch" ist. Es gibt vielerorts auch Bemühungen, Kinder mit allen Sinnen lernen zu lassen. Trotz dieser Verbesserungen bleiben aber diejenigen Kinder, denen das Lesenlernen nicht leicht fällt, oft immer noch weit hinter ihren Mitschülern zurück und erreichen nie soviel Lesekompetenz, dass sie jemals die Freude am Lesen selbst erleben könnten

Lernstörungen zu bekommen ist kein unabwendbares Schicksal, davon bin ich heute mehr denn je überzeugt. Ich wünsche mir sehr, Ihnen mit diesem Buch eine Reihe von Möglichkeiten aufzuzeigen, die Ihren Handlungsspielraum erweitern und es Ihnen leichter machen, Ihren Leselehrgang so zu gestalten, dass möglichst viele Kinder eine echte Chance haben, gute Leser zu werden – wenn sie bereit sind, sich anzustrengen und wenn das Elternhaus die schulische Arbeit unterstützt.

Da auch ich mich in den vergangenen 12 Jahren seit dem Erscheinen dieses Buches weiterentwickelt habe, bekommen meine Leser nun ein fast völlig neues Buch, in dem aber doch auch einiges Vertraute wieder zu finden ist. Nach wie vor dreht sich alles um die Buchstabengeschichten. Detaillierter und reichhaltiger sind die Übungsvorschläge geworden. Es hat auch das phonetische Verschriften Eingang in meine Lesedidaktik gefunden und Sie bekommen etwas sehr Wichtiges, geradezu Notwendiges: eine genaue Anleitung dafür, wie man die Eltern zur Mitarbeit heranzieht. Denn eines ist allen Schulpraktikern mittlerweile klar geworden: Nur allein auf sich gestellt, ohne Unterstützung durch das Elternhaus, kann Schule ihrem Bildungsauftrag nicht mehr gerecht werden.

Auf ein Minimum geschrumpft ist der Teil III der Originalausgabe: Die Beschreibung verschiedener Übungen aus der Edu-Kinestetik zur Prophylaxe und Therapie von Lernstörungen. Sie bekommen zwar einen kurzen Abriss über einige grundlegende Übungen. Genaue und ausführliche Beschreibungen dazu, wie wir unseren Problemkindern helfen und auch deren Eltern entsprechend beraten können, füllen jedoch mittlerweile ein eigenes Buch:

Brain-Gym® & Co., kinderleicht ans Kind gebracht. Ich habe deshalb darauf verzichtet, in der vorliegenden Arbeit eine „Doublette“ dessen zu bringen, was ich dort sehr ausführlich beschrieben habe.

Mögen Sie, meine lieben Leser, in diesem Buch einen nützlichen Begleiter Ihrer alltäglichen Arbeit finden und sich zu einem individuellen, kindgemäßen und dennoch anspruchsvollen Leseunterricht verlocken lassen.

Traunstein, im Februar 2003

Christina Buchner

Einführung

Das Thema Lesen ist zurzeit aktuell wie kaum je zuvor, hat doch der PISA-Schock dafür gesorgt, dass die Tätigkeit „Lernen" ins Zentrum der Aufmerksamkeit gerückt ist. Selten ein Schaden ohne Nutzen und so kann auch PISA eine echte Chance für einen Neubeginn sein. Dieser wird allerdings sicher nicht von Bildungspolitikern ausgehen, auch wenn in entsprechenden Presseverlautbarungen gerne genau dieser Eindruck erweckt wird. Wie man es schaffen kann, erfolgreich zu lernen, ist für zwei Personengruppen von besonderem Interesse: für Lehrer und Eltern. Lehrer, die engagiert arbeiten, wollen, dass Kinder lernen, weil dieser Anspruch für sie mit ihrem Berufsethos untrennbar verbunden ist und sie sich ihrer beruflichen Verantwortung nicht entziehen möchten.

Eltern wollen auch, dass ihre Kinder lernen. Dieser Wunsch ist jedoch bei den meisten Eltern weniger auf den Lernprozess, als vielmehr auf dessen messbare Ergebnisse ausgerichtet, das heißt: Eltern wollen gute Noten für ihre Kinder. Dass gute Noten zwar ein Zeichen für Lernerfolg sein können, aber nicht zwangsläufig sein müssen, ist ihnen oft nicht bewusst. Diese Zusammenhänge sind jedoch nicht Thema des vorliegenden Buches. Ich habe sie an anderer Stelle ausführlich erörtert.[1]

Erfolgreiches Lernen ist nicht das Stapeln irgendwelcher Informationen in unserem Gehirn, es bedeutet weit mehr. Durch erfolgreiches Lernen werden Prozesse in Gang gesetzt, die sich zu Selbstläufern entwickeln und im Idealfall ein Leben lang anhalten. Wer zum Beispiel kochen lernt, kann das auf unterster Ebene betreiben, indem er einige Gerichte „lernt" und diese dann mehr oder weniger gelungen reproduziert. Wirkliches Kochen bedeutet allerdings etwas ganz Anderes: Man erwirbt ein grundsätzliches Handwerkszeug, das es einem ermöglicht, eine ganze Palette von Variationen zu dem ursprünglich Gelernten zu fabrizieren. In allen Lernprozessen, die als Selbstläufer fortbestehen, steckt der Antrieb, die bereits vorhandenen Kenntnisse zu erweitern und zu perfektionieren. Lebenslanges Lernen heißt das Schlagwort, das genau ausdrückt, was Erfolg ausmacht.

In diesem Sinne müssen wir unsere Schüler unterrichten und uns mit deren Eltern verbünden, denn nur in der Zusammenarbeit mit dem Elternhaus und unterstützt durch dieses kann Schule ihrem Bildungsauftrag gerecht werden, das haben die vergangenen zehn Jahre uns deutlich gezeigt. So muss auch der

Leselernprozess von verschiedenen Seiten betrachtet und in einen neuen Kontext gestellt werden.

Die vorliegende Neubearbeitung meines Leselehrgangs integriert vieles, was sich bewährt hat. Es werden aber auch neue, intensivere Wege des Übens und der Einbeziehung der Eltern aufgezeigt. Wenn es uns gelingt, Lesen und den Wunsch nach weiterer Perfektionierung hierin zu einem lebenslangen Selbstläufer zu machen, dann haben wir entscheidende Grundlagen für dauerhaften Lernerfolg, Schulerfolg und Lebenserfolg gelegt. Ohne Lesen läuft nichts.

Die Millionen bedauernswerter Erwachsener, die nach in der Schule durchlaufenem Leselernprozess dennoch zu funktionellen Analphabeten werden konnten, warnen eindringlicher vor den Gefahren des oberflächlichen, bequemen und unreflektierten Lernens als das jegliche theoretische Überlegung könnte. Die Frage stellt sich, wie es denn möglich ist, Lesen und Schreiben wieder zu ver-lernen. Die Antwort ist einfach: Wer Lesen nie richtig lernt, sondern sich immer nur auf der untersten Stufe mühsam durch das Alphabet hangelt, wird dann, wenn er der täglichen Minimalübung des schulischen Alltags entflohen ist, seine nur locker sitzenden spärlichen Kenntnisse tatsächlich verlieren. Sie perlen von ihm ab wie Regentropfen von einer Wachstuchdecke. Damit die entscheidend wichtige Kulturtechnik „Lesen" aber gerade nicht nur an unserer Oberfläche künstlich aufgesetzt bleibt, sondern wirklich in unsere Tiefen eindringt und zu einem unverzichtbaren Teil unserer Persönlichkeit wird, muss der Leselernprozess auf richtige Weise geplant und eingefädelt werden. In den letzten zehn Jahren hat sich an unseren Schulen diesbezüglich manches verbessert. Dennoch bleibt es auch heute mehr oder weniger dem einzelnen Schüler überlassen, mit wie viel Einsatz er übt und somit auch, wie gut er letztendlich das Lesen lernt.

Hier sind wir Fachleute mit unserem didaktischen Wissen und unserer pädagogischen Kompetenz gefragt: Wir müssen Eltern in den Lernprozess mit einbinden und die Verantwortung mit ihnen teilen. Das ist gerade beim Lesenlernen der wichtigste Bestandteil eines effektiven Lehrgangs. Außerdem müssen wir natürlich unser methodisch-didaktisches Vorgehen immer wieder reflektieren und uns auch immer wieder den sich verändernden Gegebenheiten anpassen. Das verlangt Flexibilität im Denken und Handeln von uns. Andererseits ist natürlich nicht etwas nur deshalb schon gut, weil es neu ist. Wir müssen auch das, was sich bewährt hat, bewahren und dazu stehen, dass wir nicht wie ein Fähnchen im Wind jeder didaktischen Mode sofort nachlaufen und ziel- und willenlos alles annehmen, was auf dem Markt ist.

Vor diesem Hintergrund wünsche ich meinen Lesern – und natürlich auch Leserinnen, das sei hier stellvertretend für alle weiteren Male, in denen mit dem generalisierenden Maskulinum beide Geschlechter angesprochen werden, gesagt –, dass sie durch diese Neubearbeitung viele zusätzliche Impulse bekommen, dass sie aber auch in der bisher geleisteten Arbeit bestätigt werden

Teil 1
Allgemeines über das Lesenlernen

Kindgerechte Lesetexte

Schulanfänger bringen ein hohes Maß an Motivation mit, wenn sie ihren Weg durch unser Bildungssystem beginnen. Sie wollen lernen, schlau werden und ganz viel können. In besonderem Maße gilt das – immer noch – für das Lesenlernen. Gerade beim Lesen aber ist deutlich zu sehen, wie sehr Wunsch und Wirklichkeit auseinander klaffen. Immer weniger Kinder werden zu guten und eifrigen Lesern. Schöne Geschichten gefallen allen. Aber diese Geschichten werden in zunehmendem Maße nicht mehr über das Wort vermittelt, sondern über das Bild. War es vor zehn Jahren schon so, dass Figuren wie Heidi, Pippi Langstrumpf und Räuber Hotzenplotz vielen Kindern nur aus Film oder Fernsehen bekannt waren, so hat sich dieser Trend deutlich verstärkt.

Beginnt nun die Leselaufbahn eines Kindes mit herkömmlichen Fibeltexten, so ist aus dem Ballon des kindlichen Lerneifers die Luft möglicherweise sehr schnell entwichen, zumindest dann, wenn das Kind nicht bereits in der Vorschulzeit positive Bekanntschaft mit Büchern gemacht hat. Auch wenn einige Fibeln inzwischen vom Markt verschwunden sind, so ist das neu Hinzugekommene keineswegs so, dass es dafür geeignet wäre, Leseeifer zu wecken und dann auch noch am Leben zu erhalten.

Ich bin Evi
Ich bin Uli
Ich bin Rudi
Ich bin Ina
Uli sucht Ina
Ina sucht Rudi
Rudi sucht Evi
Evi sucht Uli
Otto ruft
Peter Evi Uta
Wir spielen

So stand es früher in einer Fibel zu lesen, die ich besonders langweilig und öde fand. Heute sind in gängigen Fibeln Texte zu finden wie:

Es ist Abend.

Mama ist da.

Am Boden neben Mama ist Lia.

Lia malt Bilder.

Mama arbeitet.

Lia malt eine Reise mit Ali.

Ein anderes Bild ist bereits am Brett.

Ich finde auch diese Texte nicht so grundlegend anders und würde als Kind bestimmt nicht die Mühen des Lesenlernens auf mich nehmen, nur, um etwas derart Banales entziffern zu können. Lesemotivation entsteht durch die Lust an schönen, unterhaltsamen, spannenden, lustigen Texten und durch das Erfolgserlebnis, Fortschritte zu machen. Über die Möglichkeiten, Lernerfolge zu optimieren, spreche ich weiter unten.[2] Hier soll zunächst einmal noch die Qualität der Lesetexte im Mittelpunkt stehen. Es muss dem Kind lohnend erscheinen, das Lesen zu lernen. Dazu muss es durch ansprechende und kindgemäße Geschichten verlockt werden. Weil es diese Geschichten am Anfang natürlich noch nicht selbst lesen kann, braucht es Vorleser. Glücklich sind diejenigen Kinder, in deren Elternhaus gelesen und vorgelesen wird. Ihnen muss die Schule nicht vermitteln, dass es hier um etwas Erstrebenswertes geht. Das ist ihnen bereits bewusst.

Das passive Erleben kommt vor dem aktiven Tun, der Input vor dem Output. Auch das Schulkind braucht das Erlebnis des Vorgelesen-Bekommens, um den Weg zum Selberlesen zu finden. Durch Erzählen und Vorlesen von Geschichten können zwei Fliegen mit einer Klappe geschlagen werden:

- Kinder erleben die Sprache als Medium für schöne Geschichten, erhalten auf diese Weise einen Zugang zu erzählter Handlung (im Gegensatz zu in Bildern gezeigter).
- Die erzählten oder vorgelesenen Geschichten liefern Übungsstoff zum Lesenlernen.

So wird die Tätigkeit Lesen von Anfang an mit echten Inhalten verknüpft. Dieses „von Anfang an“ darf in seiner Bedeutung nicht unterschätzt werden. Es ist viel leichter, etwas gleich auf die richtige Weise zu beginnen, als hinterher an Verbesserungen herumzubasteln. Besonders deutlich ist das im Anfangsrechenunterricht zu sehen: Da gibt es Kinder, die alle Aufgaben und

Zahlenzerlegungen an den Fingern abzählen. Im Zahlenraum bis zehn geht das ja noch leicht und es wird zunächst auch von manchen Lehrern geduldet. Irgendwann aber wird das Abzählen an den Fingern schwierig und gilt auch „offiziell“ als unerwünscht. Inzwischen ist es aber für die Fingerrechner schier unmöglich geworden, sich auf andere Veranschaulichungsmethoden umzustellen, seien das nun Perlen, Rechenwürfel oder Plättchen. Kaum dreht sich die Lehrerin um, schon sind wieder die Finger im Spiel. Was nicht von Anfang an richtig eingefädelt wird, ist hinterher kaum mehr zu korrigieren.

Wird Lesen von Anfang an im sinnvollen Kontext echter Geschichten geübt, so ist damit eine wichtige Botschaft verknüpft, die den Leselernprozess gleich in die richtigen Bahnen lenkt: Lesen ist nicht Selbstzweck, sondern Mittel zum Zweck. Es kann mir Unterhaltung verschaffen. Ich habe etwas davon, wenn ich es lerne.

Wird hingegen zunächst einmal nur an bedeutungsarmen und langweiligen Texten geübt, so ist sehr schnell der Zeitpunkt übersehen, an dem sich beim Kind die Meinung gefestigt hat: Lesen ist eine „Null-Bock-Angelegenheit“. Sind Lernen und Schule aber erst einmal als etwas Belangloses und Langweiliges eingestuft, als etwas, das mir persönlich nichts zu sagen hat, so ist es schier unmöglich, diesen negativen Eindruck wieder auszubügeln und den angerichteten Schaden gutzumachen.

Das heikle Thema Anstrengungsbereitschaft

Wir wissen: Kinder kommen motiviert in die Schule und wollen lernen. Was Lernen aber eigentlich bedeutet, das kann Sechsjährigen noch nicht bewusst sein. Deshalb mutet es auch fast grotesk an, wenn – wie es in jedem Jahr bei der Schuleinschreibung vorkommt – Eltern ihr Kind zur vorzeitigen Einschulung anmelden mit der Begründung: „Sie möchte halt so gerne in die Schule gehen!" Ich antworte in diesen Fällen immer: „Es ist nicht entscheidend, was Ihr Kind will, denn es kann die Konsequenzen dessen, was es will, gar nicht abschätzen. Das müssen wir Erwachsenen stellvertretend für das Kind tun. Wir müssen entscheiden, ob wir es bereits für belastbar genug halten, um sich den Anforderungen der täglichen schulischen Verpflichtungen zu stellen."

Organisiertes Lernen komplexer Inhalte ist eine Langzeitaktivität, etwas, das uns ein Leben lang bereichern kann, wenn wir auf die richtige Weise damit anfangen. Der Ort für organisiertes Lernen schlechthin ist die Schule. Hier werden Lernprozesse geplant und systematisch und in den einzelnen Inhalten aufeinander aufbauend durchgeführt. Dieses organisierte und geplante Lernen ist etwas anderes als das spontane Lernen, das auch ohne eigenes Dazutun stattfinden kann: Wer in Brennnesseln fällt, hat gelernt, dass das wehtut und in Zukunft vermieden werden sollte, ob er das nun lernen wollte oder nicht.

Beabsichtigtes, bewusstes, organisiertes Lernen bedarf der eigenen Anstrengung. Auch der beste Lehrer kann den Lernstoff immer nur darbieten, ihn ausbreiten und so verlockend wie möglich arrangieren. Hingehen und das zu Lernende ergreifen und sich einverleiben kann jedoch nur der Lernende selbst. Lernen ist ein Hereinholen und kein Von-außen-Hineinbringen.

Wenn Kinder in die Schule kommen, so werden sie mit Anforderungen konfrontiert, die für die meisten von ihnen neu sind: Sie sollen ihre Aufmerksamkeit bewusst und willentlich auf ein bestimmtes Thema lenken und sie dort eine Zeit lang festhalten. Das geht nicht einfach „nur so", das bedarf der Anstrengung. Zu dieser Anstrengung wiederum sind nur mehr wenige Kinder a priori bereit. Sicher, es bereitet keine Schwierigkeiten, Erstklässler kurzfristig für eine Sache zu interessieren, aber bald, fast schon im Minutentakt, will die kindliche Aufmerksamkeit sich auf etwas anderes richten.

Hier setzt die gezielte Erziehungsarbeit der Schule ein. Mühsam und in kleinen Teilschritten wird das nachgeholt, was eigentlich in der Vorschulzeit hätte stattfinden müssen: die Gewöhnung an verpflichtende Aufgaben, die ich nicht nach Lust und Laune erledigen kann, sondern die ich erledigen muss.

„Ja, aber wo bleibt denn da der Spaß am Lernen?", wird manch einer sich jetzt vielleicht fragen. Darauf antworte ich etwas sehr Ehrliches, aber sicher Unpopuläres: Lernen ist kein Spaß. Lernen kann Freude und tiefe Befriedigung verschaffen, aber es ist kein oberflächliches Vergnügen, das ohne eigene Anstrengung zugänglich wäre. Verhängnisvoll geistert das Gedankengut der „Spaßpädagogik" immer noch durch viele Köpfe. Geht es aber daran, die Konsequenzen aus einer derartigen Einstellung zu tragen, so rückt plötzlich jeder ab: Mit bloßem Spaß werden nämlich Lernerfolge nicht erzielt. Und die will man selbstverständlich haben. Weder Einmaleinsreihen noch Rechtschreibwörter bereiten aber immer nur ungestörtes Vergnügen. Es gehört Knochenarbeit dazu, sich durch Tausende von Lernwörtern zu üben und Hunderte von mathematischen Grundaufgaben zu speichern und mit soliden gedanklichen Querverbindungen zu vernetzen. Auch das Lesen ist nur durch konsequente tägliche Übung zu erlernen. Bevor es so leicht und selbstverständlich geht, dass es nur noch als unterhaltsames Vergnügen empfunden wird, muss in vielen kleinen Schritten täglich etwas in den Aufbau dieser unendlich wichtigen Basisfähigkeit investiert werden.

Das häusliche Umfeld als Motor des Lernens oder als Bremsklotz

Kinder brauchen Vorbilder, am besten geliebte Vorbilder, denen sie nacheifern können. So prägt das häusliche Umfeld entscheidend die Einstellung eines Kindes zum Lernen und zu geistigen Inhalten schlechthin. Ein Elternhaus, in dem keiner wirklich liest, in dem Vorlesen vielleicht gerade noch als lästige Pflicht von den Eltern praktiziert wird, in dem Bücher keinen Wert besitzen, solch ein Elternhaus bildet sicher nicht den Hintergrund für einen kleinen Leser, der sich zur begeisterten Leseratte entwickelt. In einem am Lesen desinteressierten Elternhaus wachsen mit großer Wahrscheinlichkeit Kinder heran, denen Lesen an sich nichts bedeutet, die auch Sprache nur vordergründig und als Mittel zum Zweck gebrauchen, die aber keine Freude an Sprachkunst, an Gedichten, an Wortwitz, Schüttelreimen oder Ähnlichem haben. Hier muss Schule mit der Elternerziehung ansetzen und wichtige Aufklärungsarbeit leisten. Das ist heute viel nötiger als noch vor zehn Jahren, richten sich doch mittlerweile die Förderbestrebungen der Eltern auf weit ehrgeizigere Ziele als das simple „Lesen“. Eine kurzsichtige Bildungspolitik und alle möglichen Ratgeber von zum Teil sehr fragwürdiger pädagogischer Kompetenz tragen dazu bei, dass inzwischen nach Englisch- und Computerunterricht im Kindergarten gerufen wird und viele Eltern glauben, ihr Kind würde alles Wesentliche versäumen, wenn es in der Vorschulzeit „zu viel“ spielt, statt „etwas Gescheites“ zu lernen. Alles wirklich Wichtige in der frühkindlichen Entwicklung kann jedoch nicht an externe Fachleute delegiert werden. Das müssen die Eltern selbst ihrem Kind vermitteln.

Der familiäre Hintergrund ist für die Bildungschancen eines Kindes heute von größerer Bedeutung denn je. Diese Problematik habe ich an anderer Stelle[3] bereits angesprochen:

> „Damit ein Kind wirklich zum guten und begeisterten Leser werden kann, müssen jedoch zuerst einmal die familiären Rahmenbedingungen ‚stimmen‘, es braucht einen gewissen Lebenshintergrund. Das mag in früheren Zeiten anders gewesen sein. Da konnte es durchaus vorkommen, dass Kinder, die von zu Hause nicht besonders gut gefördert waren, irgendwo anders, sei es bei Freunden, Verwandten oder gar in der Schule, das ‚Aha-Erlebnis‘ des Lesens hatten und von da an mit größtem Eifer bemüht waren, es zu lernen. Rührende Lesebuchgeschichten des frühen 20. Jahrhunderts haben so etwas zum Inhalt: Das arme Kind aus ländlicher Umgebung

> kommt beim Pfarrer, Lehrer oder über Fremde, die zur Sommerfrische da sind, mit der Wunderwelt schöner Bücher in Berührung, bekommt gar eines geschenkt und müht sich nun, buchstäblich ‚im Schein der Stall-Laterne', abends, nach getaner Arbeit, ab, um zu lernen. Meiner Erfahrung nach ist das ‚moderne' Kind durch Bücher nicht mehr so leicht zu beeindrucken. Gameboy, Videospiele: das fasziniert. Aber Lesen? Da muss schon der entsprechende familiäre Hintergrund vorhanden sein oder Lesen über Erwachsene so vermittelt werden, dass das Kind sieht: In Büchern stehen schöne Geschichten. Es lohnt sich, selber lesen zu können."

Dann aber, wenn Kinder eine echte Chance bekommen, mit Büchern Freundschaft zu schließen, kann man wiederum feststellen, dass auch oder vielleicht sogar *gerade* das „moderne" Kind durch erzählte und gelesene Geschichten zu begeistern ist. Die Lesemüdigkeit, die heute so viel beklagt wird, ist meiner Meinung nach nicht zwingend ein Zeichen unserer Zeit. Sie ist eher ein Zeichen dafür, dass Eltern in ihrem Bemühen, ja nichts zu versäumen und auf jeden pädagogischen Zug aufzuspringen, sehr oft das Naheliegende übersehen: Kinder brauchen zum Gedeihen wenig, das aber intensiv. Und in erster Linie brauchen sie Zeit. Gerade die scheint aber heute bereits bei Kindern rar zu sein. So dürfen wir uns nicht wundern, wenn Kinder das Lernen genauso betreiben wie ihr Freizeitmanagement: So vielerlei wie möglich und nichts richtig. Lesen ist aber nicht möglich ohne die Fähigkeit, bei einer Sache zu verweilen, ausdauernd und für einen relativ langen Zeitraum gedanklich und körperlich ruhig und konzentriert zu bleiben und Außenreize auszublenden. Der Lesezapper ist – anders als der TV-Zapper – unvorstellbar. (Es gibt da, so habe ich mir sagen lassen, Spezialisten, die an einem Abend zwei oder gar drei Filme parallel anschauen.)

Kinder, die gerne lesen, üben nicht nur das Lesen im engeren Sinn:

- Sie lernen über das Lesen auch das gedankliche Ausharren bei einem Thema;
- sie lernen ganz nebenbei, sich Bilder in ihrem Kopf vorzustellen, sozusagen als Begleitfilm zum Text;
- sie lernen sprachliche Wendungen kennen, erweitern ihren Wortschatz und ihre grammatikalische Kompetenz.

Es lohnt sich also, das Lesen zum gemeinsamen Thema für Eltern und Kinder zu machen und in der Familie die Freude an schönen Büchern zu teilen. Das ist beileibe nicht Kinderkram. Gute Kinderliteratur bietet immer auch etwas für Erwachsene. Es gibt zum Beispiel kein Buch von Astrid Lindgren, das nicht auch mir Lesevergnügen bietet. Noch immer habe ich meine Freude an den wunderbaren Geschichten von Pippi Langstrumpf, Karlsson, Michel aus Lönneberga, den Kindern von Bullerbü, aber auch an der traurigen und tiefsinnigen Erzählung von den Brüdern Löwenherz. So ist das Erste, was Ihr Kind auf dem Weg zum guten und begeisterten Leser braucht, der richtige familiäre Hintergrund. Dann wird es sehr wahrscheinlich das Lesen lernen wollen, und dieses Wollen ist die erste Voraussetzung, um ein guter Leser zu werden.

Das allein stellt aber noch nicht die Garantie für Erfolg dar. Es ist nötig, damit es überhaupt zu Leseerfolgen kommen kann.

Ein konsequentes und langfristiges Training ist jedoch durch nichts zu ersetzen.

Eltern als Lesecoach

Eltern sind – ich sagte es schon – durch allzu viele gute Ratschläge heute meist verunsichert. Sie wollen das Richtige tun, alle Chancen für ihr Kind „mitnehmen", mit den Nachbarn konkurrieren können, deren Sprösslinge vielleicht schon mit drei Jahren Englisch lernen, mit vier Jahren Klavier, mit fünf Jahren das Skifahren, mit sechs Jahren bereits fit am Computer sind, mit sieben Jahren mit Tennis beginnen, mit acht Jahren in den Golfclub eintreten ... und mit neun Jahren, das füge ich jetzt aus pädagogischer Sicht und vor dem Hintergrund meiner tatsächlich gemachten Erfahrungen hinzu, noch nicht richtig lesen können, keine Einmaleinsreihen beherrschen, feinmotorisch so ungeschickt sind, dass sie keine gerade Linie ausschneiden können und den Schreibstift halten wie einen Spatenstiel.

Schlecht beraten sind jene Eltern, die ihr Kind von einem Kurs zum anderen bringen in der irrigen Meinung, das bedeute eine ganz besondere Förderung. Am besten entwickeln sich jene Kinder, deren Eltern sich selbst mit ihnen beschäftigen und denen Zeit gelassen wird für das Wesentliche. Wichtiger als das Skifahren und Tennisspielen ist es für ein Kind, seine Grobmotorik erst einmal so zu beherrschen, dass es koordiniert gehen und laufen kann, dass es in der Lage ist, auf einen Baum zu klettern, auf einer Wegeinfassung zu balancieren oder auf einem Bein zu hüpfen. Das ist allerdings weit weniger spektakulär und „macht einfach nicht so viel her" wie das Training in irgendwelchen Sportarten.

Für die Grundlagen der Lesefähigkeit ist nicht der möglichst frühe Besuch eines Fremdsprachenkurses von Bedeutung und schon gar nicht das Training mit so genannter Lernsoftware. Auch hier ist das Unauffällige und vordergründig Unattraktive das Entscheidende: Eltern müssen mit ihrem Kind viel sprechen, ihm Bücher vorlesen, sich für seine Entwicklung interessieren und Zeit für es haben.

Geht es nun an das organisierte, schulische Lesenlernen, dann beginnt die Aufgabe der Eltern erst richtig. Zwar wird in der Schule der Lernprozess angebahnt und gesteuert. Aber: Lesen lernt man nur durch Lesen. Um das Handwerkszeug einigermaßen zu beherrschen, braucht ein Kind eine Trainingszeit von ca. hundert Stunden. Diesen Wert habe ich durch Beobachtung vieler Schülergenerationen ermittelt. Hundert Stunden Lesetraining führen – in Verbindung mit einem guten Leselehrgang – auch bei mäßig begabten Schülern zu einer befriedigenden Lesefertigkeit. Auf dieses Training werde ich weiter unten noch genauer eingehen.[4]

Hier soll erst einmal die Rolle der Eltern reflektiert werden. Um dieses 100-Stunden-Pensum spätestens bis Ende der 2. Klasse bewältigen zu können, muss natürlich entsprechend geübt werden. Eine Viertelstunde täglich ist ein angemessenes Pensum. Das leuchtet allen Eltern ein. Wenn ich dann allerdings am Elternabend vorrechne, wie ein Unterrichtsvormittag aussähe, der jedem Kind diese individuelle Übungszeit ermöglichte, wird den Eltern auch klar, dass sie hier in die Pflicht genommen werden müssen, wenn sie Lernfortschritte für ihr Kind wollen.

Denn Schule kann – das ist rechnerisch beweisbar – die nötige Übungszeit nicht bieten. Gehen wir nur einmal von einer nicht besonders großen Klasse von 24 Kindern aus. Eine Viertelstunde schulische Leseübung pro Kind würde bedeuten: Sechs Stunden täglicher Übungszeit für die ganze Klasse. Um zu verstehen, wie unvernünftig die Meinung ist, es sei ausschließlich Sache der Schule, den Kindern etwas beizubringen, müssen wir uns nur vorstellen, wie solch ein Übungsvormittag aussähe: Er würde – ohne Pausen – von 8.00 bis 14.00 Uhr dauern, mit Pausen entsprechend länger. Jedes einzelne Kind bekäme 15 Minuten „Lehrerin exklusiv“, während die anderen 23 Kinder mucksmäuschenstill, ohne etwas zu fragen oder sonst wie zu stören, sich selbst beschäftigten. Nach einer Viertelstunde käme das nächste Kind dran und immer so weiter. Das Kind, das als Erstes üben dürfte, von 8.00 bis 8.15 Uhr, müsste dann von 8.15 Uhr bis 14.00 Uhr still und sich selbst beschäftigend an seinem Platz sitzen, damit die restlichen 23 Kinder zum Üben kämen. Es könnte dann aber am Vormittag außer Leseübungen nichts gemacht werden: kein Lied gesungen, kein Bild gemalt, kein Vers gesprochen, kein neuer Buchstabe gelernt, nichts gerechnet und geschrieben und schon gar nicht geturnt.

Sich das nur im Entferntesten zu wünschen ist Unsinn, das muss nicht näher erläutert werden. Dennoch geistert die Vorstellung, es sei ausschließlich Sache der Schule, den Kindern alles beizubringen, immer wieder durch die Köpfe der Eltern, oft noch ergänzt durch den kleinen Zusatz: „Wofür zahlen wir schließlich Steuern?" Aber auch wenn es unbequem ist: Eltern können ihre Verpflichtung nicht delegieren. Jede Bequemlichkeit, die Eltern sich dadurch erkaufen, dass sie sich ihren elterlichen Pflichten entziehen, bezahlen sie später teuer, viel zu teuer.

Lesefähigkeit – alles andere als selbstverständlich

Zu Beginn der 70er Jahre, als ich studierte, war die Legasthenie gerade „erfunden" worden. Danach geriet sie für viele Jahre in Vergessenheit, sie war quasi „abgeschafft", und ist nun seit einigen Jahren wieder groß „im Kommen". Das ist eine Entwicklung, die ich sehr bedaure. Ich erlebe, dass alle möglichen Kinder mit Schwierigkeiten unterschiedlichster Herkunft doch recht rasch in der Schublade „Lesestörung" oder „Leseschwäche" landen. Es fällt mir schwer, an diese Lesestörung zu glauben, auch wenn es sehr vereinzelt Fälle geben mag, in denen wirklich das Unvermögen, graphische Zeichen zu entziffern, aneinander zu reihen und sinnvolle phonetische Gebilde daraus abzuleiten, vorhanden ist.

Ich habe nur meine individuellen Beobachtungen aus dreißig Berufsjahren. Die Qualität der pädagogischen Arbeit im Rahmen einer Schulklasse lebt davon, dass Lehrer ihre Schüler genau beobachten, sich bewusst machen, was sie sehen, darüber reflektieren, gegen Defizite planvoll vorgehen und das Ergebnis ihrer Bemühungen einer sorgfältigen Prüfung unterziehen. Waren bestimmte Interventionen in einem Fall erfolgreich, werden sie auch ein anderes Mal ausprobiert, bis der Erfolg einmal ausbleibt, und dann wird erneut reflektiert, woran das liegen könnte und was besser zu machen wäre.

Wie steht es also nun mit der Lesefähigkeit? Nicht alle Kinder sind in dem Sinn „lesefähig", dass ein „normal" guter Erstleseunterricht bereits genügte, um ihnen diese Kunst wirklich beizubringen.

ABC-Schützen lernen ganz unterschiedlich leicht oder schwer, das beobachtet jede Erstklasslehrerin. Wem das Lesen nicht gar so leicht fällt, der wird sich natürlich vor der Übung drücken, wo es nur geht, wird in der Schule bei Leseübungen an der Tafel seine Gedanken auf angenehmere Dinge richten als auf das mühsame Lesenlernen: vielleicht auf ein spannendes Gameboy-Spiel, auf das eigene Haustier, das letzte Fußballspiel oder eine bestimmte Fernsehsendung. Es wird an diesem Kind deshalb sehr viel von der gemeinsamen Übungszeit einfach vorübergehen, ohne dass es daran teilgenommen hätte.

Zu einem Zeitpunkt des Schuljahres, an dem durchschnittliche Leser schon 20 oder 30 Übungsstunden absolviert haben, wird ein Kind, das sich der Übung verweigert, es vielleicht gerade einmal auf zwei oder drei Stunden gebracht haben. Leseverweigerer kommen nicht einmal auf fünf tägliche Übungsminuten. Ihre Fibeltexte kennen sie auswendig, in der Schule passen sie nicht auf und zu Hause verbringen sie mühelos eine Viertelstunde und mehr über ihrer Fibel, ohne mehr als einige wenige Minuten wirklich gearbeitet zu haben. So ist es doch nicht zu verwundern, dass diese Kinder das Lesen nicht lernen. In einschlägigen Tests weisen sie auch entsprechende Defizite auf. Werden aber alle Kinder von Anfang an in ihrem Lernverhalten genau beobachtet, werden die Schwierigkeiten in der Schule erkannt und dann mit den Eltern besprochen, bekommen diese Kinder anschließend gezielte Hilfen und werden sie vor allem – und das ist das Entscheidende! – von den Eltern täglich eine Viertelstunde beim „echten“ Lesen betreut und überwacht, dann lernen sie das Lesen, das lässt sich gar nicht verhindern, es sei denn – und hier relativiere ich nicht aufgrund eigener Beobachtungen, sondern weil es ja (s. oben) doch sein könnte, dass ich noch nicht alle Schwierigkeiten kenne – sie gehörten zu den ganz seltenen Fällen, in denen eine Art „pathologischen Lese-Unvermögens“ vorliegt.

Welche Schwierigkeiten auftreten können und wie damit umzugehen ist, das wird weiter unten im Praxisteil ausführlich erörtert.[5]

Ein besonders wichtiges Prinzip effektiven Lernens sei jedoch gleich angesprochen, das Lernen unter Einbeziehung möglichst vieler „Kanäle“, die neues Wissen transportieren und vernetzen.

Lernen mit zwei Gehirnen oder: Welchen Sinn macht es, 50 Prozent unserer Lernfähigkeit brachliegen zu lassen?

Das Problem mit der „Beweisbarkeit"

Haben Sie auch schon einmal eines dieser Zeitungsinserate gesehen, in denen unter einem Bild von Albert Einstein darauf hingewiesen wird, wir benützten nur einige Prozent unserer geistigen Fähigkeiten und diesem Übelstand könne durch Erwerb der Broschüre XYZ abgeholfen werden? Obwohl das sehr verlockend klingt, habe ich mich noch nicht dazu hinreißen lassen, diese Broschüre anzufordern. Bekannte behaupteten, dieses Inserat sei eine verkappte Scientology-Reklame. Es gibt also wohl durchaus unseriöse Versuche, unter Hinweis auf neurophysiologische Gegebenheiten mit einer Art von „Gehirntraining" Kunden einzufangen. Dennoch muss nicht allem, was sich die Erkenntnisse der Gehirnforschung zunutze macht, gleich unbedingt mit größter Skepsis begegnet werden.

Nach der ersten Begeisterung, die auf die Ergebnisse der Hirnforschung in den 60er Jahren folgte und die zu der Meinung verführte, man könne wirklich alles in unserem Gehirn entsprechend programmieren, wenn man wisse, wie, war ja zunächst einmal eine Phase der Ernüchterung eingetreten. In dieser Phase wurde, wie es bei uns in Deutschland häufig üblich ist, das Kind wieder einmal mit dem Bade ausgeschüttet und jegliches didaktische Vorgehen, das auch nur ansatzweise das Wissen um die Arbeitsweise des Gehirns in unterrichtliche Aktivitäten einbaute, als suspekt gebrandmarkt. Dieser Standpunkt ist genauso unhaltbar wie das kritiklose Nachahmen jeder Neuheit auf dem pädagogischen Markt oder das engstirnige Beharren auf der Forderung nach „Beweisbarkeit", wenn es um den Nutzen bestimmter didaktischer Vorgehensweisen geht.

Gerade zu dem Thema „Beweisbarkeit" des Nutzens bestimmter Unterrichtsverfahren sagte Frau Prof. Klippel von der Ludwig-Maximilian-Universität München[6], bei der ich eine Vorlesung über Englischdidaktik an der Grundschule besuchte, dieses Thema sei ein Streitpunkt zwischen Didaktikern und Psychologen, weil Letztere immer darauf beharrten, es müsse die Effektivität bestimmter Unterrichtsmethoden erst „bewiesen" werden, bevor diese empfohlen werden könnten, und deshalb das Vorgehen der Didaktiker als „unwissenschaftlich" abtäten. Sie – Prof. Klippel – wiederum könne den Standpunkt, Wissenschaftlichkeit entstehe durch experimentelle „Beweise", nicht teilen. Sie vertrete vielmehr die Ansicht, im Unterrichtsgeschehen sei neben der Methode selbst noch so viel Zusätzliches wirksam, vor allem die Persönlichkeit des Lehrers, aber auch die Dynamik der jeweiligen Klasse und alle möglichen anderen Einflüsse, dass hier nicht quantitativ gemessen werden könne und dass sich der Wert einer Methode eben in ihrem Nutzen erweise, den diese Methode in einem ganz spezifischen Kontext erbringe (in einem anderen aber vielleicht auch wieder nicht).

Mit anderen Worten: Erreichen wir mit einer bestimmten Methode unser

Ziel, so war sie wohl die richtige, erreichen wir dieses aber nicht, so müssen wir darüber nachdenken, was wir verändern können.

Lernen mit zwei Gehirnen – wir bekommen mehr für den gleichen Aufwand

Wenn ich im Folgenden über den Vorteil spreche, den es bringt, beim Lernen sowohl die Fähigkeiten der rechten als auch der linken Hirnhemisphäre zu benutzen, so beziehe ich mich auf neurophysiologische Tatsachen, die „bewiesen" sind. Es geht hier um die funktionelle Hemisphärenasymmetrie, also um die Tatsache, dass unsere beiden Hirnhemisphären zwar gleich gebaut sind, aber unterschiedlich funktionieren. Mit dem Wissen um diese unterschiedliche Funktionsweise können so manche Lernprobleme besser verstanden und in der Folge auch besser angegangen werden.

Während meiner eigenen Schulzeit – das ist ja nun schon einige Jahrzehnte her – war im Hinblick auf Lernen und die Fähigkeit hierzu die „Welt noch in Ordnung". Niemand machte sich Gedanken darüber, warum manche Kinder um so vieles leichter lernten als andere. Eine Klasse war ganz klar eingeteilt in gescheite, durchschnittlich begabte und „dumme" Kinder. Während der Lehrer sich mit den ersten beiden Gruppen beschäftigte, war es völlig klar, dass bei der dritten ohnehin alle Bemühungen vergeblich wären. Deshalb saßen die „Dummen" in den letzten Bänken, wo sie in erster Linie allerlei Unfug trieben, weil sie es aufgegeben hatten, den unverständlichen Vorgängen an der Tafel folgen zu wollen.

Die Zahl derjenigen Kinder, die mit dem Lernen Probleme haben, hat sich seit meiner eigenen Schulzeit so drastisch erhöht, dass eine derartige Vorgehensweise kaum noch denkbar wäre. Dennoch bleiben genügend Kinder „auf der Strecke", bei denen das nicht so sein müsste. Es ist müßig, darüber zu spekulieren, wer daran Schuld hat. Besser ist es, Möglichkeiten aufzuzeigen, wie negativen Entwicklungen entgegengewirkt werden kann.

In jeder Schulklasse gibt es drei verschiedene Spezies von Schülern, die sich natürlich zahlenmäßig nicht gleich aufteilen: Die erste braucht – etwas überspitzt ausgedrückt – überhaupt keinen Lehrer, um zu lernen, ja, der Lehrer kann es gar nicht *verhindern*, dass sie lernt! Die zweite lernt zwar in einem anschaulichen, engagierten und kindgerechten Unterricht leichter und lieber, auch mehr und besser, schafft aber – mit vermehrter Anstrengung – ihr Pensum auch unter schwierigeren Bedingungen. Die dritte jedoch bleibt, wenn es schlecht „läuft", auf der Strecke.

Nun richtet sich in den letzten Jahren das Auge der Fachwelt gerade auf jene zunehmend mehr. Aber man weiß ja, wie das geht: Bis die Erkenntnisse aus dem Olymp der Wissenschaften hinunter in die Niederungen des schulischen Alltags gelangen, dauert es im Regelfall ziemlich lange. Und wenn endlich einmal etwas in die Praxis umgesetzt wird – sozusagen als letzter pädagogischer Schrei – dann geschieht das oft sehr halbherzig oder es geschieht so spät, dass es inzwischen schon wieder andere Prioritäten gäbe.

Ich finde es geradezu unentschuldbar, dass in der Lehrerausbildung noch immer darauf verzichtet wird, den künftigen Lehrern einige grundlegende neurophysiologische Zusammenhänge beizubringen, deren Kenntnis ihnen weit hilfreicher wäre als das meiste von dem, was sie lernen müssen. Aber das hängt damit zusammen, dass unser gesamtes Schulsystem – angefangen von den Grundschulen über die Gymnasien bis hinauf zu den Universitäten – immer noch sehr einseitig „linkshirnig" orientiert ist.

Welche unerhörten Potentiale bei diesem schmalspurigen Herangehen an Lernen in manchen Schülern brachliegen können, ohne dass ein Mensch auf die Idee käme, da etwas Überdurchschnittliches zu vermuten, beweisen die Lebensläufe einer Reihe von Koryphäen aus Kunst und Wissenschaft. Am beeindruckendsten ist für mich die Geschichte Albert Einsteins, der für seine Umwelt ein introvertierter Spätentwickler und Schulversager war. Als Sechzehnjähriger bestand er die Aufnahmeprüfung für das Polytechnikum in Zürich nicht. Als Vierunddreißigjähriger wurde er dort Professor. Mit 42 Jahren bekam er den Nobelpreis für Physik.[7]

Einstein ist ein Beispiel für den intuitiven, rechtshirnigen Denker, der Erkenntnisse einfach „hat". Gerade das ist für viele Lehrer schwer nachzuvollziehen, weil es der eigenen Art zu denken meist diametral entgegengesetzt ist.

Rechtes und linkes Gehirn – ein unzertrennliches Zwillingspärchen

Wenn ich im Folgenden von Gehirn spreche, so meine ich damit den Neocortex, den phylogenetisch jüngsten Teil unseres Gehirns, dessen Ausprägung den Menschen erst zum Menschen gemacht hat. Dieses Gehirn ist ein Doppelorgan – vergleichbar den Nieren – und deshalb wäre es weit angebrachter, nicht von „dem" Gehirn, sondern von den Gehirnen zu sprechen. In seinem Aussehen hat es Ähnlichkeit mit einem Walnusskern. Es besteht aus zwei Hälften, die durch das Corpus callosum – ein Bündel von 300 Millionen Nervensträngen – verbunden sind und so auch miteinander kommunizieren können.

Roger Sperry und sein Student Michael Gazzaniga[8] haben in den sechziger Jahren faszinierende Erkenntnisse aus der Arbeit mit Patienten gewonnen, deren *Corpus callosum* – also die „Leitung“ zwischen den beiden Gehirnhälften – in einer so genannten Split-Brain-Operation unterbrochen wurde, um die Neigung zu epileptischen Anfällen einzudämmen. Dabei konnte erstmals experimentell nachgewiesen werden, welche Funktionen zu welcher Gehirnhälfte gehören. Ich möchte Ihnen hier das klassische Experiment mit solchen Split-Brain-Patienten schildern:

Sperry und Gazzaniga bauten einen Apparat, der es ihnen ermöglichte, mit den beiden Gehirnhemisphären ihrer Patienten getrennt zu kommunizieren. Die Person wurde vor einen Bildschirm gesetzt, auf den Worte oder Bilder projiziert werden konnten. Der Bildschirm war auf einen Tisch montiert, auf den verschiedene Gegenstände gelegt werden konnten, die die Versuchsperson greifen, aber nicht sehen sollte. Deshalb wurden sie von einer Abdeckplatte verborgen. Um den Versuch verstehen zu können, müssen Sie sich noch vor Augen halten, dass Hände und Gesichtsfeld jeweils mit der gegenüberliegenden Hemisphäre durch Nerven verbunden sind: das rechte Gesichtsfeld mit der linken, das linke Gesichtsfeld mit der rechten Hemisphäre. Ebenso ist es bei den Händen.

Auf den Bildschirm wird nun links ein Wort oder Bild projiziert, zum Beispiel „Löffel“ (oder das Bild eines Löffels). Nur im linken Gesichtsfeld beider Augen können Wort oder Bild gesehen werden, das bedeutet: Die rechte Hemisphäre ist „dran“. Die Versuchsperson ist nun auch in der Lage, mit der *linken* Hand unter mehreren Gegenständen den gewünschten, nämlich einen Löffel, herauszusuchen, wohlgemerkt, ohne die Gegenstände sehen zu können. Sie sind ja abgedeckt. Und nun kommt das Verblüffende: Obwohl die Versuchsperson offensichtlich Wort oder Bild auf dem Bildschirm gesehen und danach auch den richtigen Gegenstand herausgesucht hat, antwortet sie auf Befragen, sie habe nichts gesehen und nichts ertastet. Die Schlussfolgerung aus diesem und vielen ähnlichen Versuchen lautet: Das *rechte* Gehirn kann *nicht* verbalisieren.

Wird nun ein Wort auf die rechte Seite des Bildschirms projiziert, so kann es vom *rechten* Gesichtsfeld, also vom *linken* Gehirn, gesehen werden. Die Versuchsperson kann den Gegenstand mit der rechten – und *nur* mit der rechten! – Hand heraussuchen und ihn auch *benennen.* Die Schlussfolgerung hieraus – und natürlich noch aus einer Vielzahl weiterer Versuche: Das *linke* Gehirn *kann* verbalisieren.

Einen weiteren Versuch möchte ich Ihnen nicht vorenthalten, weil er uns die total unterschiedlichen Prozesse verdeutlicht, die beim Denken in den beiden Hemisphären ablaufen: Die Versuchsperson musste eine Reihe von Wörtern auswendig lernen. Auf dem Bildschirm erschien dann – rechts oder links – jeweils ein Wort und die Versuchsperson musste auf einen Knopf mit „Ja" oder „Nein" drücken, sobald sie wusste, ob das betreffende Wort in der Gruppe der auswendig gelernten enthalten war oder nicht.

Die Zahl der memorierten Wörter wurde nach und nach erhöht. Auch hier zeigte sich wieder etwas geradezu Faszinierendes: Wurde das Wort, das mit den memorierten verglichen werden sollte, auf die *rechte* Bildschirmseite projiziert – und *rechtes* Gesichtsfeld heißt *linke* Hemisphäre! –, dann erhöhte sich die Reaktionszeit, wenn sich die Gruppe der auswendig gelernten Wörter vergrößert hatte. Erschien es hingegen auf der *linken* Bildschirmseite – *linkes* Gesichtsfeld heißt *rechte* Hemisphäre! –, dann blieb die Reaktionszeit gleich, auch wenn sich die Menge der Wörter, mit denen es verglichen werden sollte, verdoppelt oder verdreifacht hatte!

Während mit dem linken Gehirn anscheinend Wort für Wort im Geiste abgefragt wurde – daher die verlängerte Reaktionszeit bei vergrößerter Wörtermenge! –, schien das rechte Gehirn sozusagen „auf einen Blick" zu entscheiden, ob das entsprechende Wort in der Vergleichsmenge vorkam oder nicht. Die Schlussfolgerung aus dieser Art von Versuchen: Die linke Hemisphäre arbeitet linear, nacheinander. Die rechte Hemisphäre arbeitet ganzheitlich, analog.

Über diese Problematik gibt es eine Reihe von interessanten Veröffentlichungen[9]. Was hier angeführt wurde, genügt aber, um Ihnen eine Vorstellung davon zu geben, wieso man so genau sagen kann, wie die beiden Hemisphären arbeiten.

Bei einem ausgeglichenen Menschen besteht eine harmonische Partnerschaft der beiden Gehirne: Jedes arbeitet in seinem Spezialgebiet und keines ist der „Chef", sondern es führt immer das für die jeweilige Aufgabe gerade besonders geeignete Gehirn, das dabei von seinem „Partner" unterstützt wird. Wir müssen also in der Unterrichtspraxis davon ausgehen, dass wir es mit zwei Spezialisten zu tun haben. Natürlich wollen wir sie beide beschäftigen und nicht nur einen von ihnen. Das wäre ja höchst unökonomisch! Und das sind die Fachgebiete und Arbeitsweisen unserer beiden Spezialisten:

Linke Hemisphäre	*Rechte Hemisphäre*
linear	ganzheitlich
Sequenzen	Gesamteindruck
Logik	Empfindsamkeit, Einfühlsamkeit
analytisch	synthetisch
männlich	weiblich
angespannt	entspannt
Mathematikformeln	Raumgefühl generell, auch in der Mathematik
abstrakte Symbole	Visualisierung
Sprache	Musik, Rhythmus, Tanz
Zahlen	Kinästhetik, Tastsinn
Buchstaben	Gerüche
Rechtschreiben nach Regeln und Einzelheiten	ganze Bilder, auch von Wörtern

Wenn Sie nun diese Gegenüberstellung aufmerksam durchgelesen haben, dann ist Ihnen sicher sofort „ein Licht aufgegangen“, welchen der beiden Gehirnspezialisten wir in unseren Schulen für gewöhnlich fast ausschließlich beschäftigen, ja, geradezu überstrapazieren, welchen wir andererseits sträflich vernachlässigen. Richtig: Die Fähigkeiten der linken Hemisphäre sind es, die in erster Linie und fast ausschließlich gefragt sind.

Nun ist es durchaus nichts Schlechtes, Wert auf logisches Denken, analytisches Vorgehen und die Kenntnis von Regeln und Gesetzmäßigkeiten zu legen. Aber auch hier gilt, wie in der Medizin, dass es von der Dosierung abhängt, ob etwas Heilmittel oder Gift ist. Es gibt ja auch einen Lerntyp, der gerade „linkshirnigen“ Anforderungen besonders gut gewachsen ist: Es ist der typische „normale“ Schüler, der ohne besonderen Einfallsreichtum pflichtbewusst lernt und an unseren Schulen mit Erfolg und guten Noten belohnt wird. Diese etwas langweilig anmutende „Normalität“ ist jedoch nichts, was ein Mensch schicksalhaft sein ganzes Leben – quasi als eine Bürde besonderer Art – mit sich „herumschleppen“ muss. Jeder kann mehr von seinen Fähigkeiten nutzen und aus dem stereotypen Gleichmaß monotoner Pflichterfüllung ausbrechen, indem er den Zugang zu seinen phantasievollen, kreativen, musischen, räumlich-visuellen Möglichkeiten sucht. Wird bereits in der Schule nicht nur das Potential der linken, sondern auch das der rechten Gehirnhälfte aktiviert, so werden Wege gebahnt, die ein Leben lang von Nutzen sein können.

Es gilt also, möglichst viele Aspekte in unseren Schülern anzusprechen und möglichst viele Saiten in ihnen zum Schwingen zu bringen. Auf diese Weise behandeln wir unser Gehirn so, wie es seiner Eigenart entspricht und holen entschieden mehr Leistung aus ihm heraus, als wenn wir es nur schmalspurig mit Wissen füttern.

Die Konsequenz, die sich aus dem dargestellten Sachverhalt für unsere Unterrichtspraxis ableiten lässt, ist denkbar einfach: Wir müssen „gehirn-freundlich" arbeiten – *brain-friendly* sagt der Amerikaner. Nichts einfacher als das! Verbinden Sie einfach „linke" und „rechte" Tätigkeiten! Erfüllen Sie die abstrakten Buchstabensymbole mit bildhaften Inhalten und Bedeutungen, heißt das im Klartext für unser Thema, das Lesenlernen! Außerdem kann der Lernprozess noch unterstützt werden durch Rhythmen und Reime, Entspannungsübungen, Farben, Bewegungen und vieles mehr.

Damit sind wir auch schon bei einem weiteren, sehr wichtigen Aspekt des Lernens, den wir nicht vernachlässigen dürfen, wenn wir alle uns im schulischen Rahmen zur Verfügung stehenden Möglichkeiten ausschöpfen und so wirklich „volles Programm" fahren wollen.

Der Mensch lebt nicht nur vom Verstand

Das Wissen um die funktionellen Eigenarten der rechten und linken Hirnhemisphäre befähigt uns, Lerntechniken zu optimieren und Wissen ökonomisch zu vermitteln. Das kann unseren Unterricht sehr viel erfolgreicher machen als eine bloße Orientierung am Lernstoff. Wir werden auch – alleine durch die Berücksichtigung dieser einfachen Grundstruktur – wesentlich erfolgreicher unterrichten als die meisten unserer Kollegen, die von neurophysiologischen Bedingungen des Lernens entweder gar nichts wissen oder dieses Wissen nicht in ihre Unterrichtsplanung einfließen lassen.

Aber: Es gibt noch mehr, was zu beachten ist, wenn wir – wie es der klassische Programmsatz des autogenen Trainings sagt – besser und besser werden wollen. Wenn wir von „Gehirn" sprechen, dann meinen wir meistens den Ort, an dem kognitive Prozesse stattfinden. Diese Prozesse sind jedoch nicht im

Gehirn schlechthin beheimatet, sondern ganz konkret im Neocortex, der Großhirnrinde, dem Gehirnteil, den nur der Mensch in dieser differenzierten Ausprägung hat.

Er ist der Sitz des Verstandes, der Vernunft, des planvollen Handelns, des Speicherns von Gelerntem und des Erinnerns an Fakten und Daten, des Verknüpfens verschiedener Einzelheiten zu einem sinnvollen Ganzen, kurz: des Denkens. Man könnte also durchaus meinen, es genüge, den Neocortex gut zu pflegen, und schon gehe es mit dem Lernen „wie geschmiert".

„Ja, ja, wer's wüsste", sagt der Teufel mit den drei goldenen Haaren im Märchen, als die Ellermutter ihm die Fragen stellt nach dem Brunnen, der Wein spendete und nun versiegt ist und nach dem Apfelbaum, der goldene Äpfel trug und nun nicht einmal mehr Blätter austreibt. – „Ja, ja, wer's wüsste!" Die Sache mit dem Lernen ist in gewisser Weise sehr einfach, in anderer Weise aber auch so einfach wieder nicht. Wir müssen wissen, was alles hereinspielen und stören kann, wenn plötzlich weder Wein noch goldene Äpfel zum Vorschein kommen, obwohl sie doch „eigentlich" vorgesehen wären.

Im Märchen ist es beim Brunnen eine Kröte, die unter einem Stein sitzt und beim Apfelbaum eine Maus, die an der Wurzel nagt. „Die müssten sie finden und töten", sagt der Teufel von der Kröte, „dann würde er schon wieder Wein spenden". Und von der Maus genauso: „Die müssten sie finden und töten, dann würde er schon wieder goldene Äpfel tragen!"

Die Parallele zum Märchen liegt auf der Hand: Kinder leisten oft viel weniger, als sie „eigentlich" könnten. Woran liegt das? Die Antwort auf diese Frage ist nicht allgemein zu formulieren, denn es gibt viele Möglichkeiten, wie Lernen erschwert oder gar verhindert werden kann. Lassen wir einmal unsere Großhirnrinde, den menschlichen Verstand also, in unseren Erwägungen beiseite und überlegen wir, was noch alles vonnöten ist, damit Lernen erfolgreich sein kann.

Wir kommen der Sache näher, wenn wir uns mit anderen Bestandteilen unseres Gehirns befassen: Es ist ja nicht nur Sitz des Verstandes, sondern auch unserer Gefühle. Diese können wiederum mächtige Verbündete sein, wenn es darum geht, Neues zu lernen. Sie können aber auch Lernen enorm erschweren und sogar verhindern.

Vor Jahren hatte ich Lili in meiner 1. Klasse, ein äußerlich robustes Kind mit einer kräftigen Stimme, das seine Mutter geradezu herumkommandierte und ausgesprochen sicher und selbstbewusst wirkte. Aber das war nur die sehr dünne äußere Hülle. Lili hatte eine um sieben Jahre ältere Schwester, die bereits das Gymnasium besuchte und natürlich – wie sollte es anders sein – schon viel mehr konnte als die kleine, sechsjährige Lili, die eben erst in die Schule kam. Das sah Lili aber anders und betrachtete sich als ernsthafte Konkurrentin der großen Schwester. So war es nur natürlich, dass sie von sich selbst der Meinung war, überhaupt nichts zu können. Besonders deutlich wurde dieses negative Selbstbild, wenn es ums Lesen ging. Lili verkrampfte sich so sehr, dass sie buchstäblich vor meinen Augen immer unfähiger wurde und schließlich nicht einmal mehr kurze Wörter zusammenlesen und verstehen konnte. Das machte ihr so zu schaffen, dass sie beim Lesen zu zittern anfing und gelegentlich auch in Tränen ob ihrer vermeintlichen „Dummheit" ausbrach. Es muss sehr beängstigend für ein Kind sein, wenn es plötzlich einfach nichts mehr kann, obwohl es doch „eigentlich" etwas wüsste.

Lehrer sind ebenfalls überfordert, wenn sie im Unterricht mit einem weinenden, völlig verzweifelten Kind konfrontiert werden und dabei – das ist ja das Besondere am Lernen in einer Schulklasse! – immer auch noch den Rest der Klasse im Rücken haben, der beschäftigt, beaufsichtigt und „gebändigt" werden muss.

Das Unsinnigste, was Lehrer in einer derartigen Situation äußern können, sind Appelle wie zum Beispiel: „Schau nur genau hin, das kannst du schon!" Oder: „Du bist doch ein großes Mädel! Da musst du dich doch nicht so anstellen!" Am besten ist es, wenn wir Kindern begreiflich machen können, was an ihrem plötzlichen Unvermögen, an ihrer unerklärlichen „Dummheit" schuld ist. Das gibt uns Lehrern das Spiel wieder in die Hand, wir sind nicht einer Situation hilflos ausgeliefert, sondern verstehen diese und können auch den Kindern vermitteln, was vorgeht.

Bei Lili, die an sich so überhöhte Anforderungen stellte, dass sie gar nicht mehr unbefangen lernen konnte, war es mir besonders wichtig, ihr, aber auch der Klasse, Hintergründe für dieses vordergründig unverständliche Lernversagen aufzudecken. Das nahm nicht nur von Lili den Makel der „Dummheit", sondern beruhigte auch die anderen Kinder hinsichtlich der Möglichkeit eines eigenen zukünftigen „Versagens". Dass meine Botschaft ankam, zeigte geraume Zeit später eine sehr drollige Reaktion von Stefan, einem meiner aufgewecktesten Schüler, über die ich weiter unten berichten will.

Zunächst einmal zurück zu Lili: Sie war motiviert, auch fleißig und ganz bestimmt nicht dumm, Was konnte daran nur schuld sein? Ja, ja, wer's wüsste! Durch die Erkenntnisse der Gehirnforschung sind wir in der glücklichen

Lage, vieles zu verstehen und erklären zu können, was Lehrer früherer Generationen wohl wirklich vor unlösbare Rätsel gestellt hat.

Wenn Kinder so emotional reagieren wie Lili, dann liegt zumindest eines auf der Hand: Hier ist wohl eine Art emotionaler „Denkblockade“ am Wirken. Das allein ist jedoch zwar eine Etikettierung, aber noch lange keine Begründung für Lernversagen. Wer errichtet diese Blockaden? Wo sitzt der Schurke?

Zwei Möglichkeiten sind denkbar: Es können der „Räuber Thalamus“ oder die „schwarzen Sheriffs“ am Werk sein. (Das ist die von mir geprägte kindgemäße Ausdrucksweise. In korrekter Terminologie handelt es sich um das Wirken des Thalamus oder die Blockierung der Synapsentransmission durch Antagonisten der entsprechenden Neurotransmitter.)[10]

In beiden Fällen geht es um Reaktionsmuster unseres Gehirns, die aus früheren Epochen der Menschheitsgeschichte stammen, inzwischen ihre Daseinsberechtigung verloren haben, aber noch nicht „verlernt“ sind, weil neurologische Gegebenheiten sich nicht mit der gleichen Geschwindigkeit ändern wie unsere Lebensbedingungen.

So funktioniert der Thalamus

„Der Thalamus ist die letzte Umschaltstation aller sensorischen Informationen, die an die Großhirnrinde, den Neokortex, geschickt werden. Lediglich Gerüche werden direkt, ohne Prüfung durch die Kontrollinstanz Thalamus, verarbeitet.

Der Thalamus sortiert Botschaften nach den mit ihnen verbundenen Gefühlen. Er kann Informationen, die noch unter der Bewusstseinsschwelle sind, aufhalten, bevor sie uns in den höheren Gehirnzentren des Neokortex bewusst werden.

Diese Kontroll- und Selektionsfunktion hatte entwicklungsgeschichtlich durchaus ihre Berechtigung und hat sie bis zu einem gewissen Grad auch heute noch. Nehmen wir an, Sie überqueren gerade die Straße, als Sie hören und spüren, wie die hintere Naht Ihrer Hose plötzlich aufreißt. Sie haben eine Jacke umhängen, die Sie um die Hüfte binden und mit der Sie somit die Peinlichkeit umgehen könnten, mit aufgeplatzter Hose auf der Straße zu stehen. Gleichzeitig mit dem Aufreißen Ihrer Hose nehmen Sie jedoch einen Autofahrer wahr, der offensichtlich die rote Ampel übersehen hat und mit beängstigender Geschwindigkeit um die Kurve biegt, direkt auf Sie zu.

In diesem Moment existiert das Problem der aufgerissenen Hose für Sie nicht mehr, es ist buchstäblich gelöscht, und Sie retten sich mit einem

Sprung auf den Bürgersteig. Dieser Sprung gibt möglicherweise Ihrer Hose den Rest, so dass Sie nun völlig ‚im Freien' stehen, aber das ist schließlich für Sie wesentlich besser, als mit züchtig verdecktem Riss überfahren zu werden.

Erst als die unmittelbare Gefahr vorüber ist, dringt der nicht gesellschaftsfähige Zustand Ihrer Bekleidung wieder in Ihr Bewusstsein. Sie werden peinlich berührt und hastig Ihre Jacke umbinden und überlegen, was Sie nun am besten tun könnten, um den Schaden zu reparieren: Nach Hause zum Umkleiden gehen? Eine neue Hose kaufen? Nähzeug kaufen und den Schaden an einem stillen Örtchen reparieren? Zu Hause anrufen, jemand solle Ihnen Kleidung zum Wechseln bringen? Sie haben auf alle Fälle jetzt wieder die volle Palette Ihrer Handlungsmöglichkeiten vor Ihrem geistigen Auge.

So sinnvoll und manchmal geradezu lebensrettend es sein kann, wenn der Thalamus bedrohliche Eindrücke bevorzugt ins Bewusstsein lässt und anderes einfach unterdrückt, so sehr kann sich diese Tätigkeit unter umgekehrten Vorzeichen als ausgesprochen kontraproduktiv und verhängnisvoll erweisen." (a.a.O., S. 66)

Der Thalamus ist also eine Kontrollinstanz, die alle Informationen filtert, bevor Sie an die Großhirnrinde weitergeleitet werden und manche davon einfach ausblendet. Welche Informationen haben nun die besten Chancen, die Kontrolle zu passieren und dort zu landen, wo gelernt und gedacht wird? Es sind diejenigen, die verknüpft sind mit positiven Gefühlen.

Alles, was verbunden ist mit negativen und furchteinflößenden Emotionen, wird von unseren Überlebensmechanismen als hinderlich und überflüssig empfunden und ist daher in Gefahr, verdrängt und aussortiert zu werden. Wer interessiert sich schon angesichts vitaler Bedrohung für Rechtschreibregeln, Lateinvokabeln oder – im Fall von Lili – für die Bedeutung von Buchstaben und Wörtern?

Der Thalamus, dessen Funktionsweise in früheren Epochen der Menschheitsgeschichte entstanden ist, „weiß" nicht, dass es heutzutage bei negativen Emotionen so gut wie nie um die Frage des Überlebens geht. Er handelt immer so, als sei das der Fall und verdrängt Informationen, die, wenn tatsächlich Gefahr für unser Leben bestünde, ja auch wirklich bedeutungslos wären.[11] Somit ist die Instanz Thalamus „ein Dreh- und Angelpunkt für fehlgeleitete, unterbliebene und nicht zugängliche Informationsspeicherungen".[12]

Den Kindern in Lilis Klasse erklärte ich die Hintergründe natürlich nicht auf dieser Ebene, sondern brachte ihnen diese neurologischen Tatsachen in

Form einer Geschichte über einen Räuber namens Thalamus nahe, der im Gehirn immer dann lauert, wenn eine Fuhre voller Informationen unterwegs in die Großhirnrinde ist. Riecht er dann Stress oder Angst oder Überdruss oder Langeweile, stürzt er sich aus seiner Höhle und raubt die Ladung. Die Geschichte vom Räuber Thalamus und einige andere „Gehirngeschichten" habe ich – samt den dazu gehörenden wissenschaftlichen Erklärungen – in einem eigenen Buch aufgeschrieben.[13]

Für die Organisation des schulischen Lernens ergeben sich auch aus dem Wissen um die Kontrollinstanz Thalamus einige Konsequenzen. Sehen wir uns einmal genau an, welche Botschaften erwünscht und welche unerwünscht sind.

Das sucht der Mensch:	**Das möchte der Mensch meiden:**
Wohlergehen, Freude	körperliche Entbehrungen wie Schmerz, Hunger, Schlaflosigkeit
Erfolg, Macht	Misserfolg
Anerkennung	Verachtung
Liebe, Intimität, Zärtlichkeit	Ungeliebtsein, Lieblosigkeit
soziale Integration	Gleichgültigkeit
Sicherheit, Ruhe	Sorge, Angst, innere Unruhe
Abenteuer, neue Erfahrungen	Langeweile, Monotonie

Wenn wir in unserem Unterricht bewusst darauf abzielen, Schülern Zugang zu den positiven Erfahrungen zu verschaffen, die mithelfen, Informationen leichter zugänglich zu machen, dann gestalten wir Lernen effektiver. Es ist zwar nicht so, dass es immer mit dem Wollen allein schon getan wäre. Dennoch können wir mit entsprechendem Wissenshintergrund viel sinnvoller agieren.

Wir haben es oft in der Hand, *Erfolgserlebnisse* und *Anerkennung* zu vermitteln. Kinder, die immer wieder Geduld und Verständnis der Lehrkraft erfahren, wenn sie etwas nicht gleich können, werden sich beim Lernen insgesamt sicherer fühlen. Wir können also auch *Sicherheit* vermitteln. Ruhe beim Lernen heißt, dass Kinder nicht gehetzt werden, sondern *in Ruhe* und in ihrem eigenen Lerntempo ihre eigenen Erfahrungen machen dürfen. Die *soziale Inte-*

gration kann dadurch gefördert werden, dass einsichtig gemacht wird, warum Lernen nicht bei allen Kindern auf Anhieb gleich gut funktioniert. Das *Abenteuer des Lernens* erleben Kinder, wenn sie – was im Rahmen der Freiarbeit gut möglich ist – Arbeitsaufträge verschiedener Schwierigkeitsgrade – je nach individuellem Vermögen – bearbeiten können.

In Lilis Fall war es zunächst einmal wichtig, dass sie sich sicher fühlen konnte, wegen ihres Unvermögens nicht zurückgewiesen oder gar verachtet und ausgelacht zu werden. Da allen Kindern die Hintergründe für Lilis Leseversagen einsichtig gemacht wurden, war dieses Versagen auch akzeptiert und Lili war keine Außenseiterin, sondern erlebte gerade durch das allgemeine Interesse an ihrem Problem soziale Integration. Damit allein war das Problem zwar noch nicht beseitigt, aber doch zunächst einmal entschärft. Wie Lili dann auch geholfen werden konnte, über ihre emotionalen Hürden hinwegzukommen, wird weiter unten genauer erläutert.[14]

Dass die Geschichte vom „Räuber Thalamus" in den Köpfen der Kinder etwas bewegt hatte, zeigte sich einige Wochen später, als es Melanie ähnlich erging wie Lili:

Sie wurde aufgerufen, hatte aber offensichtlich nicht damit gerechnet und vielleicht in diesem Moment nicht aufgepasst. Als ich ihren Namen nannte, erschrak sie – die geradezu klassische Situation! – und konnte dann eine einfache Rechenaufgabe nicht lösen. Da sie für gewöhnlich im Unterricht immer aufpasste, war es mir sehr unangenehm, sie so in Verlegenheit gebracht zu haben. Ich wollte gerade ansetzen, sie zu trösten, dass sie ja sonst immer bei der Sache sei und es deshalb nicht schlimm sei, wenn sie einmal eine Aufgabe nicht könne. Stefan aber kam mir zuvor. Er schaute ganz fachmännisch, deutete mit dem Daumen auf Melanie und sagte überlegen und mit verschwörerischem Unterton: „Thalamus, gell?", was wohl bedeuten sollte: „Da ist doch der Thalamus schuld, nicht wahr?"

Da es bei Melanie weniger um eine grundsätzliche Gestimmtheit – so wie bei Lili -, sondern mehr um wirklich ganz plötzlich aufgetretenen Stress ging, der geradezu aus heiterem Himmel auf einmal einfach „da" war, kam hier meines Erachtens jedoch eher das Erklärungsmodell der „schwarzen Sheriffs" in Betracht.[15]

Die schwarzen Sheriffs

Damit wir denken und lernen können, müssen in unserem Nervensystem viele Botschaften von A nach B, also von einem Neuron zum nächsten, transportiert werden. Das geschieht auf elektrischem und auf chemischem Weg. Dendriten sind die Verästelungen, an denen ein Neuron Botschaften empfängt, die als elektrische Erregungswellen ankommen. Über das Axon, einen Nervenstrang, der in Verästelungen endet, verlassen die Erregungswellen das Neuron. Durch chemische Botenstoffe, die Neurotransmitter, werden die elektrischen Impulse im nächsten Neuron in Gang gesetzt. Dort, wo die Enden eines Axons und die Dendriten des nächsten Neurons zusammentreffen, ist ein Spalt, der synaptische Spalt, der durch den Sprung der Neurotransmitter überwunden werden muss.

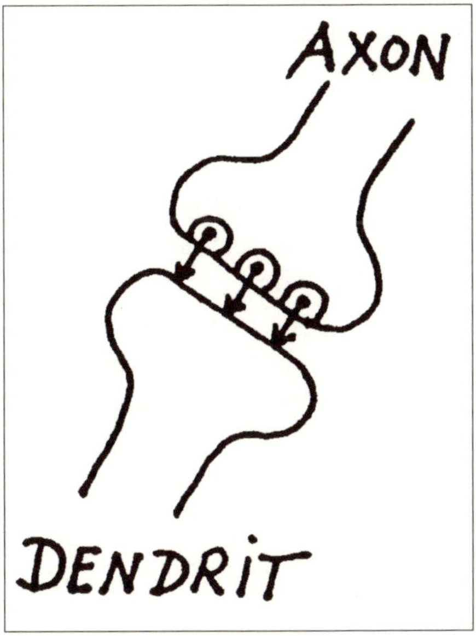

Botschaften kommen über den Dendriten und verlassen das Neuron über das Axon

Bestimmte Neurotransmitter passen zu bestimmten Landeflächen wie ein Schlüssel in das passende Schloss. Beim Lernen ist vor allem der Neurotransmitter Acetylcholin aktiv. Er kann auf bestimmten Rezeptoren landen.

> „Wir haben jedoch auch bei der Synapsentransmission – also der Reizweitergabe über den synaptischen Spalt – die Möglichkeit, dass in unserem Nervensystem kontraproduktiv, gegen die eigentlichen Interessen des Gehirnbesitzers, gearbeitet wird. Auch hier handelt es sich, wie beim Räuber

Thalamus, um Sicherungssysteme, die wir aus früheren Epochen der Menschheitsgeschichte mitgebracht haben, buchstäblich ‚aus den Höhlen', und die wir heute nur noch höchst selten wirklich benötigen.

Es soll an dieser Stelle der Mechanismus näher beleuchtet werden, der auftritt, wenn es an den Synapsen eben nicht zur Übermittlung des Reizes kommt, den wir ‚eigentlich' weitergeben wollen: wenn wir also nicht klar denken können, uns etwas partout nicht merken können, wenn uns etwas einfach nicht einfallen will und wir uns in einer bestimmten Situation nicht so geschickt und vorteilhaft bewegen oder ausdrücken können, wie uns das vorschweben würde. Beim Räuber Thalamus haben wir gesehen, dass Informationen nicht oder nur fragmentarisch in unserem Gehirn ankommen, wenn sie zugunsten anderer, in den Augen des Thalamus wichtigerer Impulse ausgesondert werden. Wichtig im Sinne von ‚anderen Informationen vorrangig' ist dabei alles, was ‚Gefahr' signalisiert.

Das oberste Interesse unseres Systems heißt ‚Überleben'. Aber unsere Überlebensprogramme sind nicht mehr zeitgemäß. Sie eignen sich für Lebensumstände, wie sie in prähistorischen Zeiten herrschten. Angesichts feindlicher Horden oder eines durchs Unterholz brechenden Mammuts ist es sehr nützlich, wenn instinktiv reagiert und nicht lange geplant und nachgedacht wird. Einem Mammut brauchen wir auch nicht in wohlgesetzter Rede darzulegen, warum es uns jetzt besser nicht zertrampeln sollte. Da helfen andere Aktionen: ein gut gezielter Speerwurf oder rasche Flucht.

Angesichts eines kritischen Kunden, eines schikanierenden Chefs oder eines verständnislosen Lehrers können wir jedoch weder um uns schlagen noch einfach davonlaufen, auch wenn wir beides manchmal vielleicht gerne täten.

Warum aber sind wir in ‚zivilisierten' Stress-Situationen so oft nicht in der Lage, angemessen zu agieren, gleichgültig, ob es nun um Selbstbehauptung gegenüber dem Chef oder einem Kunden oder um das Abliefern von Wissen in Unterricht oder Prüfung geht. Was passiert in solchen Situationen in unserem Nervensystem?"[16]

Erinnern wir uns daran: Beim Übermitteln von Botschaften müssen Neurotransmitter – chemische Botenstoffe – den Spalt zwischen dem Endausläufer des einen Neurons und den Empfangsantennen des nächsten überspringen. Die Information wird über das Axon abgegeben und „betritt" das nächste Neuron über das Ende eines Dendriten. (Siehe oben, S. 39)

Neurotransmitter können nur auf Landeplätzen andocken, die genau für sie gemacht sind. Wir sprechen von einer Schlüssel-Schloss-Funktion. Wenn beispielsweise Acetylcholin an einem Lernprozess beteiligt ist, so kann es nur auf bestimmten Dendriten landen, bei denen die Oberfläche der Zellmembran zu seiner räumlichen Form passt. Das könnte vereinfacht so dargestellt werden:

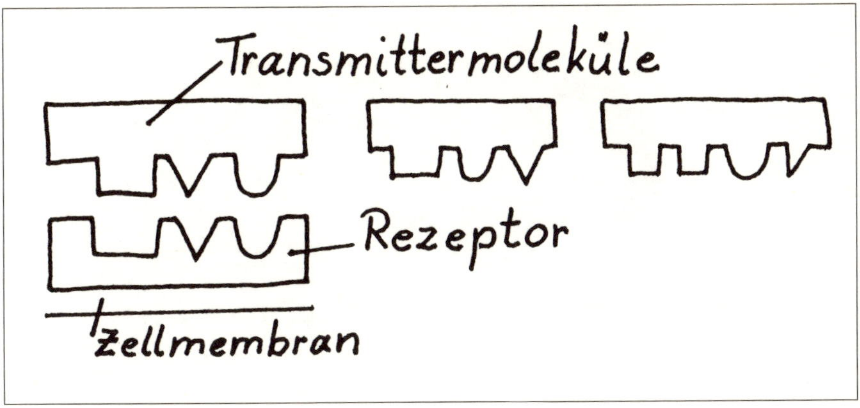

Die Schlüssel-Schloss-Funktion von Neurotransmitter und Zellmembran auf den Rezeptoren des Dendriten

Ist nun die Landefläche bereits besetzt – also der Parkplatz nicht mehr frei –, so kann es auch nicht landen, das leuchtet ein. In diesem Fall ist seine Wirkungsweise blockiert. Der Übeltäter ist beim Acetylcholin das Noradrenalin, sein Gegenspieler. Dieser Neurotransmitter ist maskiert, er besitzt eine Oberfläche, die derjenigen des Acetylcholins zum Verwechseln ähnlich ist und kann deshalb auf den Landeplätzen andocken, die eigentlich dem Acetylcholin „gehören".

Kommt dieses dann an, um eine „vernünftige" Information vom einen Neuron zum anderen weiterzuleiten, so kann es den synaptischen Spalt nicht mehr überwinden. Auf der anderen Seite sitzt bereits der „Schurke" Noradrenalin und schreit wie beim Märchen vom Hasen und dem Igel: „Ich bin schon da!"

In meinen Gehirngeschichten für Kinder nenne ich diese Schurken, die maskiert sind und fremde Parkplätze besetzen, „schwarze Sheriffs". Die Blockadesysteme, die diese „schwarzen Sheriffs" auf den Weg schicken, die damit das „richtige" Funktionieren der Informationsübermittlung blockieren und deshalb auch daran „schuld" sind, dass beispielsweise das Acetylcholin nicht richtig landen kann, sind ebenfalls – wie der „Räuber Thalamus" – zurückzu-

führen auf Überlebensmechanismen, die früher sinnvoll waren, heute aber nur noch hinderlich und schädlich sind. Es geht dabei um das Ausschalten „höherer" Hirnfunktionen zu Gunsten primitiverer, reflexbedingter Reaktionsweisen, die uns in lebensbedrohlichen Situationen helfen sollen, schnell zu handeln, ohne lange nachzudenken. Unter Stress schütten wir das Hormon Noradrenalin aus, das gleichzeitig als Neurotransmitter fungiert. Es verhindert – durch Blockieren des Acetylcholins -, dass wir vernünftig denken und unsere Reaktionen überlegt gestalten. Wir „rotieren" und wissen vor Stress nicht mehr ein noch aus.

Dadurch wird die Palette unserer Handlungsmöglichkeiten so stark eingeschränkt, dass nur Kampf oder Flucht in Frage kommen, *fight or flight*. Gerade diese beiden Möglichkeiten stehen uns aber in „modernen" Stress-Situationen am wenigsten zur Verfügung. Wir müssen Probleme anders bewältigen.

Wir jagen die schwarzen Sheriffs zum Teufel

Um dem Räuber Thalamus beizukommen, müssen wir besonders die Rahmenbedingungen, unter denen Lernen stattfindet, reflektieren sie und entsprechend gestalten. Die „schwarzen Sheriffs" jedoch müssen wir anders bekämpfen. Wenn sie im Spiel sind, heißt das, unser Nervensystem ist von Stresshormonen überschwemmt. Die gilt es zunächst einmal abzubauen. Die klassische Methode wäre wirklich: Kampf oder Flucht, denn durch körperliche Anstrengung werden auch Stresshormone abgebaut. Auch Holzhacken oder ein Waldlauf wären gut geeignet, unser hormonelles Gleichgewicht wieder herzustellen.

Das ist aber nicht machbar und so müssen wir mit den Möglichkeiten vorlieb nehmen, die uns in der Schule zugänglich sind: Bewegung in irgendeiner Form lässt sich immer in den Unterricht einbauen. Wenn also bei einem einzelnen Kind – oder auch überhaupt in der Klasse – Stress das Lernen erschwert, dann hilft am besten: Fenster auf und erst einmal tüchtig bewegt. Wie in einer Klasse ein Repertoire an sinnvollen Gymnastikübungen aufgebaut wird, habe ich an anderer Stelle ausführlich beschrieben.[17] Einige exemplarische Übungen werde ich in diesem Buch kurz vorstellen und beschreiben (s. S. 229 ff.).

Einschulung – der abrupte Wechsel in die Zweidimensionalität

Schulisches Lernen ist Lernen nach bestimmten Gesetzmäßigkeiten. Auch wenn wir Lehrer noch so offen für alternative Methoden sind: den Rahmenbedingungen, die Schulsystem, Organisationsrahmen, Sachaufwandsträger, Kollegium und Lehrplan uns stellen, können wir nicht entkommen. So ist – selbst bei aller Betonung eines mehrdimensionalen Lernens, das alle Sinne anspricht – das hauptsächliche Medium des Unterrichts die Sprache und der hauptsächliche Träger von Botschaften bedrucktes oder beschriebenes Papier. Während in der Vorschulzeit das Hantieren mit richtigen Gegenständen und das echte Agieren in dreidimensionalen Räumen im Vordergrund stehen sollten, beschränkt schulisches Lernen sich stärker auf das Verweilen an einem Ort und die Beschäftigung mit abgebildeten und durch Schriftzeichen symbolisierten Gegenständen.

So wird der echte Apfel nicht nur zum Bild eines Apfels, sondern zu einer Kette von Symbolen:

A p f e l

Dass diese Symbolisierung auch wirklich „Apfel“ und nicht „Birne“ oder „Hundeleine“ oder sonst irgendetwas bedeutet, das geht aus den Symbolen nicht zwingend hervor. Eine Abbildung ist zwar nichts Echtes, kann aber ohne Vorkenntnisse verstanden werden, wenn der abgebildete Gegenstand grundsätzlich bekannt ist. Jedes Kind sieht:

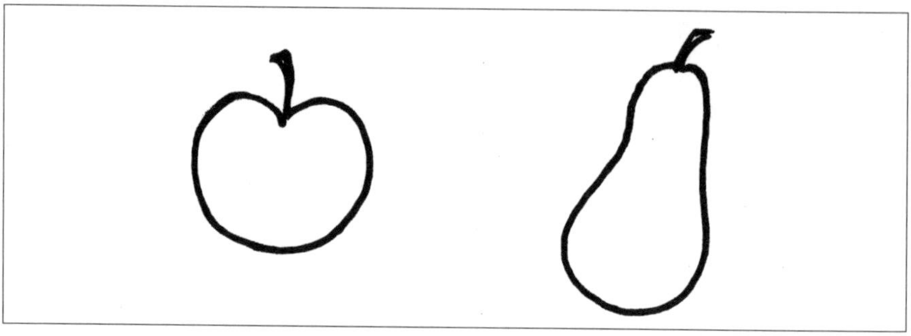

Das ist ein Apfel. Das ist eine Birne.

Nur das lesekundige Kind kann diese Symbolketten den Abbildungen richtig zuordnen:

Apfel Birne

Dass ein Buchstabe gerade diese und keine andere Bedeutung hat, beruht auf einer Vereinbarung aller lesenden und schreibenden Menschen. Wir sind uns alle einig, dass ein A ein A ist und ein B ein B. Wäre es umgekehrt und ein B wäre ein A, ein A hingegen ein B, so müsste es statt Apfel heißen: Bpfel und statt Birne hieße es: Airne.

Würden wir dieses Spielchen mit mehreren Buchstaben betreiben, so käme es bestimmt zu beträchtlicher Verwirrung. Dabei müssten wir das eigentlich ganz gut bewältigen können, sind wir doch grundsätzlich des Lesens kundig, wissen über den Symbolcharakter der Buchstabenschrift Bescheid und haben im Lauf unseres Lebens auch schon hinlänglich Leseübung erworben. Dennoch: Wir müssten etwas Bekanntes plötzlich mit anderen Augen sehen und uns jedes Mal bewusst machen: Das bedeutet dies oder jenes.

Für Kinder, die mit dem Schuleintritt von der dreidimensionalen Spielwelt in die zweidimensionale Papier- und Bücherwelt der Schule wechseln, bedeutet das eine gewaltige Umstellung. Diese wird umso leichter bewältigt, je intensiver das Kind in den vorhergehenden Jahren basale Sinneserfahrungen machen durfte. Nur wer genügend echte Erfahrungen sammeln konnte, kann sich in einer Welt zurechtfinden, in der nicht mehr echt, sondern nur noch symbolisch, auf Papier dargestellt, gehandelt wird.

Das Nervensystem eines Kindes muss reif sein für die Umstellung auf die schulische Zweidimensionalität.

Noch einmal sei es betont: Auch wenn Lehrer sich noch so große Mühe geben, in ihren Unterricht möglichst viel echtes Handeln und unterschiedliche Sinneserfahrungen einfließen zu lassen, so mündet irgendwann alles in die papierene, zweidimensionale Repräsentation des Gelernten ein. Wir Lehrer werden immer mehr mit dem Problem konfrontiert, diese papierene Welt Kindern vermitteln zu müssen, die eben gerade nicht mit einem ausreichenden Schatz basaler Sinneserfahrungen in die Schule kommen. Deshalb müssen wir auch vermehrt nach Möglichkeiten suchen, in unserem Unterricht so etwas wie eine „Nachreifung" gewisser Funktionen zu ermöglichen. Dass alles, was in der kindlichen Entwicklung nicht zum rechten Zeitpunkt stattfindet, nicht mehr so wirkungsvoll sein kann wie das rechtzeitig Geförderte, wissen wir. Dennoch können wir den Zugang zum Lesenlernen deutlich erleichtern, wenn uns bewusst ist, welche Probleme damit verbunden sein können.

Über- und Unterforderung, die Schizophrenie des schulischen Alltags

Schule wird von Eltern und auch von Schülern oft als widersprüchlich und verwirrend erlebt. So geht es uns immer, wenn wir mit gegensätzlichen und eigentlich unvereinbaren Erfahrungen konfrontiert werden. Das Gegensätzliche, das ich für so gravierend halte, dass ich es als „schizophren" bezeichne, ist das gleichzeitige Auftreten von Über- und Unterforderung vieler Schüler. Dass diese beiden Phänomene in der Schule grundsätzlich vorkommen können, ist bekannt und – obwohl nicht erstrebenswert – für sich allein auch noch nichts Besonderes. Werden diese beiden Erfahrungen jedoch gleichzeitig, im Zusammenhang mit ein- und demselben Unterrichtsgegenstand, gemacht, so wird das als höchst verwirrend und desorientierend erlebt.

Besonders im Anfangsunterricht werden unsere Schüler mit dieser Schizophrenie des schulischen Alltags konfrontiert: *Beim Lesenlernen* wird einerseits von ihnen erwartet, dass sie den synthetischen Charakter unserer Schrift verstehen, mit den abstrakten Symbolen dieser Schrift zurechtkommen, diese optisch unterscheiden und deren Bedeutung speichern können. Andererseits wird dieser Alphabetisierungsprozess immer noch – auch in den neueren Fibeln – begleitet von anfänglich notgedrungen sehr simplen Texten, die für sich betrachtet wenig Leseanreiz bilden.

Im etwas fortgeschritteneren Leseunterricht, etwa ab dem zweiten Drittel der 1. Klasse, geht mit der Fibelschrift, die nach den ersten Lesebuchseiten sehr schnell – viel zu schnell – kleiner wird, für viele Kinder eine deutliche visuelle Überforderung einher. Ihre Augen sind nicht in der Lage, einer Buchzeile so kontinuierlich zu folgen, dass keine Buchstaben übersprungen oder in falscher Reihenfolge gelesen werden. Es ist auch gerade für Kinder, die neurologisch noch nicht altersgemäß entwickelt sind, überaus anstrengend, klein gedruckte Buchstaben genau zu fokussieren. Dr. Carla Hannaford, eine amerikanische Biologin, sagte in einem ihrer Seminare einmal, viele Kinder seien allein aufgrund ihrer verspätet entwickelten visuellen Fähigkeiten erst im Alter von acht Jahren in der Lage, das Lesen zu erlernen.[18]

Selbst wenn Kinder keine Probleme mit der Augenmotorik und der visuellen Verarbeitung haben, erwartet man entschieden zu viel, wenn man glaubt, dass Erstklässler mit den geringen Übungsmöglichkeiten, die Fibel und Arbeitsheft bieten, ernsthaft das Lesen lernen. Sie brauchen, um wirklich Leseübung zu bekommen, viel mehr Lesestoff, als es eine Fibel bieten kann. Mit den kurzen Fibeltexten, die sie sich schnell auswendig gemerkt haben, sind sie inhaltlich deutlich unterfordert. Es muss ausreichend „Lesefutter" beschafft werden, bei dem die Schrift im Bedarfsfall entsprechend vergrößert wird. Das ist ja dank der modernen Kopiergeräte heutzutage nicht mehr schwierig. Eltern, die selbst aktiv werden wollen, können für wenig Geld in jedem Copyshop Lesetexte beliebig vergrößern lassen.

Ich verwende in der 1. Klasse für die Lesetexte, die ich selbst mit dem Computer schreibe, Schriftgröße 28, in den letzten Monaten des Schuljahres dann versuchsweise Größe 24. Nur damit Sie eine Vorstellung davon haben, wie groß ein 28er-Text gedruckt aussieht, hier ein kurzes Beispiel aus unserer Freiarbeits-Lesemappe, in der ich Eigentexte der Kinder sammle.

Wurli geht mit Anton nach Afrika. Da finden sie eine Schlange. Sie finden einen Löwen. Jonas

Im täglichen Unterrichtsablauf zeigt sich, dass Erstklässler – vermehrt aber auch Schüler höherer Klassen – deutlich überfordert sind mit dem Anspruch, sie sollten gesprochene Sprache „einfach so", weil es doch ihre Muttersprache ist, verstehen und über das Medium Sprache erteilte Anweisungen auch befolgen können.

Aufmerksamkeit, Merkfähigkeit und Sprachkompetenz sind in einem drastischen Niedergang begriffen. Es nützt uns nichts, darauf zu beharren, dass es ja „eigentlich" zu den Merkmalen der Schulfähigkeit gehöre, aufpassen, sich etwas merken und altersgemäße Sprache auch wirklich verstehen zu können. Auch wenn wir da noch so sehr im Recht sind, wir können dieses Recht nicht durchsetzen. Nähmen wir nur noch Erstklässler auf, die wirklich schulfähig sind, dann blieben unsere Klassenzimmer fast leer. All das, was ein Kindergartenkind zum Schulkind macht, können wir nicht mehr voraussetzen, wir müssen an den Grundlagen des Lernens mühsam arbeiten und, so gut wir es im schulischen Rahmen noch vermögen, das nachholen, was im Elternhaus versäumt wurde. So überfordern wir Kinder, wenn wir glauben, sie seien in der Lage, auf die Arbeitsanweisung: „Legt bitte eure roten Mappen heraus!" entsprechend zu reagieren. Wir müssen ihnen das beibringen.

Andererseits aber können wir ohne weiteres bereits ab dem zweiten Schultag darauf hinarbeiten, dass Kinder sich gleich zu Beginn des Unterrichts selbst Arbeitsblätter holen und selbständig zu arbeiten beginnen. Müssen unsere Schüler immer erst auf Anweisungen warten, was genau zu tun ist, so sind sie unterbeschäftigt und damit auch unterfordert. Den Inhalt der Anweisungen verstehen sie aber häufig nicht oder falsch und sind damit wiederum überfordert.

So müssen wir auf zwei verschiedenen Schienen arbeiten:

- Wir müssen in kleinen Schritten und sehr mühsam das genaue Verstehen und Befolgen von Arbeitsanweisungen trainieren.
- Wir müssen dafür sorgen, dass die Kinder ausreichend beschäftigt sind. Das gelingt am leichtesten durch das Einführen der Freiarbeit bereits ab dem zweiten Schultag. Wie das auf sehr einfache Weise zu organisieren ist, wird ausführlich im Praxisteil beschrieben (s. Seite 132 ff.).

Es sei hier nur noch kurz und der Vollständigkeit halber angesprochen, dass dieses verwirrende Nebeneinander von Unter- und Überforderung auch in anderen Bereichen zu beobachten ist, zum Beispiel im Mathematikunterricht. Da werden immer noch zu schnell die abstrakten Zeichen „plus", „minus" und „ist gleich" eingeführt, während die Schüler andererseits viel zu lange in kleinen Zahlenräumen festgehalten werden, die keinerlei Herausforderung und Denkanreiz möglich machen.[19] Wir tun deshalb gut daran, unseren

Unterricht immer wieder zu überprüfen und uns immer wieder zu fragen, ob das Anforderungsniveau den kindlichen Fähigkeiten entspricht.

Zusammenfassung

Bevor ich nun zum „Wie" komme, zur konkreten Durchführung eines erfolgreichen Leselehrgangs, möchte ich noch einmal kurz zusammenfassen, was bisher über die Grundlagen des Lesenlernens gesagt wurde und welche Schlussfolgerungen für die Gestaltung des Unterrichts sich daraus ergeben.

1. Langweilige, nichtssagende oder dumme Lesetexte wirken wenig motivierend und bieten für Kinder keinen Anreiz, die Mühen des Lesenlernens auf sich zu nehmen.

Der Leselehrgang muss von Anfang an die Möglichkeit bieten, an interessanten Texten zu arbeiten, die nicht nur als Übungsmaterial taugen, sondern geeignet sind, die Freude an schönen Geschichten erleben zu lassen. (S. 53 ff.)

2. Lernen ohne eigene Anstrengung ist nicht möglich.

Im Unterricht muss die Tatsache ehrlich angesprochen werden, dass Lernen nicht ein kurzlebiger Spaß ist, sondern langfristige und ausdauernde Anstrengung bedeutet, aber auch Freude und tiefe Befriedigung verschaffen kann. (S. 18 und 94)

3. Der häusliche Hintergrund kann schulisches Lernen deutlich fördern, aber auch bremsen oder sogar verhindern.

Eltern dürfen über ihre wichtige Rolle für erfolgreiches schulisches Lernen ihrer Kinder nicht im Unklaren gelassen werden. Sie müssen lernen, ihren Teil an Verantwortung für die Lernprozesse der Kinder zu tragen und nicht alles auf die Schule abzuwälzen. (S. 166 ff.)

4. Eltern sind als Lesecoach unersetzlich. Die Schule allein kann die zum Lesenlernen benötigte Übungszeit nicht bieten.

Eltern müssen genaue Anweisungen bekommen, wie sie die Leseübungszeiten ihrer Kinder organisieren und überwachen können. (S. 168)

5. Die Erfolgschancen beim Lernen steigen, wenn wir den Lernprozess so gestalten, dass er gehirnfreundlich auf neurophysiologische Tatsachen Rücksicht nimmt.

Wir müssen möglichst viele Kanäle beim Lernen benutzen und möglichst viele Bereiche in unseren Schülern ansprechen. Vor allem gilt es, das Wissen um die verschiedenen Arbeitsweisen der beiden Gehirnhälften zu nutzen. (S. 235 ff.)

6. Die Kontrollinstanz „Thalamus“ im Gehirn kann Sinneswahrnehmungen erschweren oder völlig blockieren, wenn Lernen in Konflikt mit unseren ererbten Überlebensmechanismen kommt.

Wir müssen ein angstfreies und entspanntes Lernklima anstreben. Die Lernumgebung soll anregend gestaltet sein. Jeder Schüler soll grundsätzlich auf seinem Lernniveau Erfolgserlebnisse haben können und Anerkennung und soziale Integration erfahren.

7. Unter Stress wird die Informationsübermittlung im Gehirn blockiert, weil „falsche“ Neurotransmitter die Landeplätze der Neuronen besetzen.

Wir müssen Kindern die Stressmechanismen im Gehirn erklären, damit sie verstehen, warum sie etwas plötzlich nicht mehr können. Das nimmt ihnen die Angst vor unerklärlichem Versagen und macht die Erfahrung des „Nichtwissens“ nachvollziehbar. Wir müssen auch Strategien aufzeigen, wie man aus dieser Falle des Blockiertseins aus eigener Kraft wieder herauskommen kann.

8. Viele Kinder bringen nicht mehr die nötige neurologische „Grundausrüstung“ mit, die für den Leselernprozess Voraussetzung ist.

Wir müssen in der Schule vermehrt daran arbeiten, basale Fähigkeiten für das Lesenlernen wie zum Beispiel Merkfähigkeit oder die Fähigkeit zur Lautdiskriminierung zu trainieren.

9. In der Schule wird oft gleichzeitig sowohl Über- als auch Unterforderung erlebt. Überforderung tritt auf, weil von Kindern Lernstrukturen vorausgesetzt werden, die sie bei Schuleintritt nicht mehr mitbringen, sondern die wir erst mühsam trainieren müssen. Unterforderung tritt auf, weil zu wenig Möglichkeit zur Selbsttätigkeit besteht oder weil die Inhalte zu wenig ansprechend und zu simpel sind. Diese widersprüchlichen Erfahrungen irritieren und demotivieren.

Wir müssen im formalen Bereich behutsam vorgehen und alle Organisationsformen und Arbeitsweisen langsam und sorgfältig einführen und trainieren. Was die Inhalte betrifft, sollten wir darauf achten, dass sie ansprechend und auch anspruchsvoll sind und für das Kind auch eine gewisse Herausforderung darstellen.

Teil 2
Die Praxis des Lesenlernens

Faszination durch Geschichten

Alle Kinder lieben Geschichten. Leider ist die Großmutter, die Muße und Phantasie genug hat, um ihren Enkeln stundenlang die schönsten Märchen und Geschichten zu erzählen, selbst schon fast eine Märchenfigur. Kurz: Es gibt sie so gut wie nicht mehr. Sie gehört zu einer ausgestorbenen Spezies. Und es ist nicht nur jene schöne, verzauberte Welt der Märchen, zu der unsere modernen Kinder immer weniger Zugang haben, es ist auch ihr magisch-mythischer Hintergrund, der zunehmend in Vergessenheit gerät.

Jedem, dem Zweifel daran kommen, ob es richtig sei, Kinder mit den vordergründig oft „grausamen" Inhalten von Märchen zu konfrontieren, empfehle ich die Bücher Bruno Bettelheims, hier besonders: *Kinder brauchen Märchen.* Gerade Bruno Bettelheim hat immer wieder betont, wie wichtig es für Kinder sei, dass ihnen ihre Mythen gelassen würden. Märchen, Mythen, die freundlichen Figuren von Osterhasen, Nikolaus und Christkind sind nach Bettelheim für Kinder bis zum zehnten Lebensjahr besonders wichtig,

> „... weil die Realität, wenn sie nicht durch Phantasievorstellungen – durch besonders befriedigende Ereignisse oder Rituale – etwas gemildert wird, für Kinder und auch für nicht wenige Nicht-mehr-so-Junge unerträglich wird. Das kleine Kind braucht den Glauben an die Magie, und es braucht sein magisches Denken (...), um seine Angst zu binden und seine Hoffnung auf kommende Freuden (wie Santa Claus und den Osterhasen) immer wieder neu zu entfachen und sich zu erhalten. Nur dann kann es mit der Realität fertig werden.
>
> Normalerweise ist das Bedürfnis nach magischen Vorstellungen solcher Art etwa sechs Jahre lang (typischerweise zwischen dem 4. und 10. Lebensjahr) am größten, denn dies ist genau die Periode, in der das Kind lernen muss, mit der realen Welt zurechtzukommen."[20]

Die gesamte Grundschulzeit liegt in der Zeitspanne, in der das Bedürfnis nach magischen, tröstlichen Vorstellungen am größten ist. Wir greifen deshalb nicht nur auf interessanten Erzählstoff zurück, wenn wir Märchen in unseren Unterricht einbeziehen. Wir tun damit auch etwas für die gesunde seelische Entwicklung unserer Schüler.

Es ist vor diesem Hintergrund auch einsehbar, wie falsch es ist, immer wieder zu versichern, dass alles, was in den Märchen erzählt werde, „natürlich gar nicht wahr" sei. Märchen haben ihre eigenen Wahrheiten. In ihnen werden innere Vorgänge nach außen verlegt und so erlebbar und nachvollziehbar gemacht. So ist die in verschiedenen Handlungsgerüsten erzählte Geschichte von einem Helden, der alle möglichen Abenteuer besteht und schließlich sein Glück macht, nichts anderes als eine Parabel vom Erwachsen- und Selbständigwerden. Es wird auch immer wieder der Kampf zwischen Gut und Böse – etwas, das die Menschen seit jeher bewegt – in Märchen thematisiert, und zwar mit dem guten und befriedigenden Ende, dass der Böse zum Schluss immer unterliegt, manchmal auch grausam bestraft wird. Sehr oft sind es die Kleinen und Schwachen, die im Märchen Stärke und Mut beweisen und alles zu einem guten Ende bringen. Alleine aus diesen wenigen Beispielen ist zu ersehen, welch tröstliche und Mut machende Botschaften von Märchen übermittelt werden können. Wir nehmen unseren Kindern eine Quelle der Kraft, wenn wir ihnen Märchen vorenthalten.

Und dass manche Kinder sich vor bestimmten Märchengestalten fürchten, ist kein Grund, deshalb gänzlich auf Märchen zu verzichten – im Gegenteil. Aus meiner eigenen Erfahrung, aus Gesprächen mit Eltern und professionellen Märchenerzählern habe ich die Gewissheit gewonnen, dass Märchen auf keinen Fall Ängste verursachen, sondern nur latent vorhandene Ängste sichtbar machen, indem sie so etwas wie einen Katalysator dafür bilden. Dadurch aber, dass plötzlich eine ungreifbare Furcht genau benannt werden kann, ist es auch möglich, sie zu bekämpfen und zu besiegen. Es ist deshalb sehr kurzsichtig, jeglicher Beschäftigung mit kindlichen Ängsten aus dem Weg zu gehen und die damit verbundenen Botschaften zu ignorieren.

Nun bilden die Märchen aber nur einen Teil der Geschichtenwelt, die ich den Kindern erschließen möchte. Den zweiten Teil bietet gute Kinderliteratur und den dritten schließlich alles das, was wir im engeren Sinn zum Lesenlernen benutzen.

Viele der Schulanfänger wissen gar nicht, dass die bei ihnen so beliebten Figuren wie Pippi Langstrumpf, Heidi oder der Räuber Hotzenplotz ursprünglich die Helden von Büchern sind, kennen sie doch diese nur aus dem Fernsehen oder von Kassetten. Meine erste „Amtshandlung“ in Bezug auf Märchen und Kinderliteratur besteht deshalb darin, dass ich die Kinder damit „füttere“. Ich lese ihnen vom zweiten Schultag an täglich 10 bis 15 Minuten vor.

Manche vom Stoffdruck geplagte Kollegin wird sich da vielleicht fragen: „Wie soll ich denn dafür auch noch die Zeit aufbringen?“ Es stimmt schon: Im Lauf der Jahre wurde uns immer mehr aufgebürdet, für das wir zuständig sein sollen. Und so müssen wir uns wirklich gut überlegen, was wir in unseren Vormittag aufnehmen und was nicht. Dennoch: Gerade beim täglichen Vorlesen handelt es sich um etwas so Wichtiges, dass ihm der Vorrang vor vielen anderen Aktivitäten gegeben werden muss. Außerdem lässt sich die tägliche Vorleseviertelstunde wirklich gut in den Vormittag einbauen. Bei mir wird sie zum Beispiel immer verbunden mit der Frühstückspause, die ich großzügig bemesse, damit die Kinder wirklich in Ruhe essen können. Es gibt zuerst immer eine „Ratschzeit" („ratschen" ist auf Bayrisch: sich unterhalten) von ca. zehn Minuten. Danach essen die Kinder still weiter und hören nur zu, während ich 10–15 Minuten vorlese. Die zweite Pause, die im Freien verbracht wird, kann dann wirklich zum Spielen und Herumlaufen benutzt werden. Es hatten ja alle Kinder bereits ausgiebig Gelegenheit für ihr zweites Frühstück.

Es ist erstaunlich, wie viele gute Kinderbücher auf diese Weise – in Viertelstundenhäppchen – im Lauf der ersten beiden Schuljahre vorgelesen werden können. Deshalb wünsche ich mir, dass viele Kollegen diese Anregung aufgreifen, denn gerade durch dieses Erlebenlassen schöner Bücher geben wir manchen Kindern etwas für das ganze Leben mit – und von welchen Unterrichtsinhalten können wir denn das schon allen Ernstes behaupten? Viel zu Vieles von dem, was wir so pflichtbewusst und lehrplantreu durchnehmen, gehört doch in die Kategorie „pädagogische Eintagsfliegen" und ist bereits nach Wochen vergessen, von einer lebenslangen Wirkung ganz zu schweigen. Wenn wir jedoch die Freude an Büchern vermitteln können, dann haben wir wirklich ein Samenkorn gepflanzt. Diese meine Einschätzung wird bestätigt durch ein nettes Erlebnis, das ich vor vielen Jahren mit einer Mutter hatte, deren Sohn bei mir in die 1. und 2. Klasse gegangen war. Sie kam am letzten Schultag der 2. Klasse, um sich von mir zu verabschieden und sagte in schönstem Bayrisch: „Also, dös mit dene Büacher, dös wird von Eahna bleibn!" (Für Nicht-Bayern: „Also, das mit diesen Büchern, das wird von Ihnen bleiben!")

Um nun noch einmal darauf zurückzukommen, wie sehr es sich summiert, wenn täglich vorgelesen wird, möchte ich Ihnen aufzählen, was im Lauf der ersten beiden Schuljahre alles zum Vorlesen drankommen kann. Die nachfolgende Auflistung stammt aus einem bestimmten Turnus, in dem ich mir alle vorgelesenen Bücher notiert habe, um sie an einem Elternabend in ihrer beeindruckenden Fülle vorzeigen zu können. Mein Vorleserepertoire speist sich aus meinen Lieblingsbüchern und bleibt im Wesentlichen gleich, mit kleinen Veränderungen, wenn mir gerade ein besonders lesenswertes Buch in die Hände kommt. Hier also der Lesestoff aus zwei Schuljahren. Alle Bücher wurden vollständig – nicht etwa nur auszugsweise – vorgelesen:

- Otfried Preußler: *Der Räuber Hotzenplotz, Neues vom Räuber Hotzenplotz, Hotzenplotz 3, Der kleine Wassermann*
- Christine Nöstlinger: *Die feuerrote Friederike, Wir pfeifen auf den Gurkenkönig, Josephine Siebe: Kasperle auf Reisen, Kasperle auf Burg Himmelhoch, Kasperles Schweizerreise*
- Barbara Bartos-Höppner: *Schnüpperle*
- Astrid Lindgren: *Pippi Langstrumpf, Pippi Langstrumpf geht an Bord, Pippi in Taka-Tuka-Land, Michel in der Suppenschüssel, Michel muss mehr Männchen machen, Michel bringt die Welt in Ordnung, Die Kinder aus der Krachmacherstraße, Die Brüder Löwenherz*
- Elizabeth Goudge: *Drei Schiffe kamen übers Meer*

Das ist doch eine beeindruckende Liste, nicht wahr? Die Kinder sind – trotz Fernsehen und Gameboy – so „wild“ auf das Vorlesen, dass gerade diese Viertelstunde für viele einen Höhepunkt des Schultages bildet. Mir wird immer wieder von Eltern erzählt, dass ihre Kinder eines der vorgelesenen Bücher selbst besitzen wollen und es sich ganz dringend zum Geburtstag, zu Weihnachten oder zu irgendeiner anderen Gelegenheit wünschen.

Als ich vor vielen Jahren in der Klasse *Die Brüder Löwenherz* vorlas, waren alle sehr beeindruckt von dem tapferen Kampf der Kinder Jonathan und Karl um die Freiheit des Heckenrosentals. Immer wieder berichtete mir dann einer meiner Schüler in der Folgezeit, dass er nun endlich das Buch „habe“. Bemerkenswert fand ich, wie Michael seine Freude artikulierte. Ich zitiere wieder im bayrischen Originalton: „Woaßt, wenn i's aa scho kenn, aber dann steht's in meim Regal und dann schau i's o und dann freu i mi!“ („Weißt du, wenn ich es auch schon kenne, aber dann steht es in meinem Regal und dann schau ich's an und dann freu ich mich!“) Gerade an diesem Ausspruch wird deutlich, dass sich den Kindern durch das Vorlesen nicht nur eine Welt erschließt, sondern dass auch bei so manchen der Grund gelegt wird für die Freude am Buch, an seinem Besitz und dem Umgang damit.

Das Lesenlernen durch schöne Geschichten, die zunächst „nur“ erzählt werden, die aber dazu anregen, sich mit der geheimnisvollen Welt der Buchstaben auseinander zu setzen, gehört zu den wertvollen Dingen. Wenn ich an meine eigene Kindheit zurückdenke, so kann ich mich noch sehr gut daran erinnern, dass mir oft vorgelesen und erzählt wurde. Meine Mutter war unermüdlich darin und ich liebte die Gestalten meiner Kinderbücher und der verschiedenen Märchen über alles. Dass Lesen, diese magische Tätigkeit, der sich meine Mutter mit großer Begeisterung hingab, etwas mit dem „Abtasten“ oder „Einscannen“ der gedruckten Zeilen zu tun hatte, war mir schon als vierjähriges Kind bewusst. Meine Mutter erzählte oft, dass ich ein bestimmtes Bilderbuch, *Nussknacker hat Geburtstag*, ganz und gar auswendig konnte und Besucher dadurch verblüffte, dass ich den Text des Buches „vorlas“, indem ich mit dem Finger die Zeilen entlangfuhr und an den richtigen Stellen umblätterte. Ich spielte also offensichtlich „Lesen“, weil ich das oft bei meiner Mutter gesehen hatte. Es wurde dann regelmäßig sehr erstaunt gefragt: „Ja, kannst du denn schon lesen?“ So echt war meine „Lesevorführung“!

Meine Tochter Maxi lernte, bevor sie in die Schule kam, das Lesen ganz nebenbei ebenfalls durch das Vorlesen von Geschichten. Mit fünf Jahren fing sie beim Vorlesen an zu fragen: „Wo steht denn König?“ (oder Hexe oder irgendein anderes interessantes Wort). Einige Zeit später, nachdem ich ihr bereits viele Wörter gezeigt hatte, fragte sie nach einzelnen Buchstaben: „Welcher ist K?“ Auch die Buchstaben zeigte ich ihr. Manchmal wollte sie, dass ich sie ihr aufschreibe. Wieder eine spätere Phase ihres Leseinteresses war dadurch gekennzeichnet, dass sie nach Wörtern fragte, die ihr einfielen und die ich ihr aufschreiben sollte.

Da wir oft miteinander plauderten, wenn ich mit Kochen, Aufräumen oder Bügeln beschäftigt war, wurden diese Wörter zum Teil auf sehr phantasievolle Weise notiert. Einmal war ich gerade dabei, mich zum Ausgehen fertig zu machen, und Maxi wollte „Hänsel und Gretel“ aufgeschrieben haben. Ich stand vor dem Spiegel im Ankleidezimmer und schminkte mich. Da ich nichts anderes bei der Hand hatte und da es ja „nur“ im Ankleidezimmer war, schrieb ich kurzerhand mit dem Schminkstift „Hänsel und Gretel“ auf die Wand neben dem Spiegel. Dort waren die Spuren unseres Leseunterrichts noch jahrelang zu bewundern.

Wenn Sie Ihren Schülern den Zugang zu Märchen, Mythen, schönen Geschichten und guter Literatur erleichtern oder vielleicht sogar überhaupt erst ermöglichen, dann haben Sie schon sehr viel mehr getan als üblich. Vor so einem Hintergrund können selbst die langweiligen Fibeltexte nicht mehr den gewohnten Schaden anrichten, besonders dann nicht, wenn auch Sie deutlich zu verstehen geben, dass Sie von ihnen nicht gerade begeistert sind. Noch besser wäre es natürlich, nicht nur zum Vorlesen, sondern auch zum Lesenlernen interessante Geschichten zu benutzen. Aber wie soll das möglich sein? Die Kinder können ja zunächst einmal nur mühsam einige Wörter entziffern. Dennoch gehe ich von Anfang an, wirklich bereits ab dem allerersten Schultag, so vor, dass alle unsere Leseübungen Bezug zu bestimmten Geschichten haben, die den Kindern gefallen und in ihrem Niveau dem geistigen Anspruch eines Schulkindes gerecht werden. Freilich können die Kinder diese Geschichten nicht selbst lesen. Sie können aber sehr wohl vor deren Handlungshintergrund eine Reihe von Übungen absolvieren, die für sich betrachtet auch nicht so interessant sind, die ihren Reiz aber dadurch gewinnen, dass sie in einen interessanten Kontext eingebettet sind.

Das Problem „Wie gestalte ich den Leselehrgang von Anfang an inhaltlich ansprechend?“ wird sozusagen von mehreren Seiten gleichzeitig angegangen und auf diese Weise geradezu eingekreist:

- Zu jedem neuen Buchstaben erzähle ich eine Buchstabengeschichte. (S. 59)
- Für die Lesemappe gibt es ein Blatt mit einem Lied oder einem Gedicht zu der Geschichte. (S. 67)
- Es gibt sehr einfache Leseblätter mit einigen Sätzen, zur Geschichte passend. (S. 90)
- Wir erheben zunächst gar nicht den Anspruch, die Sätze auf den Leseblättern wirklich zu lesen, sondern machen nur Jagd auf einzelne bekannte Buchstaben oder Wörter. (S. 86)
- Die Buchstabengedichte lernen wir auswendig. Auch hier wird nicht so getan, als könnten wir diese Gedichte „echt“ lesen. (S. 69)
- Zu jedem Buchstaben gibt es ein Bild, das zur Geschichte passt und in dem der Buchstabe so versteckt ist, dass das Bild eine visuelle Unterstützung für das Speichern dieses Buchstaben bildet. (S. 79)
- Die Lesefertigkeit üben wir an Wörterlisten, die nur Wörter aus bekannten Buchstaben enthalten. Hier wird auch gar nicht der Anschein erweckt, diese Listen sollten über ihren Zweck als Mittel zum Lesenüben hinaus noch irgendeine Bedeutung haben. (S. 103)
- Sehr bald schon werden Leseblätter angeboten, mit denen sich die Kinder selbst beschäftigen können.

Nun werde ich der Reihe nach ausführlich auf jeden dieser Schritte eingehen. Die nachfolgenden Ausführungen sind übrigens nicht nur für Lehrer gedacht. Sie können auch Eltern manchen Hinweis geben, wie sie mit ihrem Kind sinnvoll und lustbetont üben können.

Buchstabengeschichten

Um die Freude an schönen Geschichten geht es also primär, wenn wir Kinder dazu anregen wollen, die Mühen des Lesenlernens auf sich zu nehmen. Es gibt für jeden Buchstaben eine Geschichte, die ich mir selber ausgedacht habe. Damit Sie sich vorstellen können, um welche Art von Geschichten es sich hier handelt, werde ich Ihnen weiter unten einige erzählen. Es gibt diese Geschichten auch gesammelt in einem Buch.[21]

Eigentlich hatte ich, als ich das Manuskript für die erste Ausgabe dieses Buches schrieb, nicht im Sinn, einen kompletten Leselehrgang anstelle eines Fibellehrgangs vorzustellen. Vielmehr wollte ich meine Leser mit den Hintergründen vertraut genug machen, um sie zum Erfinden eigener Geschichten anzuregen. Ich bekam dann aber immer wieder Briefe von Lesern, die mich nach den restlichen Geschichten fragten und mir bestätigten, wie gut gerade meine Geschichten bei den Kindern ankämen. So erschienen diese als komplette Sammlung einige Jahre später und sind mittlerweile für viele Lehrer zu einem bewährten Begleiter des Leselehrgangs geworden. Ich bekam auch Bilder, Gedichte, Geschichten und sogar Lieder zugeschickt, die sich Kolleginnen selbst ausgedacht hatten, vor allem zu Doppel- oder Umlauten, die in meiner Sammlung nicht vertreten sind. Was ich mir für Sie, liebe Leser, wünsche, ist, dass Sie mit den von mir vorgestellten Materialien flexibel umgehen und sie auf Ihre eigene Weise in den Unterricht einbauen und mit Eigenem ergänzen, wenn sich das für Sie anbietet.

Was die Geschichten betrifft, so werden Sie bemerken, dass ich den Kindern durchaus eine anspruchsvolle, „elaborierte“, Erzählsprache zumute. Das gehört zu meiner Strategie, geistige Unterforderung zu vermeiden. Ich habe bisher noch nie festgestellt, dass eine der Geschichten nicht verstanden worden wäre. Außerdem kann bei Verständnisproblemen nachgefragt werden. Das ist einer der vielen Vorteile, die das Erzählen und Vorlesen jedem technischen Medium voraushaben: Es kann in direkter Kommunikation eine Frage immer dann, wenn sie auftaucht, geklärt werden. Dadurch werden die Kinder zum Mitdenken und Nachfragen angeregt und das ist wiederum eine Grundbedingung für jedes geistige Wachstum. Welchen Sinn hat aber das Mitdenken beim Fernsehen, wenn auftauchende Fragen ohnehin nicht beantwortet werden? Außerdem läuft der Film ja weiter und so bleibt gar keine Zeit, innezuhalten, zu denken und zu fragen.

Noch etwas möchte ich zur Eigenart dieser Buchstabengeschichten anmerken: Entstanden sind sie aus meinem Bedürfnis heraus, die Tristesse und

Eintönigkeit der Fibellektionen hinter mir zu lassen und Kinder für ihren Übungsstoff zu begeistern. Da ich selbst mit großem Genuss gute Kinderbücher lese, habe ich sicher mehr Gespür für dieses Genre als Erwachsene, die Kinderliteratur eher von oben herab betrachten. So war für mich das einzige Kriterium dafür, ob ich eine Geschichte für tauglich halte oder nicht, mein eigenes Vergnügen daran. Über den von Anfang an sehr großen Erfolg, den ich bei den Kindern damit hatte, war ich zunächst selbst etwas verwundert. Beim ersten Turnus, in dem sie zum Einsatz kamen, führte ich das noch darauf zurück, dass diese Art des Lesenlehrens für mich neu und spannend war und von dieser Spannung eben etwas auf die Kinder übersprang.

Gerade in dieser Phase rief mich eine Kollegin an, die einen viel nüchterneren und sachlicheren Unterrichtstil pflegte als ich. Sie war als mobile Reserve in einer 1. Klasse gelandet und sollte in dieser den Buchstaben R einführen. Es ging ihr wie mir, sie fand das, was die Fibel dazu bot, entsetzlich langweilig und fragte mich, ob ich denn etwas Unterhaltsameres hätte. Ich gab ihr die Geschichte vom rasenden Roland. Am nächsten Tag bekam ich einen begeisterten Anruf: Die Geschichte sei *der* Renner gewesen und die Kinder hätten sich vor Begeisterung kaum eingekriegt, als sie die Folie mit dem Rennauto um 90 Grad gedreht habe, so dass das R zum Vorschein gekommen sei. (Vgl. Abbildung Seite 63) In der Folgezeit bekam meine Kollegin noch einige Geschichten zum Testen. Und da sie als mobile Reserve in viele verschiedene Klassen kam und immer wieder bei den Kindern außerordentliche Erfolge mit den Geschichten hatte, zeigte sich eines deutlich: Unabhängig von meiner Person war an diesen Geschichten etwas, das Kinder ansprach.

Um in unserem Beruf wirklich dauerhaft erfolgreich sein zu können, ist es unbedingt notwendig, sowohl Erfolge als auch Misserfolge zu reflektieren, um deren Gesetzmäßigkeiten zu ergründen. Nur dann können wir Erfolge gezielt wiederholen und Misserfolge ebenso gezielt vermeiden. Ich glaube mittlerweile zu wissen, warum gerade diese Geschichten so gut bei Kindern ankommen.

Am bedeutsamsten ist sicher die Tatsache, dass sie ehrlich und echt sind. Das heißt, ich hatte beim Erfinden und habe beim Erzählen selbst Freude an diesen Geschichten. Sie sind nicht irgendein Kinderkram, der von einem innerlich gelangweilten Erwachsenen der Klasse vorgesetzt wird mit der scheinheiligen Ankündigung: „So, ihr lieben Kinder, und nun wollen wir alle das ... lernen. Dazu habe ich euch eine ganz lustige Geschichte mitgebracht.“ Nein, diese Geschichten sind wirklich lustig oder spannend oder unterhaltsam. Und auch dem klugen, belesenen und gebildeten Erwachsenen fällt kein Stein aus der Krone, wenn er sich mit den Kindern an ihnen freut. Die Kinder werden also nicht abgespeist mit etwas, das nur „so tut, als ob".

Ebenfalls ein Erfolgskriterium ist sicher die Tatsache, dass viele der Geschichten Probleme und Themen behandeln, die allen Kindern vertraut sind:

- Wie dumm, dass ich noch nicht groß bin! *(Anton mit dem langen Arm)*
- Ich will nicht, dass mich alle anschauen, nur weil ich anders aussehe! *(Bruno Brezel)*
- Ich will auch Freunde haben! *(Der wilde Wassermann)*
- Auch ein ganz „Schlimmer" kann ganz groß herauskommen und für alle nützlich sein. *(Tom Trampeltier)*
- Wer ein Haustier hat, muss auch gut dafür sorgen. *(Mimi mit der kleinen Maus)*

Und schließlich halte ich auch noch die Tatsache für bedeutsam, dass fast alle Geschichten so etwas wie eine befriedigende Lösung oder eine „Moral", ähnlich den Märchen, haben:

Anton mit dem langen Arm muss akzeptieren, dass er eben für manches wirklich noch zu klein ist, während seine Mama es aber auch lernt, ihm etwas mehr zuzutrauen.

- Bruno Brezel findet sich mit seiner Besonderheit ab und macht als Zirkusstar das Beste daraus.
- Der wilde Wassermann lernt, sich sozial verträglich zu gebärden und bekommt dadurch Freunde, eine Frau und eine Familie.
- Die Bärenschar gibt dankbar zu, dass Tom, den alle immer für einen ganz „Schlimmen" gehalten haben, ihr Retter vor den Brüllbären ist.
- Mimi nimmt sich vor, ihre Maus immer gewissenhaft zu versorgen, bevor sie zu ihrer Freundin geht.

Kurz zusammengefasst kann man sagen: Die Geschichten sind echt, für die Kinder relevant und haben, so sie nicht „nur" lustig und unterhaltsam sind, etwas Tröstliches und Lehrreiches.

In der Pädagogik gibt es Moden, die kommen und gehen. Schöne Geschichten faszinieren Kinder, jenseits aller Moden und Zeitströmungen. Es werden sehr viele Kultusminister gekommen und gegangen sein, es werden viele pädagogische Moden längst vergessen sein, da werden Kinder sich immer noch von Geschichten verzaubern und begeistern lassen. Auf diesen überzeitlichen Wert, den „echte" Geschichten nun einmal haben, dürfen Sie getrost, selbstbewusst und unbeirrbar setzen: seien es nun die von mir erfundenen, von Ihnen erdachten, die in der klassischen Kinderliteratur bereits vorhandenen oder gar die „altmodischen" Märchen.

Damit Sie sich vorstellen können, worüber theoretisch so ausführlich gesprochen wurde, möchte ich Ihnen nun exemplarisch zwei Geschichten vorstellen:

Roland, der rasende Rennfahrer

Vor ein paar Tagen ist Roland eine komische Sache passiert, und er weiß immer noch nicht: War das echt oder hat er sich alles nur eingebildet?

Du musst wissen, dass Roland ein begeisterter Rennfahrer ist. Jede freie Minute sitzt er auf seinem Gokart und flitzt auf dem Hof hinter dem Haus herum. Gott sei Dank ist dieser Hof ziemlich groß und daher zum Rennfahren einigermaßen geeignet. Aber Rolands Mutter wird immer ganz schlecht, wenn sie ihrem Sohn zusieht, wie er in die Kurven flitzt, dass es nur so rauscht. „Pass doch besser auf", ruft sie dann ganz besorgt, „du wirst noch irgendwo dagegen fahren!"

Das bräuchte sie allerdings Roland nicht zu sagen. Man kann ja von seiner Raserei halten, was man will, aber dass er sehr gut aufpasst, das hat er erst neulich wieder gezeigt. Da kam die alte Frau Berger, die sowieso schon so wacklig auf den Beinen ist, gerade auf den Hof, als Roland seinen wildesten Slalom fuhr, direkt auf sie zu. Sie stieß einen Schrei aus, sah sich im Geiste schon im Krankenhaus liegen und machte vorsichtshalber erst einmal die Augen zu. Doch nichts geschah. Als sie dann die Augen wieder öffnete, sah sie einen fröhlich winkenden Roland, der an ihr vorbeigefahren war und gerade wendete. Nein – Angst zu haben bräuchte man wegen Roland nicht. Aber letzten Dienstagnachmittag – das war wirklich seltsam.

Was Roland da gerade machte, brauche ich dir sicher nicht zu erzählen. Du wirst es schon erraten haben. Richtig! Er fuhr mit seinem Gokart im Hof herum. Was heißt: fuhr! Er rannte, flitzte, raste, man konnte glauben, er würde jeden Moment anfangen zu fliegen! So toll hatte er es ja noch nie getrieben. Dass die Mutter besorgt aus dem Fenster rief, er solle langsamer fahren, wird dich nicht wundern. Und dass Roland sich darum nicht kümmerte und munter weiter raste, ist eigentlich auch klar.

Aber während er so flitzte, was die Kiste nur hergab, passierte es: Ein Hinterrad hatte sich von der Radstange gelöst und überholte Rolands Gokart. Vor Schreck hörte er auf zu treten, wurde langsamer, und auch das Rad wurde langsamer und war plötzlich wieder an seinem Platz. Roland war den Rest des Tages total verwirrt. Konnte es denn so etwas geben? Ein Rad, das von alleine losrannte und genauso von alleine plötzlich wieder an seinem Platz war?

Sein Gokart war ihm auf einmal richtig unheimlich. Deshalb fährt er seitdem etwas langsamer. Ob das allerdings lange anhalten wird, müssen wir abwarten.

Zu dieser Geschichte gibt es, wie zu allen anderen auch, einen passenden Vers, der gemeinsam aufgesagt und auswendig gelernt wird. Ein Bild, in dem der Buchstabe R, um den es hier geht, versteckt ist, gehört ebenfalls noch dazu. Über den Sinn von Bildern und Gedichten werde ich noch ausführlich sprechen. Hier sei nur der Vollständigkeit halber das ganze Buchstaben-Set vorgestellt.

Wird das Rennauto um 90 Grad im Uhrzeigersinn gedreht, so sieht man das große R.

Roland rennt wie wild umher,
Rennen freut ihn gar so sehr.
Es macht peng!
Es macht krach!
Rollt das Rad dem Roland nach!

Zu den ersten beiden Zeilen Lenkrad drehen mit beiden Händen.

Zeile 3: Bei „peng“ stampfen.

Zeile 4: Bei „krach“ klatschen.

Zeile 5: Mit den Händen abwechselnd Kreise nach vorne beschreiben.

Dieser Reim eignet sich gut als Schnellsprechvers. Dann werden auch die Bewegungen entsprechend flotter. (Das Bild, dessen 90-Grad-Drehung am Overheadprojektor die Kinder in der Aushilfsklasse meiner Kollegin aufs höchste faszinierte, habe ich – wie alle Buchstabenbilder – selbst gezeichnet.)

Anton mit dem langen Arm

Ihr könnt euch sicher gut vorstellen, wie das ist, wenn ein Kind sich denkt: „Wäre ich doch schon groß!" oder: „Könnte ich doch auch alles so gut wie die Erwachsenen!"

Ein Junge, der sich das oft und oft gedacht hat, war Anton. Er mochte sich gar nicht gerne helfen lassen und wollte immer alles allein und selbständig machen. Dabei war er gerade eben erst sechs Jahre alt geworden und noch nicht einmal besonders groß für sein Alter. Deshalb musste er sich auch fast täglich so verhasste Sätze anhören wie: „Warte, Anton, da kommst du alleine noch nicht hoch!" oder: „Komm, lass dir helfen, ich bin ja doch ein ganzes Stück größer als du!"

Eines Tages – Anton hatte sich an diesem Tag besonders oft über dieses alberne Gerede ärgern müssen – ging er wütend und trotzig ins Bett. Beim Einschlafen wünschte er sich fest, so fest, wie er sich noch nie etwas gewünscht hatte – ja, was wohl? Er wünschte sich: Hätte ich doch nur keine so kurzen Arme. Hätte ich doch einen Arm, mit dem ich überallhin reichen kann, damit es nie mehr heißt: „Dafür bist du zu klein!"

Von dem vielen Ärger war Anton allerdings so müde geworden, dass er gar nicht mehr ordentlich zu Ende wünschen konnte. Er schlief auf einmal ein und hatte einen seltsamen Traum.

Es erschien ihm ein Zauberer, aber nicht so einer, wie er in seinem Märchenbuch auf dem Bild zum „Gestiefelten Kater" zu sehen war. Nein – der Traum-Zauberer sah überhaupt nicht böse oder gefährlich aus. Er wirkte eher gemütlich, wie ein lieber Onkel, mit seinen runden Backen und den freundlichen Augen hinter blanken Brillengläsern. Dennoch war er ganz unverkennbar ein Zauberer, denn er trug einen nachtblauen Mantel, bestickt mit allerlei magischen Zeichen, dazu einen hohen, spitzen Hut und hielt in der Hand einen Zauberstab.

Nun fing er an zu reden: „Anton, wie ernst ist es dir mit deinem Wunsch? Willst du wirklich einen Arm, so lang, dass du überallhin reichen kannst?" Anton, dem bei dieser Frage der ganze Ärger wieder einfiel, nickte eifrig. „Überlege dir gut, was du sagst", warnte der Zauberer, „denn nicht immer gehen unsere Wünsche so in Erfüllung, wie wir uns das vorstellen!" Doch Anton, der sich jetzt hellwach fühlte, sagte schnell: „Ich will wirklich einen ganz, ganz langen Arm, so lang, dass ich überallhin reichen kann." Der Zauberer runzelte die Stirn und entgegnete ernst: „Nun gut, aber denke morgen daran, dass du selber es so wolltest."

Damit verschwand er. Anton aber schlief fest weiter und erwachte erst am Morgen von der Stimme seiner Mutter, die rief: „Anton, was hast du denn vor deine Tür gestellt? Rück es bitte weg, damit ich hereinkann!" Völlig schlaftrunken und benommen wusste er zunächst gar nicht, wo er überhaupt war. Langsam erinnerte er sich an seinen Traum. Er wollte seine Arme heben, um sich zu räkeln, da war er mit einem Schlag hellwach. Grundgütiger Himmel – sein rechter Arm!

Der war ja so lang, dass er aus dem Bett auf den Boden hing und quer durch das Zimmer bis hin zur Tür lag, wo sich der letzte halbe Meter noch zu einer Art Knäuel eingerollt hatte. Deshalb also ging seine Zimmertür nicht auf!

Anton sprang aus dem Bett und schob seinen Arm von der Tür weg. Nun konnte die Mutter hereinkommen. Ihr könnt euch vielleicht vorstellen, wie entsetzt sie war, als sie die Bescherung sah! Das war ja nun wirklich eine schöne Geschichte! Es war völlig klar, dass Anton an diesem Tag nicht in den Kindergarten gehen konnte. Doch nicht nur das! Er konnte überhaupt

nichts machen, denn das Ungetüm von Arm war ihm immer im Weg: beim Malen, beim Legobauen, beim Ballspielen, beim Essen – es war nicht auszuhalten! Als dieser schreckliche Tag zu Ende war, schlief Anton nicht wütend und verärgert, sondern traurig und völlig erschöpft ein.

Doch wie ich euch ja schon sagte, war der Traum-Zauberer ein lieber und guter Zauberer, dem es bestimmt nicht einmal „im Traum" eingefallen wäre, unseren Anton so in der Patsche sitzen zu lassen. Deshalb erschien er ihm auch schleunigst wieder und fragte ihn mit seinem freundlichen Lächeln: „Nun, Anton, wie ist es? Willst du deinen langen Arm noch einen Tag behalten?" Ihr könnt euch sicher denken, was Anton ihm geantwortet hat. Richtig! Er bat den Zauberer inständig, seinen Arm nur ja wieder so zu machen wie vorher.

Am nächsten Morgen gab es in der ganzen Stadt – was sage ich? – im ganzen Land, nein, auf der ganzen Welt! – keinen glücklicheren Jungen als Anton, der mit zwei ganz gewöhnlichen Armen durch die Gegend hüpfte und gar nicht wusste, was er vor lauter Freude alles anstellen sollte. Und was das Schönste an der Geschichte ist – Anton und seine Mama haben durch sie etwas gelernt: Anton, dass er sich nicht gleich so schrecklich ärgert, wenn er für etwas wirklich noch zu klein ist, und seine Mama, dass sie sich nicht immer gleich einmischt, wenn Anton etwas nicht gleich beim ersten Mal kann, sondern dass sie wartet, bis er sie um Hilfe bittet.

Wenn Sie sich auf Geschichten als Kernstück Ihres Leselehrgangs einlassen, dann fällt natürlich das, was Ihnen die Fibel an „Halt" bietet, weg. Dieser Halt ist meines Erachtens durchaus entbehrlich, denn wir irren ja ohne Fibel keineswegs haltlos durch das Universum der Literalität. Im Gegenteil: Dieses Universum, das uns fast unzählige Variationsmöglichkeiten bietet, wenn wir hinein in das Magma der Sprache greifen, um uns auszudrücken, dieses Universum also ist andererseits auch sehr begrenzt: Setzen sich doch alle seine „Himmelskörper" aus lediglich 26 verschiedenen Bausteinen zusammen, die nur immer wieder neu kombiniert werden. Und genau diese 26 Bausteine sind es, die unserem Leselehrgang Halt und Stütze bedeuten: An ihnen können wir uns entlang hangeln, um die Richtung nicht zu verlieren. Ich kann deshalb beim besten Willen nicht verstehen, weshalb eine Fibel mehr Halt geben sollte.

Es geht hier wohl weniger um eine tatsächliche Stütze als vielmehr um das Gefühl: Ohne Buch kann ich das nicht. Diese Meinung kann nun wiederum ein Zeichen von Ängstlichkeit und mangelndem Selbstvertrauen sein, ist aber mindestens genauso oft ein Mäntelchen, das über die Neigung zur fachlichen

Bequemlichkeit gehängt wird. Zumindest habe ich im Gespräch mit Kolleginnen, die so sehr auf den „Halt" durch einen genau vorgegebenen Leselehrgang pochen, öfter das Gefühl, hier sei fachliche Bequemlichkeit ausschlaggebend für den fehlenden Antrieb, Neues und Eigenes zu wagen. Doch genau diese Bequemlichkeit können wir uns am wenigsten leisten, wenn wir 40 Berufsjahre mit Schwung, Freude und Erfolg unterrichten wollen. Dabei spielt es keine Rolle, ob es sich um den Leselehrgang, den elementaren Rechenunterricht, das Geschichtenschreiben oder – und das ist der allerwichtigste Bereich! – um den Aufbau von Disziplin und Arbeitshaltung geht. Gut beraten sind die Lehrer, die es wagen, ihrem eigenen Urteil zu vertrauen und das, was sie tun, immer wieder kritisch reflektieren vor dem Hintergrund:

- Erfüllt es meine Erwartungen?
- Bin ich zufrieden damit?
- Wird dadurch der Unterricht so, wie ich es mir wünsche?

Wenn auch nur eine dieser Fragen mit nein beantwortet wird, gibt es für den erfolgreichen Lehrer nur eine einzige Konsequenz: Etwas muss geändert werden!

Wagen Sie es also, Ihren Unterricht so zu gestalten, dass er Ihnen gefällt, dass Sie selbst davon überzeugt sind, und lassen Sie offen und unvoreingenommen Neues und Altes an sich heran. Und wenn Sie sich von meiner Freude am Geschichtenerzählen anstecken lassen, dann wagen Sie es ruhig, diese als Kernstück Ihres Leselehrgangs zu nehmen und alles andere „drum herum" zu bauen.

Lieder und Reime zu den Buchstabengeschichten

Genauso wie das Erzählen von Märchen und Geschichten früher zu einer „normalen" Kindheit gehörte, so spielten auch Kinderreime eine wichtige Rolle. Das Hören und Sprechen von Reimen bringt rhythmische Grunderfahrungen, die in mancherlei Hinsicht nützlich sind.[22] Dass diese und andere Grunderfahrungen den „modernen" Kindern zum Großteil fehlen, macht sich beim schulischen Lernen deutlich und negativ bemerkbar. Wir können diese Defizite nicht ausgleichen, können aber trotzdem manches Positive in unseren Unterricht einbringen, das grundsätzliche kindliche Bedürfnisse anspricht, eben deshalb bei den Kindern auch gut ankommt und Lernen auf einer anderen als der nur kognitiven Ebene fördert. In unserem Zusammenhang geht es um den Nutzen, den Lieder und Reime in mehrfacher Hinsicht haben:

Kinder haben Freude am schönen, rhythmischen Rezitieren von Reimen

Das Aufsagen der Buchstabengedichte wird gestisch und mimisch untermalt. So wird jeder Vortrag zu einer kleinen „Aufführung“, die den Kindern sichtlich Vergnügen bereitet. Einige Beispiele mit den dazugehörigen „Regieanweisungen“ sprechen für sich:

Ella Elefant

1 *In dem fernen, heißen Land*	Mit dem Arm in die Ferne deuten, dann mit dem Handrücken über die Stirn wischen
2 *wum bu di wum bu di wu*	wum bu di – linkes Bein wum bu di – rechtes Bein wu – linkes Bein
3 *da wohnt Ella Elefant*	Mit einer Hand an die Nase fassen, einen Arm als Elefantenrüssel ausstrecken
4 *wum bu di wum bu di wu*	wum bu di – linkes Bein wum bu di – rechtes Bein linkes Bein
5 *steigt ins Wasser wie ein Fass*	Mit den beiden Armen einen Ring formen (Fass) und mit den Beinen „ins Wasser“ steigen
6 *wum bu di wum bu di wu*	wum bu di – linkes Bein wum bu di – rechtes Bein wu – linkes Bein
7 *spritzt alle Elefanten nass*	Rhythmisch Arme anwinkeln und ausstrecken, dabei Fäuste schließen und beim Ausstrecken öffnen (spritzen)
8 *wum bu di wum bu di wu*	wum bu di – linkes Bein wum bu di – rechtes Bein wu – linkes Bein

Zu den Zeilen 2, 4, 6, 8 die Arme seitlich abgewinkelt ausstrecken, Beine leicht grätschen und von einer Seite auf die andere hüpfen:
wum bu di – linkes Bein
wum bu di – rechtes Bein
wu – linkes Bein

Ein besonderer „Renner" ist immer der Vers von Roland, dem rasenden Rennfahrer, den wir zuerst betont langsam und deutlich aufsagen und dann, wenn alle ihn gut können, schneller und immer noch schneller. Beim schnellen Sprechen werden auch die Bewegungen entsprechend flotter. Sprechen und Bewegen aufeinander abzustimmen fordert und fördert Koordination. Das Tempo wird so lange gesteigert, bis die ersten Kinder „umwerfen".

Der rasende Roland

Roland rennt wie wild umher,	Lenkraddrehen mit beiden
Rennen freut ihn gar so sehr.	Händen.
Es macht peng!	Bei „peng" stampfen
Es macht krach!	Bei „krach" klatschen
Rollt das Rad dem Roland nach!	Mit den Händen abwechselnd Kreise nach vorne beschreiben, wie „Wolle wickeln"

Auswendigsprechen fordert und fördert Gedächtnisleistung

Wie bereits erwähnt, gehörten früher Kinderreime zu einer „normalen" Kindheit. Kinder, die eingeschult wurden, besaßen einen Schatz von Liedern und Gedichten, die sie auswendig konnten. Das hat sich deutlich geändert. Nun wäre das nicht weiter tragisch, ginge es dabei nur um das Auswendigkönnen einiger Verse. Die könnte man ja auch in der Schule leicht lernen. Es wird aber den Kindern, mit denen zu Hause nicht mehr gesungen wird, die keine Verse mehr lernen, weit mehr vorenthalten als das nur vordergründig Sichtbare. Ihnen entgeht ein bedeutsames Stück aus dem Kuchen der basalen Förderungsmöglichkeiten, die nur in der frühen Kindheit mit voller Wirksamkeit „ans Kind" gebracht werden können. In den neueren Veröffentlichungen zur Lese-

Rechtschreib-Schwäche wird auch von der Wichtigkeit der „phonologischen Bewusstheit“ für das Lesenlernen gesprochen.

Kinder, die darin geübt sind, sich das zu merken, was sie gehört haben und es dann selbst wiederzugeben, die also in der Lage sind, ganze Sprachgebilde über das Ohr aufzunehmen und zu speichern, solche Kinder verfügen über ein leistungsfähiges Gedächtnis und über die Fähigkeit des genauen Hinhörens. Eigenartigerweise gilt das jedoch nicht für Kinder, die ganze Werbespots und sonstige auf dem Weg über technische Medien „eingeschleuste“ Text- oder Musikstücke wiedergeben. Ihr Eingangskanal ist nicht das bewusste Hinhören, sondern die subliminale, also unter der Bewusstseinsschwelle liegende, Reizüberflutung, die gerade kontraproduktiv für waches, intelligentes Hinhören und Aufnehmen ist.[23] Es gibt für die Eltern dieser reizüberfütterten Kinder oft ein böses Erwachen, wenn sie erkennen müssen, dass das, was sie für ein Zeichen besonderer Klugheit hielten, nämlich das sinn- und geistlose Nachplappern aller möglichen Fernseh- und Kassetteninhalte, nichts, aber auch gar nichts mit Lernfähigkeit und Intelligenz zu tun hat, ganz im Gegenteil.

Kinder, die das Glück hatten, in echter, direkter Kommunikation Lieder und Reime lernen zu können, diese Kinder sind in der Schule im Vorteil. Ihre Ohren können ernten. Alfred Tomatis, der geniale französische Hals-Nasen-Ohrenarzt, schreibt:

> „Lesen ist ein Wort lateinischen Ursprungs, ’legere’, das genau bedeutet ’mit den Ohren ernten’.“[24]

Er betont besonders den Wert des regelmäßigen, häufigen Singens im Zusammenhang mit dem Lernen, spricht aber auch davon, dass ein Einstieg in die Rhythmen der Sprache über Reime erfolgt:

> „Die stark modulierte Stimme füllt den ganzen Körper mit angenehmen Empfindungen. Sie assoziiert sich mit der Gestik. Sie lässt den ganzen Körper teilnehmen mit ausdrucksvoller Dynamik. Sie führt so zur Integration durch Körperlichmachen. Deshalb hilft sie dabei, besser zu sprechen und besser zu lernen. Singen ist der Königsweg zur Sprache und zum Lernen. Indem das Kind Laute und Silben moduliert, schafft es sich endgültige Integrationsmechanismen. Später brauchen diese nur reaktiviert zu werden. So erworbene Wörter bleiben länger erhalten. Man meint, sie besser zu kennen, sie kommen einem vertraut vor. Die Zählreime im Kindergarten sind ein Einstieg zu den tiefen Rhythmen der Sprache, und Lehrer, die sie verwenden, tun dies mit gutem Grund. Die Kinderlieder deponieren Wörter und Sätze wie Fische ihren Rogen in den Flüssen. Sie machen den Weg frei. Sie ‚zählen‘ und ‚erzählen‘ die Laute, an die man sich so besser erinnert.

> Worte vergisst man, eine Melodie nie, und mit der letzteren kommen die Worte wieder ... Sprechen und Singen sind für das Kind sehr körperliche Aktivitäten. Die extrem modulierte Stimme verstärkt den Wellengang der Wörter und Sätze. Das Nervensystem erhält so starke Stimulationen, die sich im ganzen Körper fortsetzen und die entferntesten Regionen des Gehirns erreichen und so das Gedächtnis besonders wirkungsvoll unterstützen. Dieses ist nicht Privileg eines einzelnen Organs, weder der grauen Zellen noch des Herzens (wie der Ausdruck ‚apprendre par cœur' – auswendig lernen, wörtlich: ‚durchs Herz lernen' nahelegen könnte). Eine andere französische Redewendung zeigt ganz richtig an, dass man eine Sache bis in die ‚Fingerspitzen' kennen kann. Tatsächlich ist das Gedächtnis zellabhängig, und die Informationen gehen auch über die Muskeln, die Haut bis zu den entferntesten Neuronen."[25]

Sprachmelodie und eine modulierte Stimme sind auch Kennzeichen des schönen, ausdrucksstarken Rezitierens, das in unserem Fall auch immer begleitet wird durch entsprechende Gestik, also ein „Gesamtkunstwerk" darstellt. Meiner Erfahrung nach gelten die Aussagen von Tomatis über das Singen uneingeschränkt auch für dieses Rezitieren: Es verankert Inhalte sicherer im Gedächtnis und öffnet das Ohr für genaues Hören.

Die „schöne" Sprache von Reimen trägt zur Bereicherung des Wortschatzes und der Sprachkompetenz bei

Moduliertes Sprechen hilft, das Gesprochene besser zu speichern. Da unsere Buchstabengedichte sprachlich mehr zu bieten haben als die bloße Tatsache, dass sie sich reimen, wirken sie auch sprachfördernd. Wie Märchen, so bieten auch Gedichte eine gute Gelegenheit, Kinder mit nicht alltäglichen Sprachmustern und Ausdrücken zu konfrontieren. Einige Beispiele aus unseren Buchstabengedichten:

König Karl

König Karl ist sehr gemütlich,
tut sich gern am Essen gütlich
und wenn König Karl mal lacht,
wackelt alles, dass es kracht.
König Karl – ihr werdet lachen! -
liebt besonders süße Sachen!
Da kommt der Doktor – welch ein Jammer! –
sperrt ihm ab die Speisekammer.

In der Klemme sitzt der König,
alles ist ihm viel zu wenig!
Und weil er keinen Kuchen hat,
isst er Schnitzel mit Salat!

In der ersten Strophe des K-Gedichtes von König Karl ist es der Ausdruck „sich gütlich tun", der so gut wie keinem Kind auf Anhieb bekannt ist. Das „welch ein Jammer!" der zweiten Strophe wird zwar von allen verstanden, bildet aber ein sprachliches Muster, das so ebenfalls nicht allgemein bekannt ist. Wieder ein Ausdruck, der fast allen Kindern neu ist, findet sich in der letzten Strophe: „In der Klemme" sitzt der König.

Im Gedicht von Dora Dussel kommt eine Wendung vor, die sprachlich schön und durch den Gebrauch des Genitivs auch sehr anspruchsvoll ist. Da heißt es in der zweiten Strophe:

Aber eines schönen Tages
wird sie plötzlich schlau!
Lernt das Lesen, lernt das Schreiben,
alles ganz genau!

Nur Kinder mit einem gut ausgeprägten Sprachgefühl können die Wendung „eines schönen Tages" auf Anhieb richtig sprechen und in ihre eigene Sprache integrieren. Die meisten Kinder sagen zunächst: „Eines schönes Tages", da ihnen der Gebrauch des Genitivs ohnehin nicht sehr geläufig ist und in dieser komplizierten Version mit einer Endung auf -s und der anderen auf -n schon gleich gar nicht. So bietet es sich an, dieses Sprachmuster zu erklären und an einigen anderen Beispielen zu vertiefen. Man kann zwischen „eines" und „Tages" ja auch einsetzen: dunkel, regnerisch, trüb, neblig, usw. Der Genauigkeit halber merke ich beim Besprechen immer an, dass diese anderen von uns gebildeten Wendungen richtig, auch schön, aber nicht gebräuchlich sind und mehr „dichterische" Qualität haben, dass sie sich also eignen würden, wenn man sich in einer Geschichte einmal besonders gewählt ausdrücken möchte.

Auf wie fruchtbaren Boden die Sprache der Gedichte fallen kann, erlebe ich immer dann, wenn besondere Ausdrücke plötzlich in der Sprache der Kinder auftauchen. So lobte ich meinen Schüler Franzi einmal, dass er in der Freiarbeitszeit seine Rechtschreibwörter so fleißig übte. Es fiel ihm nämlich nicht leicht und er erledigte andere Arbeiten lieber. Da schaute er mich strahlend an und sagte: „Ja, und *eines schönen Tages* kann i`s alle!" Dabei holte er vor „eines schönen Tages“ noch einmal Luft und setzte die drei Wörter ganz behutsam, wie etwas besonders Zerbrechliches, mit betont deutlicher und langsamer Aussprache, in die Welt.

In dem Gedicht von Zara Zefirotti gibt es zwei Konjunktive, die sich für so gut wie alle Kinder auf sprachlichem Neuland befinden:

Zara Zefirotti
isst so gern Spaghotti.
Hieße sie Zefiretti,
äße sie Spaghetti!

Die letzten zwei Zeilen bedürfen der „Übersetzung“, die – natürlich sprachlich viel holpriger und auch nicht korrekt – so aussieht:

„Wenn sie Zefiretti heißen würde,
würde sie Spaghetti essen.“

Für die letzte Zeile brauchen manche Kinder sogar noch eine „Übersetzung der Übersetzung“, die dann sprachlich schon sehr gewagt ausfällt, nämlich:

„täte sie Spaghetti essen“.

Nachdem die Bedeutung des Verses klar ist, wird er zunächst einmal rezitiert – natürlich in der korrekten Form! Anschließend können einige Sprachübungen kommen, die Spaß machen, wenn sie mit phantastischen Inhalten verknüpft sind, zum Beispiel:

„Wenn ich ein Zauberer wäre und alles könnte,

- äße ich jeden Tag Eis
- flöge ich nach Afrika
- zauberte ich mir ein Schloss
- ritte ich auf einem Elefanten
- kletterte ich auf steile Berge
- rutschte ich über einen Wasserfall hinunter.“

Da der Konjunktiv zum Schwierigsten gehört, was unsere Sprache zu bieten hat, und nur von sehr wenigen Erwachsenen richtig beherrscht wird, gebe ich die Formulierungen vor, und die Kinder sollen aus dem Vorgegebenen auswählen und dann – oft unter meiner oder anderer Kinder Mithilfe – richtig sprechen, was sie machten, wenn sie ein Zauberer wären.

Neben dem entsprechenden Halbsatz, der angeschrieben ist, befindet sich noch eine Skizze als Hinweis an der Tafel, damit alle mitmachen können, auch diejenigen, denen die Sätze zum Lesen noch zu schwierig sind. (Tafelbild: siehe Abbildung Seite 75) Da alle Kinder sagen wollen, was sie sich ausgesucht haben, werden die Konjunktivsätze öfter gesprochen und somit auch öfter gehört. Natürlich wird durch eine derartige Übung nicht der korrekte Gebrauch des Konjunktivs „gelernt". Aber so läuft ja Sprachförderung auch nicht, dass etwas einmal „durchgenommen" wird und dann „da" ist. Vielmehr soll dieses lustbetonte Sprechen und Üben auf hohem Niveau einen Reiz setzen, eine erste Fährte legen. Wir haben in der Schule so viele Förderanlässe, die wir immer dann, wenn sie sich gerade anbieten, sofort ergreifen sollten. Sprache ist etwas so Vielfältiges, dass ihr Erlernen nicht in exakt abgegrenzten didaktischen Stundenhäppchen geschieht, sondern auf natürliche Weise, so, wie es eine vernünftige Mutter handhabt: Oft und oft wird mit den Kindern gesprochen, wird ihnen erzählt und vorgelesen, werden gemeinsam Verse rezitiert und wird mit der Sprache „gespielt".

Alfred Tomatis hat es in seiner Arbeit mit Opernsängern herausgefunden: Wir können nur das sprechen, was wir hören. Je modulierter und deutlicher wir sprechen, je exakter wir beim Singen die Töne treffen, desto differenzierter hören wir. Schlampig sprechende Kinder hören nicht exakt. Genaues Hören ist aber wiederum erforderlich, damit wir beim Lesen das, was wir lesen, über eine auditive Feedbackschleife auch erkennen können und damit wir beim Schreiben ein Wort in seine phonetischen Bestandteile gliedern können. Gelingt es uns, mit Kindern das schöne, deutliche, modulierte Sprechen zu üben, so verhelfen wir ihnen dadurch gleichzeitig zum genauen Hören. Nach Tomatis ziehen alle Hörfehler Lernschwierigkeiten nach sich. In der Schule werden Kinder mit Hördeformationen oft in einer falschen „Schublade" abgelegt, besonders dann, wenn eine konventionelle Untersuchung beim Hals-Nasen-Ohren-Arzt ein negatives Ergebnis erbrachte. Hörgeschädigte Kinder haben bestimmte Frequenzbereiche, in denen Laute nicht richtig ankommen. So führt ein Versagen in der Zone von 600 Hz zum Beispiel dazu, dass die beiden Phoneme g und k nicht unterschieden werden können.

Viele Kinder unter vier Jahren lispeln, weil sie Zischlaute akustisch nicht genau analysieren können und sie verwechseln. So kann es – wie Tomatis berichtet – dazu kommen, dass ein kleiner Lispler statt des Wortes „chambre" (Zimmer) „ambre" sagt, weil er den Zischlaut am Anfang des Wortes nicht richtig hört und ihn daher auch nicht wiedergeben kann. Es kann sich nun aber mit einem solchen Lispler folgender „verrückte" Dialog entwickeln:

Die Mutter sagt: „Geh in dein ambre!" Das Kind ist erstaunt, verständnislos.

Wenn ich ein Zauberer wäre und alles könnte

äße ich jeden Tag Eis 

flöge ich nach Afrika 

zauberte ich mir ein Schloss 

ritte ich auf einem Elefanten 

kletterte ich auf steile Berge 

rutschte ich über einen Wasserfall hinunter 

Schönes, deutliches Sprechen und tonreines Singen erfordern und fördern genaues Hinhören

Die Mutter wiederholt: „Geh in dein ambre!“

Das Kind antwortet: „Nein, in mein *ambre*!“

Dieser Dialog bildet ein Musterbeispiel für viele andere Situationen, in denen wir Kinder mit Lernschwierigkeiten nicht richtig verstehen und ihnen daher falsche Motive – Faulheit, Ungehorsam o. Ä. – unterstellen, nur weil wir nicht verstehen, was im Kind vorgeht.

Unser Lispler ist nämlich keineswegs bockig, unartig oder was auch immer. Nein: Von dem Zischlaut „sch“ bleibt für sein Gehör ein kleiner phonetischer Rest, der für unsere Ohren nicht wahrnehmbar ist. Denken wir an eine Hundepfeife, deren Ton in einem so hohen Frequenzbereich liegt, dass wir davon nicht behelligt werden, der aber dennoch unseren Hund herbeirufen kann. Sagt die Mutter nun „ambre“ statt „chambre“, weil sie glaubt, das sei ja das Wort, das ihr Kind gebrauche, dann verwirrt sie es, hat sie doch die Klanggestalt dahingehend verändert, dass sie den Rest des Zischlautes, der für das Kind wahrnehmbar ist, zusammen mit dem für sie selbst hörbaren „sch“ aus dem Wort entfernt. Wenn nun das Kind berichtigt: „Nein, in mein ambre!“, dann wird es nicht verstehen, warum ein Erwachsener mit Tadel reagiert und es auffordert, nicht ungezogen zu sein. Hat es doch nur das Wort so wiederholt, wie es in seinem Gehör gespeichert ist, mit dem Rest-Zischlaut, der zwar nicht hörbar, für das Kind aber dennoch in der Klanggestalt vorhanden ist.

Singen und schönes Rezitieren sind nur möglich, wenn genau gehört wird. Sie trainieren aber andererseits dieses genaue Hören sehr wirkungsvoll. Wenn es uns also gelingt, dass aus „ambre“ eine „chambre“ wird, dann haben wir einen deutlichen Therapieerfolg zu verzeichnen.

Exkurs über Hören, Horchen, Gehorsam

Wir Lehrer machen alle – mit steigender Tendenz – diese Erfahrung: Unsere Schüler können kaum mehr zuhören. Einfache Arbeitsanweisungen kommen nicht mehr an, müssen mehrfach wiederholt werden. Viele Kinder betrachten das, was der Lehrer sagt, als völlig unverbindlich: Man kann hinhören, geistig aber auch aus- oder umschalten, wie beim Fernsehgerät. Die kommunikative Kompetenz sinkt drastisch.

Viele Schüler – und gerade die besonders schwierigen – haben ständig auf „Sendung“ geschaltet und so gut wie nie auf „Empfang“. Hören auf den anderen ist aber die Grundlage funktionierender Kommunikation und jeglichen sozialen Miteinanders. In den „Erzählkreisen“, die zurzeit in Mode sind, wird dieses Hören auf den anderen nur selten geübt. Sie sind vielmehr meiner Beobachtung nach fast immer hauptsächlich ein Mittel des Sichäußerns, betonen also das, was ohnehin im Übermaß vorhanden ist: die Sucht, andere mit Botschaften zu überschwemmen. Das, was wir dringend brauchen, sowohl in unseren Schulklassen als auch in unserer Gesellschaft, ist aber gerade das Nach-innen-Gehen, das „Sichbes-innen“.[26]

In einer Schulklasse mit 28 Kindern käme auf *einmal* Selbsterzählen *siebenundzwanzigmal* Zuhören. Ich unterrichte zurzeit in einer 3. Klasse, in der die Unfähigkeit, irgendjemandem zuzuhören, sei es nun der Lehrerin oder einem Mitschüler, geradezu bis zur Perfektion ausgebildet ist. Sicher gibt es einige wenige Kinder, die hören können. Es sind aber so wenige, dass man ohne Übertreibung sagen kann: Diese Klasse ist unfähig zu hören. In eben dieser Klasse fragte ich Martin, der ständig etwas mitzuteilen hat, ob er denn auch bereit sei, seinen 27 Mitschülern zuzuhören, wenn jeder von diesen den gleichen Äußerungsanspruch erhebe wie er selbst. Diese Vorstellung schockierte ihn derart, dass er augenblicklich verstummte.

Es wird Sie nicht verwundern, wenn ich Ihnen nun erzähle, dass in dieser 3. Klasse auch das Der-Lehrkraft-Gehorchen etwas ganz „Exotisches“ ist. Nun lässt sich aber ohne Gehorsam in einer Klasse nicht unterrichten und so verwende ich in den Unterrichtsstunden, die ich dort verbringe, große Sorgfalt auf das Einüben grundlegender schulischer Verhaltensweisen. Die ersten Erfolge zeichnen sich ab und bringen nicht nur ein angenehmeres Klima, sondern auch verbesserte Leistungen. Da ich in dieser Klasse neben Mathematik auch Musik unterrichte, habe ich ein geeignetes Übungsfeld, um auch an Hörerziehung im engeren Sinn zu arbeiten.

Die Erfahrungen, die ich in dieser Klasse mache, betrachte ich als sehr wertvoll, bestärken sie mich doch in meiner Auffassung, wie wichtig es ist, gerade in den ersten beiden Schuljahren ein Hauptaugenmerk auf den Bereich „Hören“ in all seinen Facetten zu richten. Nur wer hört, kann verstehen. Sinnvolle disziplinäre Regeln basieren nicht auf autoritärer Willkür, sondern auf dem für gemeinsames Arbeiten und Leben nötigen Konsens. Nur auf einer einsamen Insel kann jeder das machen, was ihm gerade beliebt und in den Kopf schießt. Bereits eine Zweiergemeinschaft verlangt, um funktionieren zu können, Rücksichtnahme und Hören auf die Bedürfnisse des anderen. In einer Großfamilie gibt es ein genaues Reglement, wer wofür zuständig ist und wo das aufbewahrt wird, was alle benutzen wollen.

Alfred Tomatis erzählt von einem kleinen Autisten, den er mit Erfolg therapiert hatte, und der auf die Frage, ob er denn wisse, was Gehorchen sei, antwortete:

„Ja, das heißt auf die Lehrerin zu hören.“[27]

Tomatis schreibt weiter:

„Das ist ein tiefsinniger Satz, eine schöne Definition von Gehorsam. Das Wort schockiert etwas, es ist unerträglich, weil man seine Bedeutung vergessen hat. Unser kleiner Autist erinnerte uns mit einem erstaunlich treffenden Ausdruck: Gehorchen (im Lateinischen obedire, Anm. der Autorin) ist eine sehr starke Zusammenziehung von ‚ob-aud-ire' und bedeutet in der Tat ‚auf das zugehen, was man hört' in überlegtem Einverständnis freiwillig und zustimmend.

Wenn das Kind eine Regel versteht, unterwirft es sich nicht, es ist einverstanden und macht sie sich zu Eigen. Die Autoritätsprobleme verschwinden. Wir sollten dem Wort seinen ursprünglichen Sinn wiedergeben und erhalten dann eine vollständige Befolgung der Regel, ‚Gehorsam' genannt. Heute wird er als Zwang erlebt, wie auch die Arbeit als Plage.

Ein Kind, das nicht gehorcht (also nicht hörend auf den anderen zugeht), bleibt verloren in seiner eigenen Welt, wie unser Baby verloren ist in einem zu großen Haus oder hypnotisiert von Eindrücken, die nicht passen. Die Freiheit, die man ihm zu geben glaubt, erzeugt erhebliche Angst und den Wunsch, sich zu verschließen, vielleicht sich zu zerstören."

Hörerziehung ist zugleich auch Erziehung zum Gehorsam und hat neben den Vorteilen für Lesen- und Schreibenlernen also noch weit mehr zu bieten. Es lohnt sich deshalb, sie als einen wichtigen Bestandteil in den Leselehrgang aufzunehmen.

Reime und Lieder zu den Buchstaben verankern diese sicherer im Gehirn und bilden wirksame Merkhilfen

Ist das Auswendigsprechen und -lernen an sich schon etwas der Gedächtnisleistung Zuträgliches (s. Seite 69), so bilden Reime darüber hinaus wirkungsvolle Merkhilfen und gehören in jede mnemotechnische Trickkiste. Wer kennt sie nicht, die Eselsbrücken, die zu jeder Schullaufbahn gehören:

Eins Quadrat und zwei Quadrat
war das Wormser Konkordat.

Erst das Wasser, dann die Säure,
sonst geschieht das Ungeheure!

Wer nämlich mit h schreibt,
ist dämlich.

Über Reime werden Gedächtnisinhalte leichter gespeichert. Sie bilden eine zusätzliche Spur in unserem Gehirn, die noch deutlicher wird, wenn zu den Reimen Bewegungen ausgeführt werden. Da die Reime in Beziehung zu einer Geschichte und dem dazugehörigen Bild stehen, wird beim Rezitieren beides durch entsprechende Assoziationen gedanklich aktiviert und somit ebenfalls wiederholt und verstärkt. Neben vielen anderen Vorteilen haben Buchstabenverse auf diese Weise auch noch die Funktion von „Eselsbrücken".

Zu jedem Buchstaben gibt es ein Bild

Buchstaben haben ihre Bedeutung, weil die lesende und schreibende Welt ihnen diese zugesprochen hat. Wer die 26 Zeichen des Alphabets beherrscht, der hat Zugang zu einer unendlichen Welt der Gedanken und Sprachbilder, die er irgendwo „ablegen" kann, auf dass sie später wieder zum Leben erweckt werden. Der schreibende Mensch überwindet Zeit und Raum. Wir können heute Handschriften lesen, die im Mittelalter oder noch früher geschrieben wurden. Die Alphabetschrift der Griechen war von Anfang an so perfekt, dass sie nur ein einziges Mal erfunden werden musste. Während die rein konsonantische phönizische Schrift Mehrdeutigkeit zuließ, gelang es den Griechen, ein einfaches Notationssystem zu erfinden, das es erlaubte, die grenzenlose Vielfalt von möglichen Lauten durch eine überschaubare Anzahl von Schriftzeichen „einzufangen" und auf Papier zu bannen. Durch die Eindeutigkeit der griechischen Schrift war der Leser nicht mehr ein Interpret, wie bei den semitischen Schriftsystemen, sondern er dekodierte einen eindeutig festgelegten Text, den jeder des Lesens Kundige auf die gleiche Weise dekodiert hätte.

Lesen und Schreiben verändern unser Denken und unser Bewusstsein. Sie ermöglichen uns, aus der konkreten Realität abstrakte Begriffe und Ideen zu abstrahieren. In allen Kulturen wächst mit der Lese- und Schreibkenntnis auch die Rechenkenntnis.[28]

Der Zauberschlüssel zu dieser weiten Welt der Gedanken und Ideen sind die 26 Schriftzeichen des Alphabets. Sie müssen so selbstverständlich beherrscht werden, dass ihr Gebrauch automatisch und fast unbewusst erfolgt, wie der unserer Lungen beim Atmen. Dieser „unbewusste" Gebrauch der Buchstaben ist nur möglich, wenn sie felsenfest in uns verankert sind. Da die Bedeutung der einzelnen Buchstaben sich nicht zwingend aus ihrer Form ergibt, sondern durch Konvention festgelegt ist (s. Seite 44), bedarf es zunächst einer gewissen Anstrengung, sie sich so zu Eigen zu machen, dass ihre Anwen-

dung mühelos und virtuos gelingt. Die Buchstabenbilder, die ich zu jeder der Geschichten anbiete, bauen Brücken zwischen der Bedeutung eines Schriftzeichens und seiner graphischen Form und somit erleichtern sie die Graphem-Phonem-Zuordnung ganz erheblich.

Jedes Bild stellt die Hauptperson oder einen wichtigen Gegenstand aus der Geschichte so dar, dass in der Abbildung auch der jeweilige Buchstabe versteckt ist. Er ist immer leicht zu erkennen. Dennoch freuen sich die Kinder jedes Mal wieder, wenn sie herausgefunden haben, wo er steckt. Bei der Geschichte von Anton mit dem langen Arm bildet das große A Körper und Beine von Anton. Obenauf sitzt der Kopf, aus den Seiten wachsen die Arme hervor, der eine davon ganz lang.

Wir haben ein unliniertes DIN-A4-Heft, in das alle Buchstabenbilder eingeklebt und schön angemalt werden und zwar so, dass der betreffende Buchstabe ganz deutlich herauskommt. Unter das Bild schreiben die Kinder dann noch den betreffenden Buchstaben (groß und klein) in verschiedenen Farben und verschieden groß. (Vgl. Abbildung Seite 81)

Nun ist ein A nicht mehr nur ein A, sondern der Anton. Nachdem wir den Buchstaben A anhand der Geschichte von Anton gelernt haben, ist diese Assoziation ohnehin schon vorhanden. Was passiert nun, wenn das Kind irgendwo ein A sieht? Es fällt ihm dazu sofort die passende Geschichte ein und es erinnert sich an das Bild in unserem Buchstabenheft. Der Lerninhalt ist also gesichert. Und obwohl ich auf diese Weise nur Großbuchstaben speichere, habe ich festgestellt, dass die Kleinbuchstaben anscheinend so fest damit verbunden sind, dass sie im Gefolge des Bildes und der Geschichte ebenfalls auftauchen.

Andersherum funktioniert das natürlich auch: Das Kind soll ein A schreiben, es denkt an die Geschichte, das Bild fällt ihm ein und damit auch der Buchstabe. Dass dieser Mechanismus funktioniert, manchmal geradezu auf verblüffende Weise, erlebe ich seit Jahren regelmäßig. Zwei konkrete Beispiele hierzu möchte ich anführen:

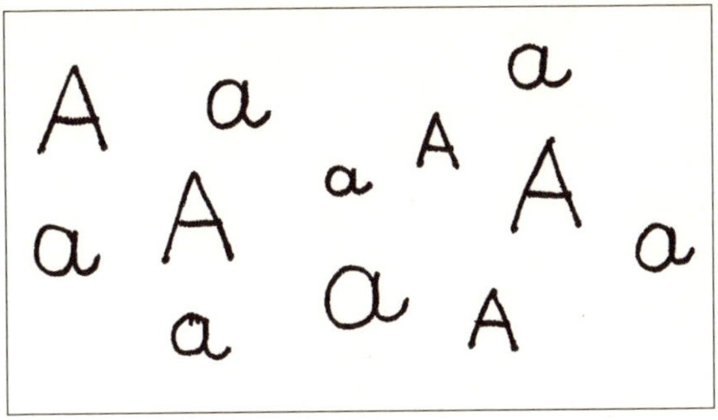

Bei uns im Ort gab es bis vor einigen Jahren eine Fachärztin für Kinder- und Jugendpsychiatrie, bei der natürlich viele lerngestörte Kinder landeten. Diese Ärztin berichtete mir von einer ihrer Patientinnen, die sich das H um nichts in der Welt merken konnte. Lehrerin und Mutter hatten schon alles Mögliche probiert und das Kind mit Übungen aller Art traktiert. Nichts half. Deshalb also wurde die Mutter bei der Ärztin vorstellig, denn so etwas „sei ja schließlich nicht normal!“ Was tat die Ärztin? Sie zeichnete dem Kind eine Turnstange auf und sagte: „Da, schau, das ist eine Turnstange. Sie schaut aus wie ein H. Das H ist eine Turnstange.“ Und das Mädchen konnte sich von da an das H merken – das Problem war gelöst.

Wie vielen Kindern könnte geholfen werden, wenn man einen ganz einfachen Grundsatz beherzigen würde: Kinder können sich abstrakte Inhalte nur einprägen, wenn sie mit etwas konkret Greifbarem verknüpft sind. Diejenigen Kinder, die keine Lernprobleme haben, schaffen sich ihre Bezugssysteme und Gedächtnisbrücken selbst.

Aber es gibt eben gar nicht so wenige Kinder, die dabei unsere Hilfe brauchen, wie Regina, eine meiner Erstklässlerinnen. Sie war sehr schwach begabt, eine Tagträumerin, unselbständig in der Arbeit. Sie konnte auch viele Lautverbindungen noch nicht deutlich artikulieren, kurzum: ein für Lernstörungen geradezu prädestiniertes Kind. Beim Lesenlernen machte sie jedoch gute Fortschritte und konnte sich auch alles gut merken. In vielen Bereichen war sie jedoch deutlich schwächer als ihre Mitschüler.

Einmal, als sie ein D schreiben sollte, wusste sie nicht mehr, wie das geht. Der „Normalfall“ wäre es jetzt gewesen – siehe oben –, dass sie sich an die D-Geschichte erinnert und daraufhin den Buchstaben reproduziert hätte. Dieses Mädchen war jedoch kein „Normalfall“, sie brauchte Hilfestellung. Ich antwortete ihr auf die Frage „Wie geht denn das D?“ nur: „So wie bei Dora Dussel.“ Das ermöglichte es ihr, sich sofort an den Buchstaben zu erinnern. Sie fragte übrigens später nie mehr nach dem D. Das eine Mal hatte genügt, um ihre Assoziation zu verankern.

Wie sehr konkrete Inhalte, also Gedankenbilder im weitesten Sinn, nötig sind, damit Kinder sich Abstraktes merken und es wirklich verstehen können, betont auch Alfred Tomatis:

> „Ein guter alter Mann lebte vor 2500 Jahren in Ägypten. Der Nil tritt über die Ufer während seiner bekannten Überschwemmungen und überflutet die Felder. Wie kann man sie wiederfinden? Wie den Bauern helfen? Er hatte die Idee, hohe Pfähle einzustecken, die Flächen von den Winkeln aus zu berechnen und die Gesetze der Feldvermessung festzusetzen. Er hieß Thales und hatte damit seinen berühmten Lehrsatz gefunden. Unvermittelt erklärt, interessierte diese Regel der Geometrie nur die fünf Ersten der Klasse. Anschaulich erzählt, wird sie eine schöne Geschichte, die der Vorstellungskraft aller Schüler entspricht.
>
> Ein Kind ist unfähig, abstrakte Ausdrücke wie ‚Subjekt‘ oder ‚Attribut‘ zu verstehen. (...) Aber das Kind hat Zugang zu den kompliziertesten Grammatikregeln, wenn man ihm die Verbindung zwischen den Sprachelementen wie ein Spiel darbietet. Entfernt man sich damit wirklich von ihrer wahren Funktion? Das Bild eines Zuges passt sehr gut, um das logische Spiel zwischen den Sprachelementen zu erklären. Die Lokomotive, die den Zug zieht und durch ihre Kraft das Entgleisen verhindert, der Speisewagen, die Zwischenräume, die Bar, die Liegewagen, dieses Bild kann beliebig weitergeführt werden.“[29]

Nun will ich Ihnen noch einige Buchstabenbilder vorstellen. Das soll Sie zu eigener Produktivität ermuntern und Ihnen zeigen, wie gut sich das machen lässt.

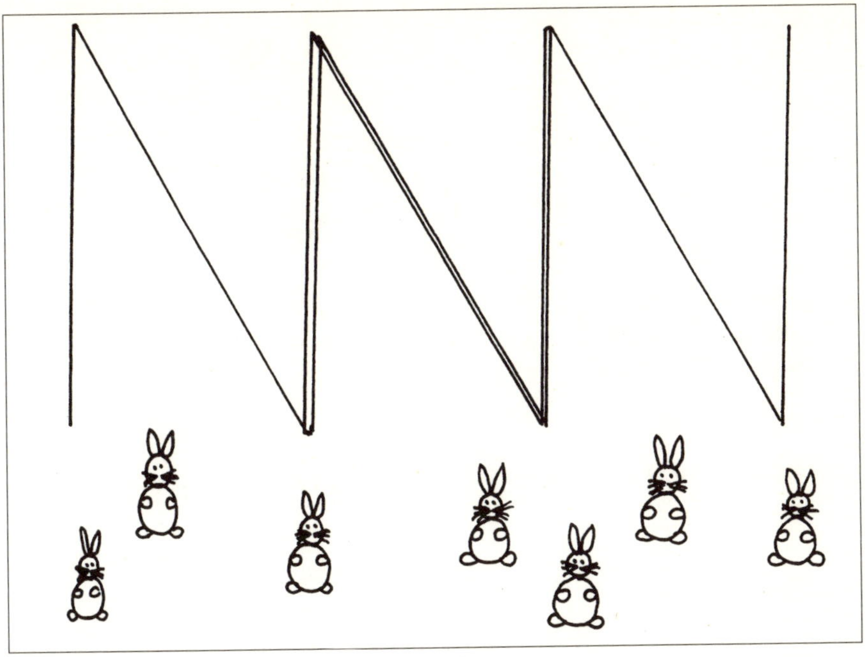

Bei den Nordpolhasen ist das N in den Eisbergen versteckt, über die die Hasen herunterrutschen.

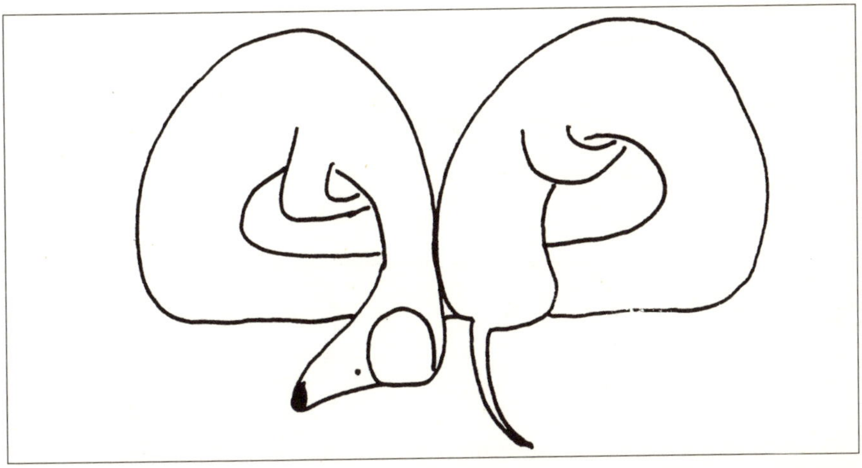

Das B von Bruno Brezel wird von dem überlangen Dackel Brezel gebildet, der wie ein B – vorne und hinten eingerollt – in seinem Hundekorb liegt.

Das R von Roland, dem rasenden Rennfahrer, steckt in dem Rennauto.

Das O von Ottos toller Oma stellen die Rollen der Rollschuhe dar.

Das D von Dora Dussel steckt in dem Flügel der Ente.

Arbeit an den Buchstabengedichten und an einfachen Leseblättern zu den Geschichten

Vor dem „echten" Lesen

Wenn die ersten Buchstaben gelernt werden, heißt das natürlich noch nicht, dass die Kinder bereits lesen können. Damit gar nicht erst die Idee aufkommen kann, das Auswendigaufsagen eines Textes habe auch nur das Geringste mit Lesen zu tun, wird die Arbeit an den ersten kleinen Texten auch nicht als Leseübung bezeichnet, sondern ganz dezidiert als Arbeit an den neuen Buchstaben. Den Text schreibe ich an die Tafel und lese ihn den Kindern vor. Dann schauen wir uns an, was wir in diesem Text bereits erkennen.

Kärtchenwörter

Da die Kinder in den ersten Monaten des Schuljahres auch Kärtchen mit Ganzwörtern bekommen (s. Seite 96), wird zunächst einmal nach einem bekannten Wort Ausschau gehalten. Haben die Kinder ein Kärtchenwort gefunden, wird dieses mit einem Rahmen versehen.

> Das ist Anton.
>
> Anton hat
>
> einen ganz, ganz langen Arm.
>
> Er ist sehr traurig.
>
> Er will den Arm nicht haben.

Buchstabenjagd

Diese Übung ist bei den Kindern sehr beliebt und wird trotz oder vielleicht gerade wegen ihrer Einfachheit immer wieder mit Begeisterung gemacht. Wir brauchen dafür Buntstifte und gefärbten Reis. Das Färben von Reis geht ganz einfach. Sie rühren Lebensmittelfarbe aus der Tube mit etwas Wasser an, legen Reiskörner hinein, verrühren alles gut und lassen es über Nacht trocknen.

Die Kinder haben Blätter mit dem Text, der vorher an der Tafel besprochen wurde, vor sich liegen. Auf jeden Gruppentisch habe ich einen Behälter mit gefärbten Reiskörnern gestellt. Camembertschachteln eignen sich gut dafür. Nun wird „Jagd“ auf den neuen Buchstaben, in unserem Beispiel das „A a“, gemacht. Überall, wo er in dem Text vorkommt, wird ein farbiges Reiskorn hingelegt. Danach werden alle „A/a“ farbig nachgefahren. Diese Übung wird übrigens auch mit den Buchstabengedichten gemacht, die ohnehin alle Kinder auswendig können. Der Liedertext des Anton-Liedes sieht nach der Buchstabenjagd bunt aus (– die bunt nachgezogenen „A/a“ sind hier fetter gedruckt):

Anton mit dem l**a**ngen **A**rm
o je, o je, o je,
Anton mit dem l**a**ngen **A**rm,
o weh, o weh, o weh!
D**a** kommt der gute Z**a**uberer,
o j**a**, o j**a**, o j**a**,
und m**a**cht den **A**rm so,
wie er w**a**r.
Hurr**a**! Hurr**a**! Hurr**a**!

Nachdem das aktuelle Gedicht und der neue Text „durchgejagt“ worden sind, können auch „alte“ Blätter bearbeitet und nach dem neuen Buchstaben durchsucht werden. Die Kinder sehen, wie ihre Blätter immer bunter werden. Bald sind einzelne Wörter vollständig nachgefahren und können nun „echt“ gelesen werden.

Zwischen „Auswendiglesen“ und echtem Lesen

In jeder Klasse gibt es Kinder, die entweder bei Schulbeginn schon lesen können oder es weit schneller lernen als die anderen. Diese Kinder können in der freien Arbeit (s. Seite 132) echte Leseaufgaben bearbeiten, dürfen aber auch bei der gemeinsamen Arbeit an der Tafel als Vorleser fungieren.

Ungefähr ab November werden in den Tafeltexten einzelne Wörter „echt“ erlesen. Durch das Verschriften mit einer Buchstabentabelle (s. Seite 106) können die meisten Kinder ohnehin bereits mehr Buchstaben lesen, als wir richtig durchgenommen haben. Danach darf ein Vorleser den ganzen Text noch einmal vortragen.

Jedes Kind darf auf seinem Blatt diejenigen Wörter farbig nachfahren, die es selbst lesen kann und darf diese Wörter dann auch in sein Freiarbeitsheft (s. Seite 132 ff.) schreiben. An der Tafel steht ein Text zur Geschichte oder auch das Buchstabengedicht:

Gedicht

Seht nur, wie das Lama spuckt,
wenn es um die Ecke guckt.

Lieber Leo, spuck nicht mehr,
sonst trau ich mich gar nicht her!

Text

Das Lama spuckt den ganzen Tag.
Alles ist nass.
Na so was!
Das ist aber gar nicht nett!
Das ist kein Lama, das ist ein Ferkel.

Das Gedicht ist bereits bekannt. Wir sagen es noch einmal auf.

Den Text lese entweder ich vor, oder eines der Kinder hat ihn vorher schon zum Üben bekommen und liest ihn den anderen vor.

Ich zeige auf einzelne Wörter und frage, wer sie lesen kann, zum Beispiel: Ecke, spuckt, guckt, nass, Ferkel, nett

Jedes Wort, das ein Kind erkannte – sei es an der Position im Text, am Anfangsbuchstaben oder auch, weil es wirklich gelesen hat – wird nun noch einmal gemeinsam aufgebaut, indem ich es an den Seitenflügel der Tafel schreibe und die Buchstaben dann nacheinander aufdecke:

F

Fe

Fer

Ferk

Ferke

Ferkel

Die Tafel wird nun zugeklappt und jedes Kind soll auf seinem eigenen Gedicht- oder Geschichtenblatt die Wörter farbig nachfahren, die es selbst lesen kann. Das ist individuell verschieden und deshalb müssen es nicht alle Wörter sein, die an der Tafel erlesen wurden.

Jedes Kind soll für sich herausfinden, welche Wörter es wirklich alleine und ohne Hilfe erlesen kann. Diese Wörter werden nun in das Freiarbeitsheft geschrieben. Kinder, die bereits mehr können, dürfen auch einen Teil des Gedichts oder der Geschichte abschreiben oder auch eigene Sätze zu der Geschichte erfinden und mit Hilfe der Anlauttabelle (s. Seite 106) aufschreiben.

Blätter zum echten Lesen

Zunächst gibt es Texte, die in wenigen kurzen Sätzen die Handlung der Buchstabengeschichte oder einen Teil davon zusammenfassen. Bei den ersten Texten kommen auch Wörter vor, die die Kinder bereits von ihren Wortkärtchen kennen oder es wird ein Wort durch ein Bild ersetzt. Wird ein Buchstabe verwendet, den wir noch nicht eigens durchgenommen haben, so setze ich unter diesen einen Punkt, der dem Kind signalisiert, dass es diesen Buchstaben nicht zu kennen braucht und mich danach fragen soll, wenn es ihn nicht weiß.

In der Geschichte von Susi Sausewind kommen einige Kärtchenwörter vor, die eingerahmt sind. Offiziell noch unbekannte Buchstaben sind durch einen darunter gesetzten Punkt gekennzeichnet. (Vgl. Seite 91)

Zu der Geschichte von Fredi Frosch, der in seinem Einweckglas sitzt und davon träumt, ein verzauberter Prinz zu sein, gibt es das hier abgedruckte Leseblatt.

Fredis Tr**au**m

Fredi **hö**rt, wie die Mutter ein

M**ä**rchen liest.

Er will ein **P**rin**z** s**ei**n.

Er will, dass ihn die Kinder k**ü**ssen.

Fredi ruft: **Qu**ak, **qu**ak!

Die Kinder rufen:

Fredi, s**ei** still!

Da ist was los!

Susi kann rennen.

Sie rennt mit dem 

Sie rennt mit dem Roller.

Sie rennt mit dem Rad.

Susi! Susi!

Da ist ein 

Susi rennt und rennt!

O weh!

Male, was los ist.

In diesem Text sind au, ei, ö, ä, ü, h, p, qu, ei als unbekannt gekennzeichnet.

Besonderen Spaß haben alle an der Geschichte von der hopsenden Hilda, die nur denken kann, wenn sie sich bewegt, und die ganz dumm wird, wenn sie stillsitzen muss.

Wer ist denn das?
Hilda kann toll ho**p**sen.
Sie will **auch** immer nur
ho**p**sen.
Sie ho**p**st sogar im **B**ett.
Alle fragen: Was ist denn
das?
Ist das ein **B**all oder ein
Kind oder ein Hund oder
was?
Das ist Hilda!

In diesem Text sind B, p, au und ch als unbekannte Buchstaben gekennzeichnet.

Mit zunehmender Lesekompetenz werden auch die Texte schwieriger und vielfältiger. So gibt es dann neben einfachen Nacherzählungen von Märchen oder aus einem Kinderbuch auch völlig neue Texte. Darüber wird weiter unten ausführlich gesprochen werden.

Während hier bisher Möglichkeiten dargestellt wurden, von Anfang an mit kindgemäßen und „echten" Geschichten zu arbeiten und diese auf vielfältige Weise in den Unterricht einzubauen, geht es im Folgenden um die Arbeit, die vom Kind geleistet werden muss, damit aus ihm ein geübter – und nach Möglichkeit begeisterter – Leser werden kann.

Lesenlernen bedeutet Arbeit

Kinder, die in die Schule kommen, wollen arbeiten. Sie wollen etwas leisten, tüchtig sein und dafür Anerkennung erhalten. Irgendwann bleibt bei den meisten Kindern dieser anfängliche Leistungswille auf der Strecke. Ich habe immer gegen diesen Trend gearbeitet und festgestellt, dass andauernde Anstrengungsbereitschaft etwas ist, das genauso trainiert werden kann wie alle anderen Fähigkeiten. Wichtig sind eine gewisse Grundbereitschaft bei den Kindern und die Kooperationsbereitschaft der Eltern. Vor diesem Hintergrund können wir, wenn wir reflektiert vorgehen und unseren Unterricht entsprechend aufbauen, Kinder an den Gedanken heranführen, dass dauerhafte Erfolge nur über entsprechenden und langfristigen Arbeitseinsatz zu erzielen sind. Wie Eltern in den Lernprozess eingebunden werden können, wird weiter unten noch ausführlich erörtert (s. Seite 166 ff.).

Ehrliche Arbeit braucht keine falsche Motivation

Irgendwann einmal hat sich die Sache mit dem Spaß in die Pädagogik eingeschlichen. Dabei muss etwas falsch verstanden worden sein, denn plötzlich waren alle möglichen Trainingshefte auf dem Markt, die Spaß beim Aufsatzschreiben, Spaß beim Rechtschreiben und Spaß beim Rechnen nicht nur forderten, sondern regelrecht versprachen. Dabei macht es natürlich Spaß, schöne Bücher zu lesen und spannende Rechenrätsel zu lösen. Aber vor dieses Vergnügen haben die Götter den Schweiß gesetzt, und das wird fast immer übersehen, wenn lauthals gefordert wird: Schule soll Spaß machen.

Bei meinem Leselehrgang setze ich mir zum Ziel, Kindern Zugang zum Lesespaß zu ermöglichen. Der Weg dorthin aber ist kein Spaß, der Weg macht Arbeit und Arbeit kann, ich sagte es schon, Freude und Befriedigung verschaffen, ist also bestimmt nichts Schlimmes, ist aber sicher nichts für den, der alles auf möglichst bequeme Weise und ohne eigenes Bemühen erreichen will.

Lehrer, die von ihren Schülern Arbeit verlangen, ermöglichen es ihnen, zu dieser Freude und Befriedigung Zugang zu finden, sind also weit humaner und „nützlicher“ als diejenigen unserer Kollegen, die vor dieser Anforderung in einen oberflächlichen Unterricht mit geringen Ansprüchen an die Kinder und damit auch an sich selbst flüchten.

Schulanfänger wollen arbeiten. Wir müssen ihnen nicht vorgaukeln, echtes

Lernen sei ohne Anstrengung möglich. Diese falsche Motivation wird sich bereits nach einigen Schulwochen als nicht haltbar erweisen und wird dann zu einer deutlichen Demotivation unserer Schüler führen. Lehrer müssen als ehrlich und worttreu erlebt werden. Ob es um den Aufbau eines funktionierenden Disziplinrahmens oder um das schrittweise Erlernen produktiver Arbeitsweisen geht: Wir müssen glaubwürdig sein, nur dann haben wir Erfolg.

Und da wir ja alle wissen, wie viel Arbeit es macht, bis man virtuos mit den Kulturtechniken Lesen und Schreiben umgehen kann, müssen wir daraus kein Geheimnis machen. Die Kinder können es verkraften, gefordert zu werden, ja, sie verlangen danach. Denn es macht entschieden mehr Freude, etwas Schwieriges zu können als etwas, das „babyleicht" ist. Gerade, weil Lesen alles andere als leicht ist, können wir den ersten Erfolgen aufrichtige Anerkennung zollen und die Kinder können wiederum aufrichtig stolz darauf sein. Da der Mensch ein ganzes Leben lang freudig arbeiten und lernen soll, ist es sehr wichtig, wie er sich in diesen lebenslangen Lern- und Arbeitsprozess einfädelt.

Eine kurzlebige Motivation, die in den ersten Schulwochen vortäuscht, man brauche in der Schule nicht ernsthaft zu arbeiten, ist nicht nur töricht, sondern auch verantwortungslos. Es wird nämlich durch dieses schamhafte Vertuschen der Tatsachen implizit so getan, als seien Arbeit und Anstrengung etwas Unangenehmes, auf jeden Fall zu Vermeidendes. In früheren, prüden Zeiten nannte man Unterhosen die „Unaussprechlichen". Heute nennen wir die Unterhosen beim Namen und sollten es auch wagen, dasselbe mit den Begriffen Arbeit und Anstrengung zu tun.

Damit Arbeit und Anstrengung auch den entsprechenden Erfolg bringen, müssen wir planvoll und vor dem Hintergrund lernbiologischer Erkenntnisse vorgehen. Folgende Postulate stelle ich hierfür auf:

- Übung muss ökonomisch und zielgenau erfolgen: Es muss in der Übungszeit auch wirklich geübt werden.
- Übung muss in kleinen Dosen, aber täglich, erfolgen.
- Der Schwierigkeitsgrad der Übungen muss langsam ansteigen.
- Die Übungen müssen Aktivität vom Kind verlangen.
- Gewisse Basisübungen müssen von allen absolviert werden.
- Es muss auch differenzierte Übungsmöglichkeiten geben, für jeden nach seinem individuellen Vermögen.
- Die Übungen müssen überwacht werden.

Arbeit mit Ganzwörtern

In den ersten Monaten des Schuljahres gibt es zu jeder Geschichte einige Wortkärtchen, rote für die Substantive, grüne für die Verben, gelbe für die Adjektive und lilafarbene für alle anderen Wortarten. Die Kärtchen haben das Format 6 x 12 cm. Ich kopiere die Wörter auf farbigen Kopierkarton, den es bei den großen Versandfirmen für Büromaterial gibt. Deren Kataloge liegen in jeder Schule auf. Den Karton schweiße ich ein und gebe die Kärtchen dann den Kindern als „Rohling" zum ordentlichen Ausschneiden nach Hause mit. Auf die Rückseite eines jeden Kärtchens kommt ein kleines Etikett mit dem Namen des Schülers. Früher habe ich diese Kärtchen aus Fotokarton selbst zugeschnitten und jedes von Hand geschrieben. Das hatte den Vorteil, dass auf die Rückseite der roten Substantivkärtchen gezeichnet werden konnte. Ich habe aber festgestellt, dass das für effektives Üben nicht nötig ist und spare mir nun durch das Fotokopieren Zeit. Außerdem können Kärtchen ohne Bild auf der Rückseite auch für ein Memoryspiel genutzt werden.

Auf der Kopiervorlage schreibe ich diejenigen Kärtchen gruppenweise zusammen, die gemeinsam ausgeteilt werden. Das hat den Vorteil, dass ich mit dem Schneidemesser die „Rohlinge" für je zwei Kinder problemlos abtrennen kann und nicht genau auf die Linien achten muss. Ich brauche dann mit der Schere nur noch jeden Rohling in der Mitte durchzuschneiden und habe so sehr schnell die Kärtchen parat zum Austeilen. So sieht zum Beispiel die erste Kopiervorlage für rote Kärtchen aus:

Anton	Anton
Arm	Arm

Mimi	Mimi
Maus	Maus

Otto	Otto
Oma	Oma

Mit den Kärtchen kann bereits von Anfang an, noch bevor die Kinder synthetisch lesen können, wirkungsvoll geübt werden. Später treten andere Leseübungen in den Vordergrund, und es gibt ungefähr ab dem 14. oder 15. Buchstaben keine Kärtchen mehr.

Die Buchstabenreihenfolge, nach der ich vorgehe, sieht so aus:

AMORTWELKNIDS U F G ÄHÖBCEiSchZJAuVPQuYX

Bei U, F oder G – das ist nicht in jeder Klasse gleich – höre ich auf, Kärtchen auszuteilen. Die Wortkarten, die wir bis dahin gesammelt haben, reichen, um mit ihnen auch anspruchsvollere Übungen durchzuführen als die ganz einfachen Speicher- und Wortabbauübungen der ersten Schulwochen. Zu den ersten Buchstaben gibt es diese Kärtchen:

A

Anton Arm kommt

M

Mimi Maus spielt die

O

Otto Oma mit der

R

Roland Rad rennt dem

T

Tom trampelt wild

W

Wasser Wassermann ist lieb

E

Ella Elefant im

L

Lama spuckt das nicht

K

König Karl dick

Ich schreibe mir von jedem Wort eine Demo-Version auf einen DIN-A4-Kopierkarton in der gleichen Farbe, wie sie die Karten der Kinder haben. Mit den Wortkärtchen gibt es nun eine Reihe von **Übungsmöglichkeiten**:

- Ich sage ein Wort und die Kinder halten die entsprechende Karte hoch.
- Ich zeige eine Karte und die Kinder suchen dieselbe und halten sie hoch.
- Ich zeige eine Karte und die Kinder sagen mir, welches Wort darauf steht.
- Zwei Kinder bearbeiten einen Kärtchenstoß. Das eine zeigt eine Karte, das andere nennt das richtige Wort. Falsch benannte Karten werden zur Seite gelegt und eigens geübt, zum Beispiel durch Abschreiben.
- Die Kärtchenwörter werden ins Freiarbeitsheft geschrieben, mit den Buchstabenklötzen gebaut oder mit dem Stempelkasten gestempelt.
- Die Kärtchenwörter werden auf einem Arbeitsblatt, auf dem verschiedene Wörter stehen, identifiziert und farbig nachgefahren.

Wörter abbauen

Ich schreibe ein Kärtchenwort groß an die Tafel, zum Beispiel: Elefant

Dann decke ich den letzten Buchstaben zu, und die Kinder lesen: Elefan

So geht es weiter mit: Elefa

Elef .....

bis zu El und E.

Die Übung kann anschließend noch einmal aufbauend durchgeführt werden, von E bis Elefant.

Wörterbingo

Eine einfache Bingo-Variante kann bereits ab dem zweiten Buchstaben M gespielt werden, denn dann haben die Kinder bereits sieben Wortkarten. Vier davon sollen sie auswählen und im Quadrat auslegen, zum Beispiel so:

Anton	kommt
Mimi	Maus

Ich sage nun ein Wort von den sieben Kärtchenwörtern, die wir bereits zur Verfügung haben, zum Beispiel: „spielt". Unser Spieler hat dieses Wort nicht auf seinem Spielfeld. Er muss also abwarten. Das nächste Wort heißt: Mimi. Unser Spieler darf nun eine Bohne, ein Reiskorn oder einen Chip auf die Wortkarte Mimi legen. (Vgl. Abbildung Seite 100)

Bei Bingo ist man dann mit dem Spiel fertig, wenn man eine waagrechte, senkrechte oder diagonale Reihe auf seinem Spielfeld belegt hat. Bei vier Karten genügen zwei beliebige Treffer. Sie ergeben immer eine der drei möglichen Formationen. Wer fertig ist, darf „Bingo" rufen. Das gibt in manchen Klassen ein rechtes Durcheinander, so dass man sich schwer tut, nachzuprüfen, ob derjenige, der „Bingo" ruft, auch wirklich alles richtig hat.

Deshalb habe ich die „Bingo-Fahne" erfunden. Das ist ein Fleck aus pinkfarbenem Moosgummi, den ich für jedes Kind ungefähr in halber Postkartengröße zurechtgeschnitten habe. Moosgummi gibt es für wenig Geld in Bastelgeschäften im DIN-A4-Format. Wird die Bingo-Fahne hoch gehalten, gehe ich zu dem betreffenden Kind und prüfe nach, ob es wirklich die richtigen Lösungswörter hat. Das geht schneller und für mich mit weniger Stress, wenn nicht herausgerufen wird. Denn es bleibt nicht bei einem einmaligen Bingo-Ruf, sondern es wird dadurch plötzlich sehr unruhig in der Klasse und damit auch kontraproduktiv, denn es geht uns durch Abwarten und erneutes Für-Ruhe-Sorgen wertvolle Übungszeit verloren.

Es sind meistens mehrere Kinder auf einmal fertig. Diese sind die ersten Sieger. Wir spielen dann noch bis zu den zweiten und dritten Siegern weiter. Bei mehreren Spielpartien hintereinander ist fast immer jedes Kind zumindest einmal bei den (ersten, zweiten oder dritten) Siegern.

Wenn mehr Karten zur Verfügung stehen, kann das Spielfeld auf 3 x 3, 4 x 4 oder sogar 5 x 5 Karten erweitert werden.

Bingo ist ein Spiel, bei dem nicht immer die besten Leser gewinnen, weil auch Glück dazu gehört. Andererseits ist es aber auch kein reines Glücksspiel, denn die Kinder müssen konzentriert bei der Sache sein, um die aufgerufenen Wörter auf ihrem Spielfeld auch wirklich zu erkennen, vor allem dann, wenn mit mehr Karten gespielt wird. Diese Möglichkeiten gibt es, um mit einem Bingo von 3 x 3 Karten das Spiel zu beenden:

Eine waagrechte Reihe ist voll:

Mimi •	Anton •	kommt •
spielt	wild	mit
Wasser	dem	Maus

Eine senkrechte Reihe ist voll:

Mimi •	Anton	kommt
spielt •	wild	mit
Wasser •	dem	Maus

Eine Diagonale ist voll:

Mimi •	Anton	kommt
spielt	wild •	mit
Wasser	dem	Maus •

Wortkartenmemory

Zwei Kinder mischen ihre Wortkarten und legen sie mit der Rückseite nach oben auf den Tisch. Die beiden Spieler decken abwechselnd je zwei Karten von der gleichen Farbe auf. Wer zwei gleiche Wörter gefunden hat, darf die Karten behalten. Sieger ist, wie bei jedem Memory, derjenige, der zum Schluss die meisten Karten hat. Da jede Wortkarte mit einem Namensaufkleber versehen ist, fällt das Auseinandersortieren der Karten nach dem Spiel nicht schwer.

Das Legen von Sätzen mit den Wortkärtchen

Bei dieser Übung zeigt sich, ob die Kinder überhaupt Vorstellungen vom Satzbau und der Struktur der Sprache haben. Ich sage einfache Sätze, die die Kinder mit ihren Kärtchen auf der Bank legen sollen.

Nach den ersten sechs Buchstaben – **AMORTW** – haben wir bereits diese Kärtchenwörter zur Verfügung:

Anton	Mimi	Otto
Arm	Maus	Oma
kommt	spielt	mit
Roland	die	der
Rad	Tom	Wasser
rennt	trampelt	Wassermann
dem	wild	ist
	und	lieb
		im

Mit ihnen lassen sich viele Sätze von unterschiedlichen Schwierigkeitsgraden legen.

Das hört sich einfacher an, als es ist, denn um die phonetische Lautfolge in einen sichtbaren Satz umzuwandeln, muss das Kind bereits einiges können:

- Es muss sich zuerst einmal den Satz merken können. Das mag bei „Otto kommt mit Oma“ noch recht einfach sein, wird aber bei „Roland rennt wild mit dem Rad“ oder „Tom spielt mit dem Wassermann im Wasser“ deutlich schwieriger, so dass nur ein kleiner Teil der Kinder diesen Satz auf Anhieb behalten kann.
- Es muss erkennen, dass der Satz kein zusammenhängender Informationsbrei, sondern dass er aus einzelnen Wörtern gebildet ist.
- Es muss in der Lage sein, diese einzelnen Wörter aus dem Kärtchenstoß herauszusuchen, am besten systematisch: Rote Wörter, grüne Wörter usw. Kinder, die strukturiert suchen, blättern die verschiedenfarbigen Kärtchenstöße durch auf der Suche nach einzelnen Wörtern. Unstrukturierte Lerner

wühlen planlos in einem ungeordneten Haufen, bis ihnen ein besseres System gezeigt wird, das sie aber oft erst nach intensivem Üben übernehmen können.

- Es muss erkennen, dass die Wörter eines Satzes in einer bestimmten Reihenfolge angeordnet sind, also: Bei dem Satz „Otto kommt mit Oma“ ist das erste Wort „Otto“, das zweite „kommt“ usw.
- Es muss diese phonetische Reihenfolge in eine linear sichtbare Reihenfolge umwandeln können und die Kärtchen richtig geordnet in der Lese- und Schreibrichtung von links nach rechts anordnen.

Das Legen von Sätzen ist ein hervorragendes Diagnostikum, um leistungsschwache Leser sehr früh zu erkennen. Wer damit große Schwierigkeiten hat, zeigt, dass er eine einfache Stufe der phonologischen Bewusstheit noch nicht erreicht hat, nämlich die Fähigkeit, einen Satz in einzelne Wörter zu zerlegen und diese Wörter der Reihenfolge nach zu ordnen. Die phonologische Bewusstheit gilt in der neueren Literatur zur Lese- und Rechtschreibschwäche als „wesentliche kognitiv-sprachliche Voraussetzung für den Schriftspracherwerb“.[30] Phonologische Bewusstheit – auch phonemisches Bewusstsein genannt – wird verstanden als Fähigkeit des Kindes, „Phoneme und größere Lauteinheiten der Sprache analytisch zu betrachten“. (S. hierzu Hans Grissemann, *Von der Legasthenie zum gestörten Schriftspracherwerb*, Bern: Hans Huber, 1996)

Damit sind unter anderem auch noch folgende Fähigkeiten gemeint:

- Erkennen, ob Mann oder Tanne mit T anfängt
- Erkennen von Anfangs-, Mittel- und Endlauten eines Wortes: Wie fängt Tanne an? Was ist in der Mitte? Wie hört Tanne auf?
- Zerlegen eines Wortes in Laute: Welche Laute hörst du bei „Sonne“?
- Zählen der Phoneme: Wie oft kannst du klatschen bei: Affe, Banane, Ball, Auto?
- Verschmelzen einzelner Phoneme zu einem Wort: Was ist das? a/f/e
- Entfernen von Phonemen: Sag mal Tisch ohne T!
- Austauschen von Phonemen: Sag mal Sonne ohne S, aber mit T!

Hier noch einige Beispiele für Sätze, die mit den oben angeführten Wortkärtchen zu bilden sind:

Anton kommt

Mimi kommt mit Anton

Otto kommt mit Oma
Otto spielt mit Anton
Mimi spielt mit der Maus
Roland rennt mit Anton
Roland rennt mit dem Rad
Tom kommt und spielt mit Mimi
die Maus kommt mit der Oma und rennt
der Wassermann spielt mit Otto im Wasser
der Wassermann ist lieb
Roland ist wild und rennt mit der Maus

Buchstabenjagd mit gefärbtem Reis

Über diese Übung habe ich weiter oben bereits ausführlich berichtet. Hier ist sie der Vollständigkeit halber angeführt.

Arbeit mit Wörterlisten

Es dauert einige Zeit, bis wir genügend Buchstaben zur Verfügung haben, um wirklich das Lesen an Texten üben zu können. Die Texte in unserer Lesemappe werden zunächst anders eingesetzt. (s. S. 86) Um aber trotzdem mit dem richtigen Üben anfangen zu können, ohne das Missverständnis zu riskieren, das Auswendigaufsagen kurzer Texte sei Lesen, gebe ich den Kindern Wörterlisten, auf denen eine Reihe von Wörtern steht, deren Buchstaben wir alle gelernt haben, die also bereits echt erlesen werden könnten.

Bei meiner Buchstabenreihenfolge (AMORTWELKNIDSUFG... usw.) kann nach vier Buchstaben eine erste kleine Liste zusammengestellt werden:

AMOR
Mama Oma Arm Rom Moor Omo Marmor Rama

Die Kinder bekommen das Lesen der Wörterlisten als Hausaufgabe auf. In der Freiarbeit gehe ich herum und lasse mir von einzelnen Kindern die Liste vorlesen. Wer das kann, bekommt einen Stempel auf seine Liste und ich notiere in meinen Aufzeichnungen, welche Kinder mir welche Listen bereits vorgelesen haben.

Die erste kleine Liste gibt es – siehe oben – nach vier Buchstaben. In meiner Buchstabenreihenfolge ergeben sich mit den folgenden Buchstaben – T, W, E – nicht besonders viele zusätzliche Kombinationsmöglichkeiten, aber ab dem L, dem achten Buchstaben, gibt es eine Menge Übungswörter.

Ab diesem Buchstaben wird die Arbeit mit Wörterliste eine Zeit lang zu einem festen Bestandteil unseres Lesetrainings. Ich hatte übrigens nie den Eindruck, dass die Kinder diese Übungen als etwas Langweiliges oder Unangenehmes betrachteten, sondern vielmehr den, dass sie es als eine Art Sport ansahen, möglichst viele Wörter richtig zu erlesen und auf ihren Listen „abzuhaken".

Da die Übungen gleich bleiben und jeder nach der ersten Liste genau weiß, was zu tun ist, sind auch keine langwierigen Erklärungen nötig, so dass die zur Verfügung stehende Zeit auch wirklich zum Üben benutzt werden kann. Gerade die unnötige Vielfalt der Aufgaben, die man in fertigen Arbeitsheften oft findet, erschwert das Vorgehen, weil meist mehr Zeit zum Erklären der Übungen benötigt wird als hinterher zum Üben selbst. Außerdem halte ich es nicht nur für verwirrend, sondern auch für überflüssig, die nötigen Leseübungen durch immer wieder neue Übungsanordnungen und Verkleidungen zu „tarnen". Besonders die schwächeren Schüler sind damit überfordert, für die ja nicht nur das *Durchführen*, sondern auch das *Erfassen* von Arbeitsaufträgen ein Problem darstellt. Ihnen ist am besten gedient, wenn sie wenige, klare Anweisungen erhalten. Denn auch sie, die in so vielen Klassen Disziplinschwierigkeiten verursachen, weil sie mit den ihnen gestellten Aufgaben nicht zurechtkommen und ihre Aktivitäten dann ganz folgerichtig auf andere Bereiche verlegen, *wollen* meiner Erfahrung nach arbeiten, aber sie müssen wissen, *was* und *wie!*

Und noch eine interessante Beobachtung möchte ich Ihnen nicht vorenthalten: Ich habe bemerkt, dass die ängstlichen und weniger selbstbewussten Kinder von zu vielen verschiedenen Arbeitsmöglichkeiten auf dem engen Raum einer einzigen Seite abgeschreckt werden. Es gibt Kinder, die erst dann zu arbeiten anfangen, wenn sie sicher sind, die Übung genau verstanden zu haben. Das sind die Kinder, die uns durch zu vieles Nachfragen und Vergewissern manchmal ein wenig auf die Nerven gehen. Sie können jedoch viel entspannter und sicherer arbeiten, wenn ihnen bereits bekannte Übungen, nur mit anderem konkreten Inhalt, angeboten werden. Und wir schonen unsere Nerven, weil wir nicht immer und immer wieder das Gleiche gefragt werden.

Und was ist mit denen, die alles gleich auf Anhieb können? Werden Sie durch Übungen, die in ihrer Struktur immer gleich sind, nicht unterfordert? Nein, auf keinen Fall, denn es zeichnet gerade diese „einfachen" Übungen aus, dass sie auf unterschiedlich hohem Niveau durchgeführt werden können und deshalb besonders geeignet sind für Kinder, die mehr leisten wollen und können. Haben Sie jedoch fünf oder sechs verschiedene Übungen auf einem fertigen Arbeitsblatt, so werden die flinken Lerner das alles sehr schnell erledigt haben und dann mit der Frage kommen: Und was soll ich jetzt tun?

Wer seine vorgeschriebene Wörterliste sehr schnell gelesen hat und eine anspruchsvollere Aufgabe möchte, kann sich zum Beispiel aus einer Wortschatzkiste eine Wortkarte holen und diese mit Hilfe einer Anlauttabelle entschlüsseln. Damit ist ein Stichwort gefallen, das die Überleitung zu einer weiteren Übungsmöglichkeit bildet.

Vorher aber noch einige Beispiele für Wörterlisten (oben stehen immer die Buchstaben, die wir bereits durchgenommen haben):

AMORTWEL		AMORTWELK	
Teller	Retter	Karl	Kamel
Teer	Trommel	Kamm	merke
Lotte	Trommler	Keller	merkt
Lore	Motte	Kork	Markt
Rolle	Motor	Werk	Karte
Roller	Maler	Mark	Krater
leer	Mama	Kerl	Kater
Meer	Lama	kalt	Locke

toll	Aal	komm	Rock
total	Tal	kommt	Racker
wart mal	rate mal	Wolke	locker
Lotto	alle	Kran	Wecker
		Krake	meckert
		Krawall	Macke
		Krawatte	Traktor

Lesen durch Schreiben – Verschriften mit der Anlauttabelle

Es gab didaktische Zeiten, da glaubte man, Lesen sei das Erlernen der lautlichen Entsprechungen der Buchstaben und das „Nacheinander-Lautieren" der aufgeschriebenen Wörter. Durch häufiges Üben sollte aus diesem Buchstabieren dann „irgendwann" das Lesen werden. Dieses „Ab-Buchstabieren" kann auch wirklich durch Drill und Dressur gelehrt werden, aber es ist nicht Lesen, denn dazu gehört als conditio sine qua non die Sinnentnahme. Nur der Leser, der weiß, was er da entziffert hat, liest.

Der Lehrer kann den Kindern die Buchstaben nennen, er kann mit ihnen Übungen dazu durchführen, er kann Silben an die Tafel schreiben, die erkannt werden sollen, aber er kann das Kind nicht Lesen lehren. Dieser Prozess, der aus dem bloßen Speichern von Buchstaben und aus dem Rekodieren von Buchstabenfolgen das echte Lesen macht, bleibt uns verborgen. Je besser es uns gelingt, unsere Schüler zu aktivieren und zu eigenem Tun anzuregen, desto sicherer wird es irgendwann zu dem geheimnisvollen „Klick" im Kind kommen (auf Bayrisch heißt das: es hat geschnackelt), und es versteht, was es da entziffert hat: Aus dem Rekodieren ist das Dekodieren geworden.

Eine wichtige Voraussetzung dafür ist die Fähigkeit, ein Wort in seine lautlichen Bestandteile zu zerlegen und daraus wieder zusammenzusetzen. Ist das Kind so weit, dann haben wir eine erste wichtige Hürde genommen. Wir werden jedoch feststellen, dass Kinder, die einzelne Wörter und einfache kurze Sätze verstehen können, die also dieses geheimnisvolle „Klick" bereits hinter sich haben, deshalb beileibe noch nicht in der Lage sein müssen, auch einen ganzen Text zu verstehen. Hier muss nicht nur die gezielte Übung einsetzen, sondern es bedarf zum Lesen zusammenhängender Texte auch noch einiger anderer Voraussetzungen:

In erster Linie ist hier noch einmal die Sprachkompetenz zu nennen. Ohne sie bleiben sprachliche Gebilde unverständlich. Die Sprachkompetenz fördern wir in unserem Leselehrgang bereits durch die Arbeit an den Buchstabengeschichten, durch das Lernen und Rezitieren von Gedichten und durch tägliches Vorlesen von anspruchsvoller Kinderliteratur.

Beides – das Zerlegen von Wörtern in ihre phonetischen Bestandteile und die sprachliche Kompetenz – wird auch dadurch wirkungsvoll gefördert, dass das Kind so früh wie möglich Anregungen und Hilfen bekommt, sich schriftlich zu artikulieren. Jürgen Reichen, der geistige Vater des Lehrganges *Lesen durch Schreiben*, lässt seine Schüler von Anfang an mit der vollständigen Buchstabentabelle arbeiten und zwar unter der dezidierten Aufgabenstellung: Wir lernen in der Schule das Schreiben (nicht das Lesen).

Auf einer Buchstabentabelle ist neben einem Bild mit dem jeweiligen Anlaut – zum Beispiel Krokodil – der dazu passende Buchstabe groß und klein – beim Krokodil: k K – abgebildet. Für Vokale, die ja je nach offener oder geschlossener Aussprache – ganz unterschiedlich klingen können, sind zwei Bilder angegeben, die diese Lautvarianten abdecken, bei E: Esel (geschlossenes E) und Ente (offenes E). Es soll nun in der Schule die Fähigkeit geübt werden, ein Wort in seine vollständige Lautkette zu zerlegen. Diesen Lauten werden mit Hilfe der Anlauttabelle Buchstaben zugeordnet. Die Buchstaben werden dann in richtiger Reihenfolge aufgeschrieben, so dass das Wort phonetisch korrekt verschriftet ist. Für Vogel sind beispielsweise folgende phonetisch korrekte Schreibweisen möglich: vogl, vokl, fogl, fokl, fookl.

Für Schreibanlässe fordert Reichen:[31]

> „Das Lehrgangsprinzip ‚Lesen durch Schreiben' lässt sich nur dann anwenden, wenn im Zentrum des Unterrichts vielfältige Schreibanlässe stehen. Dabei ist es aus motivationspsycho-logischen Gründen unbedingt notwendig, Schreibaufgaben nicht einfach zu verordnen, sondern in einen Zusammenhang zu stellen, in dem sie als natürlich, notwendig oder lustbetont erfahren werden. Von daher ist das Schaffen, Anregen, Erkennen und Aufgreifen motivierender Schreibgelegenheiten eine der wichtigsten – und

schwierigsten – didaktischen Aufgaben des Lehrers. (Hervorhebung durch Reichen)

Zunächst eignen sich ganz besonders Briefe, Mitteilungen u. Ä. im Rahmen kommunikativer Situationen sowie schriftliche Aufzeichnungen, die als Gedächtnisstützen dienen, wie etwa Einkaufslisten, Wunschzettel, Hausaufgabenheft, Termine, etc."

Die Idee, das Schreiben als Mittel zum Lesenlernen zu benutzen, hat mich immer schon angesprochen. Ich habe auch früher schon Kinder zum freien Schreiben ermutigt und ihnen dabei „erlaubt", in ihrer eigenen Schreibweise nur unter Berücksichtigung der phonetischen Richtigkeit Geschichten oder das, was ihnen eben wichtig erschien, aufzuschreiben. Einen besonders schönen Text meiner Tochter Maxi, den sie in den Weihnachtsferien der 1. Klasse verfasste, habe ich bereits 1990 in meinem Buch *Schreibvergnügen* veröffentlicht.[32] Dieser Text spricht für sich. (Vgl. Seite 109)

Maxi schrieb diese Geschichte über den kleinen Tannenbaum „einfach so", weil sie Freude daran hatte. Bereits in ihrer Vorschulzeit verfasste sie Texte zu Geschichten, die wir ihr vorgelesen oder erzählt hatten. An meiner Tochter habe ich zum ersten Mal erlebt, wie befriedigend es für Kinder sein kann, sich schriftlich zu artikulieren. Sie war allerdings von kleinst auf mit Geschichten aller Art „gefüttert" worden, besaß einen großen Wortschatz und eine hervorragende Sprachkompetenz und kannte als kleines Kind schon eine Menge Lieder und Gedichte, kurz: Sie war reif für den Literalisierungsprozess. Die spontane und unbekümmerte Art, mit der Maxi einfach drauflos schrieb, veranlasste mich, etwas Ähnliches auch für meine Schüler bewusst anzustreben. Die Freude am eigenen Fabulieren und am selbständigen Aufschreiben von Geschichten habe ich später auch bei ihnen erlebt, musste aber andererseits auch sehen, dass viele Kinder sehr viel Hilfe brauchten, um erst einmal den „Schritt aufs Papier" zu wagen. Bevor ich davon spreche, wie diese Hinführung zum Schreiben konkret ermöglicht werden kann, möchte ich noch ein Beispiel aus dem Fundus meiner Tochter bringen.

Eine ihrer von uns erfundenen Lieblingsgeschichten, die endlos viele Fortsetzungen hatte, war die vom Wilderer Hias und seiner Frau, der Kath. Diese Geschichte war ausschließlich meinem Mann vorbehalten, der damals gerade auf seine Jägerprüfung lernte und deshalb auch das entsprechende Hintergrundwissen für Wilderergeschichten besaß. Für ihren Papa schrieb Maxi im Sommer, bevor sie in die 1. Klasse kam, ein „Buch" dazu, dessen erste Hälfte ich in ihrer Originalorthographie und -zeilenaufteilung wiedergebe (s. S. 110), mit den im Original fehlenden Abständen zwischen einzelnen Wörtern:

im Wald Stet Eine Eiche.
auf der Hengen Eicheln.
im früling Falen Si herunter.
die Vögel Piken si Auf.
Auf der Groser Walt wise
Stehen Noch Mer Beume.
Si dragen Schwere Früchte.
Und Sind Schon Ser Alt.
Und Auch Junge Beume sind
dort. Si Sind noch Ser Klein
Aber Si Waxen heran.
Si Werden Gros Und Prectig
dort war Mal ein Gleiner
Tannen Baum Er Wolte
Genauso Gros werden
Wi di Anderen.
Auf einmal War er
Gros und konnte Mit
den Anderen Ratschen.

Original	**Übersetzung**
DerHirsist einnormaller MenschaBer seneFrau isTwieineHexe	Der Hias ist ein normaler Mensch, aber seine Frau ist wie eine Hexe.
Beidewoneimtiven-tiven WalD.Der Hirs mus.imerjagen.	Beide wohnen im tiefen tiefen Wald. Der Hias muss immer jagen.
Dabei wird er gefangen. loswilDra ha-ho Dangib mirDie bükse KastDu Dibükse nichtselber Hollen	Dabei wird er gefangen. *(Jäger:)* „Los, Wilderer, ha-ho! Dann gib mir die Büchse!“ *(Hias:)* „Kannst du die Büchse nicht selber holen?“
ho-hoDange ich nicht.	*(Jäger:)* „Ho-ho, danke, ich nicht!“
Mein Bruder komt und Der Mag Nur RehDiserHei- klicheDeive	*(Hias:)* „Mein Bruder kommt und der mag nur Reh, dieser heikle Teufel!“

Die Geschichte geht noch weiter, spitzt sich schließlich dramatisch zu und der Wilderer wird vom Jäger festgenommen und ins Gefängnis gesteckt.

Dann endet sie mit der lapidaren Feststellung: So geht’s bei Wilderern Hias und Kath. (Im Original: sogezbeiwilderanhiasundkatt)

Diese Geschichte liegt orthographisch sichtlich weiter zurück als die Tannenbaumgeschichte, in der die Wortabstände bereits deutlich zu sehen sind. Die Wilderergeschichte stammt ja auch aus der Vorschulzeit, in der Maxi sich durch Erfragen nach und nach alle Buchstaben aneignete (s. Seite 57). Das Prinzip der Lautzerlegung hatte ich ihr nie erklärt, darauf war sie selber gekommen. Ihr Weg dorthin führte über das Erfragen von Wörtern (wo steht denn König?) und Anlauten (welcher ist K?) „irgendwie" zu der Erkenntnis, dass sich aus einzelnen bekannten Buchstaben neue Wörter zusammensetzen lassen. Die vielen Eindrücke, die sie durch das Erzählen und Vorlesen von Geschichten im Lauf der Jahre bekommen hatte, drängten irgendwann zum Ausdruck.

Es wäre ein schönes und erstrebenswertes Ziel, alle Schüler zur Freude am Geschichtenschreiben zu bringen. Ich darf noch einmal wiederholen, was Jürgen Reichen im Hinblick auf Schreibanlässe sagt:

> „Dabei ist es aus motivationspsychologischen Gründen unbedingt notwendig, Schreibaufgaben nicht einfach zu verordnen, sondern in einen Zusammenhang zu stellen, in dem sie als natürlich, notwendig oder lustbetont erfahren werden."

Hier vertrete ich einen etwas anderen Standpunkt. Ich kann sehr wohl nachvollziehen, warum Reichen verordnete Schreibaufgaben vermeiden möchte und kann mir auch vorstellen, dass diese demotivierend wirken können, wenn sie in einen „trockenen" Unterricht ohne schöne, kindgemäße Geschichten eingebettet sind und von vielen anderen eher kopflastigen Übungen begleitet werden. Ich habe aber meinen eigenen Weg entwickelt, Kinder behutsam an das freie Schreiben heranzuführen. Der erste Schritt auf diesem Weg sind „verordnete" Schreibaufgaben, die meiner Erfahrung nach von den Kindern gerne erledigt werden. Damit gerade die schwachen Schüler von Anfang an gut mitkommen, werden jedoch nicht alle Buchstaben auf einmal in einer Tabelle angeboten, sondern es werden nacheinander insgesamt vier Versionen der Buchstabentabelle eingesetzt.

Der erste Schritt zum Verschriften

Vor einer Reihe von Jahren kam mir das Büchlein von Jürgen Reichen über *Lesen durch Schreiben* in die Hände und ich begann sofort, mit dieser Methode zu experimentieren. Ich wollte allerdings nicht kompromisslos das Verschriften als den einzigen Zugang zum Lesenlernen einsetzen, sondern wollte meinen erprobten und motivierenden Lehrgang mit Buchstabengeschichten weiter beibehalten und das Verschriften ergänzend dazu einsetzen. Ich stieß auf die Schwierigkeiten, die auch Jürgen Reichen beschreibt: Es ist außerordentlich mühsam, eine ganze Klasse „bei der Stange“ zu halten, wenn ein Wort gemeinsam auflautiert und verschriftet wird. Besonders im ersten Drittel des Schuljahres dauert das sehr lange und ist immer nur für einen kurzen Zeitraum möglich.

> „Lautierungsübungen erfordern ein Höchstmaß an Konzentration und ein beträchtliches Abstraktionsvermögen. Sie ermüden die Kinder sehr rasch und können daher weniger in eigenen Übungsabschnitten oder gar Lektionen durchgeführt werden, sondern sind nur in Form kleiner Einschiebungen innerhalb des normalen Unterrichtsgeschehens aufzugreifen. D.h., dass der Lehrer immer wieder, zwar wohl dosiert, aber regelmäßig, innerhalb der mündlichen Arbeit mit den Kindern Lautierungsübungen anregt.“[33]

Da ich zusätzlich zu den Schwierigkeiten beim Auflautieren auch noch festgestellt hatte, dass es gerade für die schwachen Schüler sehr verwirrend und überaus mühsam ist, sich aus der Vielzahl der Buchstaben in der vollständigen Tabelle die richtigen auszusuchen, beschloss ich, das Verfahren zu vereinfachen. Ich führte die ersten Übungen zum Verschriften mit einer eingeschränkten Anlauttabelle durch, auf der nur 10 Buchstaben verzeichnet waren:

Oo Aa Ee Ss Ll Tt Nn Mm Rr Ww

Die Bilder für die Tabelle kopierte ich aus einem alten Bilderwörterbuch meiner Tochter, das ich gerne auch allen Eltern zum Kauf empfohlen hätte. Es ist leider inzwischen vergriffen und nur noch – mit viel Glück – antiquarisch erhältlich.[34]

Das Besondere an diesen Bildern: Sie sind künstlerisch wertvoll, sehr deutlich und deshalb unmittelbar verständlich, etwas „altmodisch“ in der Darstellungsweise und gerade deshalb auch sehr kindgemäß. (Vgl. nächste Seite)

Die Fibeln zum neuen bayrischen Grundschullehrplan enthalten mittlerweile ebenfalls Buchstabentabellen. Deren Bilder sind – zumindest bei den mir bekannten – bunt und ansprechend, eignen sich also bestimmt auch gut.

Mit welchen Bildern auch immer: Das 4-Stufen-Verfahren mit einer erst allmählichen Erweiterung des Buchstabenangebotes hat sich so gut bewährt, dass ich es nur empfehlen kann.

Auf eine Darstellung der Vokale durch zwei Bilder – je eines zur offenen und geschlossenen Lautvariante – habe ich bewusst verzichtet. Ich zog es statt-

Erste Version:

dessen vor, die beiden phonetischen Möglichkeiten im Unterricht bei den ersten gemeinsamen Übungen zum Auflautieren immer wieder anzusprechen. Bei unserer ersten Tabelle waren das die Varianten:

geschlossenes O bei Ofen	offenes O bei Otto
geschlossenes A bei Affe	offenes A bei Ananas
geschlossenes E bei Elefant	offenes E bei Ente

Die erste Buchstabentabelle führte ich in der zweiten vollen Schulwoche ein. Die einzelnen Bilder hatte ich auf DIN-A4- Format vergrößert, laminiert und in der Klasse ausgehängt. Jeden Tag übten wir gemeinsam das Auflautieren eines oder mehrerer Wörter. Auch schwache Schüler konnten mithalten, da sie bei dem begrenzten Buchstabenangebot den Überblick nicht verloren und sich gut orientieren konnten.

Einige konkrete Beispiele:

Lehrerin – laut und deutlich: Salat

Alle Kinder, mehrmals: Salat

Einzelne Kinder: Salat

Wir gliederten das Wort nacheinander in eine Folge von Lauten und klebten für jeden Laut, den wir isoliert hatten, ein Magnetplättchen aus unserem Rechenmaterial an die Tafel:

S a l a t • • • • •

Danach ordneten wir jedem Magnetplättchen einen Buchstaben zu und es entstand nach dem Diktat der Kinder an der Tafel das Wort:

S a l a t

Dabei ließ ich mir jedes Mal auch ansagen, ob der betreffende Buchstabe groß- oder kleingeschrieben werden sollte, und akzeptierte jede Schreibweise, die phonetisch stimmig war. Für Salat wäre also durchaus auch denkbar und in unserem Sinne „richtig“:

sAlaT SaLAt SALat oder Ähnliches.

Nicht aber kann man gelten lassen die Skelettschreibweise: SLT, das ist ja selbstverständlich.

Die durchaus auch mögliche Variante „Salad“ scheidet bei uns aus, weil auf der eingeschränkten Tabelle das Dd noch nicht angeboten ist.

Diese gemeinsamen Verschriftungsübungen führten wir in der Schule zwei Wochen lang durch, bevor die Kinder dazu eine tägliche Hausaufgabe bekamen. Ab der vierten vollen Schulwoche teilte ich jeweils am Montag eine Liste aus, auf der ich für jeden Tag ein Wort angegeben hatte, das als Hausaufgabe zu verschriften war.

Diese Liste war für die Eltern gedacht, deren Hilfe das Kind beim Verschriften deshalb brauchte, weil sie ihm das betreffende Wort vorsagen mussten. Deshalb war sie auch handschriftlich, damit nicht einige Kinder die Wörter vor dem Aufschreiben schon lesen konnten. Es sollte ja das phonetische Zergliedern trainiert werden.

Die Kinder bekamen jeweils montags für ihre Lesemappe ein Blatt, in das sie jeden Tag ihr verschriftetes Wort eintrugen. Während der Freiarbeitsphasen, oder wenn die Kinder mit einer stillen Arbeit beschäftigt waren, ging ich in der Klasse herum und gab für jedes phonetisch korrekt verschriftete Wort einen Stempel.

Beispiel für ein Verschriftungsblatt:

Diese Wörter kann ich schreiben

Montag:

Dienstag:

Mittwoch:

Donnerstag:

Freitag:

Ein Wort zu den Hausaufgaben

Beim gemeinsamen Verschriften in der Schule konnten die schwachen Schüler mithalten, weil sie mit dem beschränkten Buchstabenangebot auch zurechtkamen. Dennoch waren es meist die leistungsstärkeren Kinder, die besonders aktiv und aufmerksam bei der Sache waren. Da das Zerlegen eines Wortes in einzelne Laute aber nur durch eigenes Tun und nicht dadurch, dass man anderen dabei zuhört und zusieht, wirkungsvoll geübt werden kann und da wiederum gerade die leistungsschwachen Kinder mehr Übung brauchen, um sich etwas anzueignen, überlegte ich nach den ersten Erfahrungen mit dem Verschriften, wie denn das zu bewerkstelligen sei. Nun ist es für den Lehrer nicht machbar, während eines Unterrichtsvormittags mit jedem einzelnen Kind auch nur ein einziges Wort zu verschriften. Das ist so wie beim Lesen-Üben: Der Vormittag reicht dafür nicht aus. Da das Verschriften aber entweder selbst erdachte Texte oder vorgegebene Wörter zum Thema hat, können nur diejenigen Kinder von Anfang an wirklich selbständig arbeiten, die in der Lage sind, sich irgendein sprachliches Produkt selbst auszudenken. Dafür wiederum ist der Zugang zur vollständigen Buchstabentabelle nötig, denn es würde auch die klügsten Schüler überfordern, müssten sie sich im Rahmen einer eingeschränkten Lautpalette etwas ausdenken.

Es ist nichts dagegen einzuwenden, dass denjenigen Kindern, die bereits sehr bald eigene Texte verschriften wollen, alle Buchstaben zur Verfügung gestellt werden. Die meisten – nicht nur die betont schwachen – Schüler müssen jedoch erst einmal mit der Abfolge von „Lautzerlegung – Buchstabenzuordnung – Aufschreiben“ so vertraut werden, dass sie diese drei Tätigkeitsformen hintereinander – sozusagen „am Stück“ und nicht scheibchenweise – selbständig anwenden können. Dabei brauchen sie Hilfe und zwar einzeln und individuell. Es muss ihnen ein Wort vorgesagt werden und sie müssen auch, wenn sie beim Verschriften Laute auslassen, zeitnah, also gleich nach dem Aufschreiben des Wortes, darauf hingewiesen werden. So bringt das Verbessern den größtmöglichen Lerneffekt.

Allerdings bitte ich die Eltern darum, falsche Versionen nicht auszuradieren, sondern nur durchzustreichen und das Kind dann das verbesserte Wort noch einmal daneben schreiben zu lassen, damit ich sehe, bei welchen Kindern gezielter Übungsbedarf besteht. Ist auch die zweite Fassung phonetisch noch nicht korrekt, dann soll nicht weiter verbessert werden. Kommt es öfter vor, dass ein Wort auch im zweiten Anlauf nicht verschriftet werden kann, muss gezielt an den Grundlagen des Lautzergliederns gearbeitet werden (s. S. 235 ff.).

Eine Gefahr des Verschriftens unter Betreuung durch die Eltern kann und muss im Vorfeld gebannt werden: Eltern haben, da sie Lernen mit den Augen des Laien betrachten und dazu auch noch während einer anderen didaktischen Ära zur Schule gegangen sind, eine andere Vorstellung von „richtig" und „falsch", ja, vom Wert des Fehlermachens überhaupt. So muss ihnen zuerst einmal erklärt werden, wie groß die geistige Leistung für Erstklässler ist, wenn sie ein Wort in phonetische Einzelteile zerlegen und für diese phonetischen Einzelteile eine optische Entsprechung anhand der Buchstabentabelle finden. Dass sie dann auch noch in der Lage sind, diese optischen Entsprechungen in der richtigen Reihenfolge auf das Papier zu bringen, verdient Anerkennung. Wer das kann, hat das Rüstzeug für das Lesen- und Schreibenlernen.

Damit auch wirklich keine Missverständnisse bleiben, was denn nun als richtig zu gelten habe, müssen einige Beispiele angeführt und anhand dieser Beispiele die Grundsätze des phonetischen Verschriftens erklärt werden. Ich gebe den Eltern auch noch immer eine Liste mit Beispielen mit, damit sie sich bei den Hausaufgaben daran erinnern, wie sehr bei einer rein phonetischen Schreibweise ein richtiges Produkt von dem abweichen darf, was wir beim orthographischen Schreiben als richtig bezeichnen.

Wort in richtiger Rechtschreibung	Beispiele, wie das Wort in phonetisch korrekter Verschriftung aufgeschrieben werden kann
Torte	Toate torrte thORte
Vogel	fOKL Vogl Fogell
Büchse	P se Bücksse PüXE
Autonummer	Aotonuma auTonumea Aothonumear

Wie wichtig es ist, wirklich konkrete Beispiele für „richtiges" Verschriften zu zeigen, sehe ich immer an der Reaktion der Eltern: Sie amüsieren sich einerseits sehr über diese unorthodoxen Wortbilder, zeigen sich aber andererseits auch verblüfft und sogar irritiert. Ich muss ihnen an diesem Elternabend wirklich ernsthaft „ins Gewissen reden“, ihren Kindern ihre Lernchance zu lassen.

Wenn nämlich Eltern neben ihren Kindern sitzen und ihnen die zu schreibenden Buchstaben ansagen, wird jeglicher Lernerfolg torpediert. Es gehört überhaupt keine geistige Leistung dazu, einzelne Buchstaben von einer Vorlage abzumalen. Das kann – volkstümlich ausgedrückt – jeder „Depp“. Ich sage das den Eltern auch genauso deutlich, denn allzu große Zurückhaltung ist hier deshalb nicht angesagt, weil die Botschaft sonst nicht mit der nötigen Eindringlichkeit ankommt. Eltern wollen leistungsstarke Kinder. Dann muss ihnen der Weg zu dieser Leistung aber auch ermöglicht werden und darf nicht durch elterlichen Übereifer verbaut werden. Ein Kind, dem die Schnürsenkel immer gebunden werden, wird das nie selber lernen. Es hat zwar täglich ordentlich gebundene Schleifen, bleibt aber unselbständig. Da ist es doch viel besser, ein Kind müht sich mit den Schnürsenkeln ab, bringt mehr schlecht als recht die ersten Male eine Schleife hin, ist aber bald unabhängig von seiner Mutter.

Eltern haben eine sehr wichtige Aufgabe als Coach, aber eines ist klar: Das Spiel machen die Kinder. Rudi Völler stürzt auch nicht auf den Rasen und übernimmt den Ball, nur weil er im Moment vielleicht mehr Überblick hat. Seine Aufgabe ist es zu vermitteln, wie man spielt.

Die Aufgabe der Eltern beim Verschriften ist es, das Wort vorzusagen und darauf zu achten, dass das Kind es deutlich nachspricht. Kann das Kind seine Aufgabe lösen, und das ist meiner Erfahrung nach fast immer der Fall, gehört es zur Aufgabe der Eltern, **es zu loben!**

Das wird oft übersehen, ist aber eines der wichtigsten „Motivationsinstrumente“, die uns zur Verfügung stehen. Kein Lob ist für das kleine Kind wichtiger und schöner als das Lob seiner Eltern. Sie sind die wichtigsten Personen im Leben eines Kindes, sie liebt es am meisten und von ihnen wünscht es sich am sehnlichsten Lob und Anerkennung!

Gelingt das phonetische Verschriften einmal nicht, dann ist auf keinen Fall Tadel oder Kritik angesagt. Hier muss sachlich und überlegt dem Kind geholfen werden, seinen Fehler selbst zu finden und zu verbessern. Wird zum Beispiel das Wort „Sonne“ falsch verschriftet als „Sne“, dann ist es geradezu schädlich, auf die Fehlerstelle zu deuten und das Kind darauf hinzuweisen: „Hier fehlt was“ oder, noch schlimmer: „Hier fehlt ein O“.

Die richtige Hilfe besteht in der Aufforderung: „Sag dir das Wort noch einmal richtig vor: Sonne." – Wenn der Fehler nicht gesehen wird: „Schau dir noch einmal genau an, was du aufgeschrieben hast!" – Wenn der Fehler immer noch nicht gesehen wird: „Einen Laut hast du ausgelassen!"

Haben die drei Hinweise nichts erbracht, kann von weiteren Maßnahmen abgesehen werden und das Kind geht eben mit einer falschen Hausaufgabe in die Schule oder die Mutter macht sich die Mühe, mit dem Kind noch einmal die Lautfolge abzuhören und für jeden Laut eine Bohne, einen Chip oder irgendeinen anderen kleinen Gegenstand auf den Tisch zu legen.

Bei Sonne wären das vier Bohnen:

● ● ● ●

Nun kann jeder Bohne ein Laut und damit ein Buchstabe zugeordnet werden. Danach werden die Buchstaben aufgeschrieben:

●●●●

S..o..n..e

Die Anlauttabelle wird erweitert

Wenn die ersten sechs Buchstaben durchgenommen sind – bei mir: A M O R T W – , das ist ungefähr Anfang November, gebe ich die **zweite Version der Buchstabentabelle** aus. Auf der Vorderseite sind nun die Buchstaben: D d K k S s E e L l G g N n U u I i F f

Auf der Rückseite steht: „Diese Buchstaben hast du gelernt:" A a M m O o R r T t W w

Die **dritte Version der Buchstabentabelle** kommt vor Weihnachten, wenn wir zehn Buchstaben gelernt haben, und zwar:

A M O R T W E L K N

Auf der Vorderseite stehen die folgenden, „offiziell" noch unbekannten Buchstaben:

D d H h S s Z z Sch sch B b G g I i U u F f

Die **letzte Version** teile ich Ende Februar aus. Die Kinder haben mittlerweile 16 Buchstaben „echt" gelernt, können aber „eigentlich" alle.

Auf der Rückseite der Tabelle stehen 20 Laute. Die 16 bereits gelernten sind schon angekreuzt. Bei den anderen wird das Kreuz eingefügt, wenn wir sie durchnehmen.

Auf der Vorderseite stehen die Buchstaben J j X x V v P p und die Doppellaute Pf pf Ei ei Au au Ch ch Eu eu.

Hier noch einmal im Überblick der Austeilungsmodus für die gesamte Lauttabelle:

Austeilen der Laut- und Buchstabentabelle in vier Schritten		
1. Tabelle	Ein Blatt mit 10 Buchstaben	Anfang Oktober
2. Tabelle	Vorderseite: 10 neue Buchstaben Rückseite: 6 bereits gelernte Buchstaben	Anfang November
3. Tabelle	Vorderseite: 10 neue Buchstaben Rückseite: 10 bereits gelernte Buchstaben	Noch vor Weihnachten oder gleich nach den Weihnachtsferien
4. Tabelle	Vorderseite: 10 neue Buchstaben und Laute Rückseite: 20 Buchstaben, davon 16 als bereits gelernt angekreuzt	Mitte Februar

Zweite Version:

Diese Buchstaben hast du gelernt:

Aa 	 Mm
 Oo	 Rr
 Tt	 Ww

Dritte Version:

Diese Buchstaben haben wir schon gelernt:

Aa 	 Mm
 Oo	 Rr
 Tt	 Ww
 Ee	 Ll
 Kk	 Nn

Das ist -fast!- der Rest

Pf pf

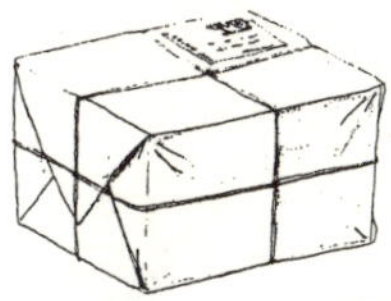

Pp

Vv

Ei ei

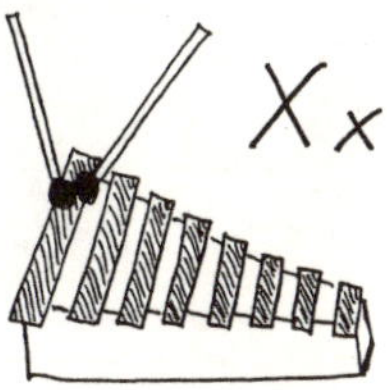

Xx

Au au

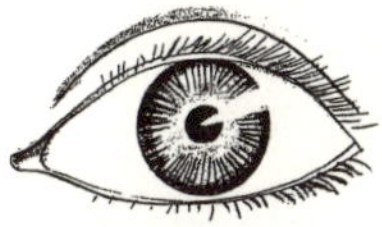

Drachen ch

Jj

Chinese Ch

Eu eu

Euter

Gekreuzte Buchstaben kennst du schon gut

Weiterführung der Übungen zum Verschriften

Von Anfang Oktober bis Ende November haben die Kinder täglich ein Wort zum Verschriften auf. Die Wörter werden schwieriger. Während die ersten Wörter noch häufig sehr einfach waren – relativ kurz und mit einer abwechselnden Folge von Vokalen und Konsonanten –, müssen zunehmend auch längere Wörter und solche mit Konsonantenhäufungen verschriftet werden, zum Beispiel Krone, Krawatte, Wiesenblume, Sandfloh.

Ab Dezember sind täglich zwei Wörter Hausaufgabe. Auch diese werden allmählich länger. Weitere Steigerungen können Sie in dem Maße vornehmen, in dem es Ihnen für Ihre Klasse passend erscheint:

Sie können kurze Sätze verschriften lassen oder auch zu einem bestimmten Wort einen Satz erfinden lassen. Sind Sie erst einmal so weit gekommen, dann werden Ihnen bestimmt genügend Möglichkeiten speziell für Ihre Klasse einfallen.

Eine Möglichkeit, von der ich immer wieder gerne Gebrauch mache, ist das Aufschreiben eines Satzes zu dem, was an dem Tag in der Schule vorgelesen worden war. Zu *Pippi Langstrumpf* konnten zum Beispiel solche Sätze frei formuliert werden:

Pippi will auch in die Schule gehen.

Pippi kommt zum Schulausflug mit.

Die Lehrerin muss sich ärgern, weil Pippi ungezogen ist.

Pippi kauft allen Kindern Süßigkeiten.

Wichtig ist die tägliche, kurze Übung. Je unbefangener Kinder etwas aufschreiben, desto lieber und leichter werden sie eigene Texte und Geschichten erfinden. Sie können sich ja dann, wenn das Schreiben keinen Stress bedeutet, voll auf das Wesentliche, die Geschichte selbst, konzentrieren.

Erste Eigentexte der Kinder

Die Kinder werden angeregt, in der freien Arbeit einen Satz aufzuschreiben zu einer Geschichte, die wir gerade lesen, zum Wetter, zu einem Sachthema oder wozu auch immer. Dieser Satz wird in das unlinierte Freiarbeitsheft geschrieben.

Die erste größere Aufgabe gehen wir nach den Weihnachtsferien an. Jedes Kind schreibt auf einem unlinierten Blatt etwas über die Ferien auf und malt ein Bild dazu. Ich schreibe den Text dann orthographisch korrekt, aber inhaltlich völlig unverändert, darunter. Die Blätter klebe ich (quer) so auf DIN-A3-Papier, dass am oberen Querrand ein Überstand geschaffen wird. Den brauchen wir, denn ich binde aus allen Blättern mit unserem Spiralbindegerät ein hübsches „Weihnachtsbuch“, das zwischen zwei tannengrüne Wellpappendeckel kommt. Also: Jedes DIN-A4-Blatt mit einem Kindertext wird auf ein DIN-A3-Blatt geklebt:

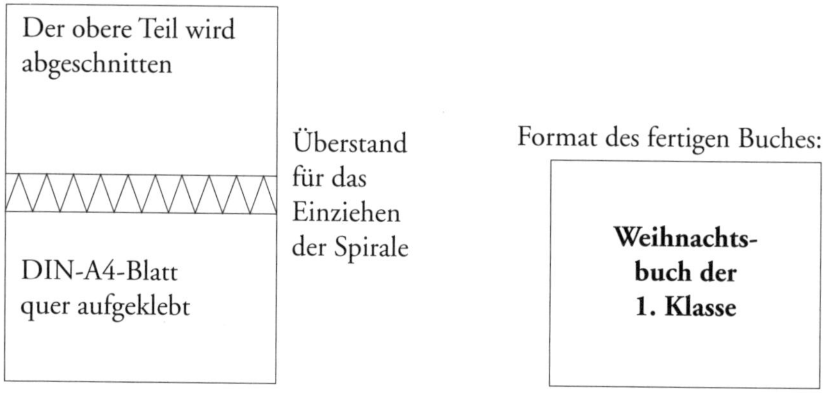

Zum Spiralbindegerät ein Tipp: Sie sollten sich sehr dafür einsetzen, dass Ihre Schule so etwas bekommt. Aber Vorsicht ist geboten: Fast alle Geräte, die auf dem Markt sind, taugen wenig oder nichts. Mit ihnen wird bereits durch das Binden eines einzigen Buches die ganze Geduld aufgebraucht und das Ergebnis ist noch dazu unbefriedigend. Dabei kostet auch ein schlechtes Gerät gar nicht so wenig: 250 Euro sind da sehr schnell ausgegeben. Für diesen Betrag kann man noch nichts wirklich Brauchbares bekommen.

Aber: Es gibt Geräte, die elektrisch betrieben werden, das heißt: Sie müssen die Löcher nicht von Hand ausstanzen. Sie legen die Blätter, das können ruhig 20–30 auf einmal sein, in die dafür vorgesehene Schiene, Knopfdruck, fertig. Dann hängen Sie den sauber gelochten Stoß in die geöffnete Spirale, schließen diese und das war's! Diese tollen Geräte kosten ca. 1500 Euro, aber das sind sie auch wert![35] Was man alles binden kann und wie motivierend das für Lehrer und Schüler ist, werden Sie erst merken, wenn Sie dieses Gerät haben. Das Bücherbinden können Sie allerdings auch vorher schon anfangen, wenn auch etwas umständlicher. Jeder Copyshop macht Spiralbindungen.

Zwei Bild- und Textbeispiele aus unserem Weihnachtsbuch finden Sie auf den Seiten 129 und 130.

Sich schriftlich artikulieren zu können bedeutet auch ein Stück Unabhängigkeit. Die Kinder, von mir dazu aufgefordert, schrieben mir in der Folgezeit öfter kleine Kommentare zu ihren Hausaufgaben. Neben einem *Fleck* auf einem Blatt stand zum Beispiel: „Dass waarnicht ich dass waar main pruda."

Als wir im Januar bei der Vorarbeit zur Fünfergliederung im Rechnen die Geschichte vom Fünferräuber gehört hatten, machte allen Kindern die Jagd auf Fünfer sehr viel Spaß. Miriam war von der Figur des Räubers, den ich als gefräßig und ungeheuer gierig auf alle Fünfer dargestellt hatte, so beeindruckt, dass sie es sich offensichtlich nicht verkneifen konnte, ihren ganz persönlichen Kommentar zu dieser Figur abzugeben. Sie schrieb an den Rand eines Rechenblattes mit Fünferräuberaufgaben: „dea 5roiba ist ain saukeal" (übersetzt: Der Fünferräuber ist ein Saukerl)!

Eine Kollegin, die in diesem Schuljahr in ihrer 1. Klasse zum ersten Mal mit Verschriften und freiem Schreiben gearbeitet hat, schickte mir im Advent begeistert eine Textprobe aus ihrer Klasse. Eine Schülerin hatte diese über den Adventskranz geschrieben. (Vgl. Abbildung Seite 131)

Phonetisch verschriftete Texte sind auch für geübte Leser nicht beim bloßen Hinschauen sofort entzifferbar, nein, sie verlangen vom Leser schon ein wenig

Anstrengung: Er muss sich nämlich genau wie vorher der Schreiber den Text erst einmal sorgfältig und systematisch – laut oder leise – vorsagen, damit er über das Hörbild die Bedeutung erfassen kann. Für ungeübte Entzifferer hier die orthographisch korrekte Übersetzung von Monas nebenstehender Geschichte:

> Ein Weihnachtskranz ist schon was besonders Schönes.
>
> So war es früher:
>
> Es hatte nämlich so was noch nicht gegeben.
>
> So war das damals.

Vom phonetischen Verschriften zum orthographischen Schreiben

Früher galt die Devise: „Kinder sollen nur ja nichts falsch schreiben, sonst prägen sich Fehler ein." Dieser Forderung liegt die Annahme zu Grunde, die Schreibweise von Wörtern werde nur über das Sehen im Langzeitgedächtnis gespeichert. Da bei einer orthographisch falschen Schreibweise zwangsläufig „falsche" Wortbilder gesehen werden, könnte man durchaus meinen, das sei vielleicht „schädlich". Nun ist es zwar eine Möglichkeit, sich die Schreibweise von Wörtern über das Wortbild einzuprägen, aber dieses Einprägen erfolgt

Einweinachz Mona
Krans ist schonWas
Bisondas schönes
Sowaes Frua
es Hate
Nemich sowas.
Noch
Nicht Gegeben
soWadas
Damals

nicht automatisch immer dann, wenn wir ein Wort sehen. Es gehört vielmehr aktives Bemühen dazu. Außerdem ist das Speichern einer Wortschreibweise über den visuellen Kanal nur eine Möglichkeit von mehreren.

Heute gilt es in der Fachliteratur als unbestritten, dass zunächst „wildes" Verschriften, also das nur phonetisch korrekte Schreiben von Wörtern in „Privatschreibweise" erfolgen soll, damit daraus Rechtschreibkompetenz erwachsen kann.[36] Gudrun Spitta geht davon aus, dass der Erwerb von Rechtschreibkompetenz mit dem Erwerb von Muttersprach-Kompetenz verglichen werden kann. Das Kleinkind wird ja auch nicht davor bewahrt, „falsch" zu sprechen, damit es sich nur ja keine Fehler einprägt. Im Gegenteil: Von den ersten Sprechversuchen ist jeder entzückt, lobt das Kind und sagt ihm, wie klug es doch sei. Das wiederum stellt die Motivation dar, mit den Kommunikationsversuchen fortzufahren und so langsam Sprachkompetenz zu erwerben. Der Weg führt vom „Verlauten" zum Sprechen und vom Verschriften zum Schreiben.

Jedes Mal, wenn sich das Kind bemüht, einen gedachten Text zu Papier zu bringen, muss es die dazu benötigten Wörter in seinem Inneren konstruieren. Es muss sie so lange immer wieder neu erschaffen, bis es einen Vorrat an Schreibweisen gesammelt hat, aus dem es sich bedienen kann. Dieser Vorrat ist natürlich zunächst sehr begrenzt. Die in ihm gespeicherten Wörter müssen auch keineswegs schon orthographisch richtig sein. Durch das häufig wiederholte aktive Konstruieren der Wörter ist das Kind jedoch aufnahmefähiger für die Tatsache geworden, dass ein Wort auf verschiedene Weisen geschrieben werden kann. Das Verschriften fördert das Rechtschreibbewusstsein und das kommt dem Kind auf der nächsten Stufe des Schriftspracherwerbs zugute. Phonetisches „wildes" Verschriften ist also nicht nur in keiner Weise schädlich, sondern ein unerlässlicher erster Schritt auf dem Weg zum Erwerb einer orthographisch korrekten Schreibweise.

Die Freiarbeitszeit – ein Dorado der Übungsmöglichkeiten

Eigene Anstrengung ist unerlässlich, wenn gelernt werden soll. Ich lege großen Wert darauf, dass die Kinder sich bereits in den ersten Schultagen daran gewöhnen, sich selbst Arbeitsmaterial zu holen und dieses auch selbständig zu bearbeiten, ohne dass ihnen immer erst gesagt werden muss, was denn nun getan werden solle. Im Folgenden wird über den Teil des Freiarbeitsangebotes gesprochen, der sich mit dem Lesen befasst. Was hier aber an Grundsätzlichem aufgeführt wird, lässt sich auf alle Lernbereiche übertragen.

Kinder müssen unbedingt lernen, sich selbst für ihren Lernprozess verantwortlich zu fühlen. Getreu meinem Grundsatz, dass es besser ist, zum Lernen zu verlocken als Arbeit anzuordnen, lege ich auf einer gesonderten Schulbank vom zweiten Schultag an besonders motivierende Arbeitsblätter aus. Ohne große Erklärungen soll gleich mit sinnvoller Arbeit begonnen werden. Deshalb müssen die Blätter nicht nur verlockend aussehen. Der entsprechende Arbeitsauftrag muss auch leicht verständlich sein.

Um die grundlegenden Arbeitsweisen erst einmal einzuüben, warte ich mit gezielten Leseübungen noch und lege in den ersten beiden Schulwochen hauptsächlich Mal- und Schreibblätter aus. Unser Lernziel für die freie Arbeit heißt vorläufig nur: Wir lernen, uns selbständig etwas auszusuchen und es dann alleine und ruhig zu bearbeiten. Besonders empfehlen kann ich für diesen Zweck das Marburger graphomotorische Training und einfache Schreibblätter mit Druckbuchstaben.[37]

Beispiel für ein Schreibblatt, bei dem die Zeilen zu Ende geschrieben werden sollen

Nach und nach biete ich auf der Freiarbeitsbank dann auch Leseblätter an. Es handelt sich aber wohlgemerkt immer um ein Angebot, das heißt, jeder entscheidet selbst, womit er sich beschäftigen möchte. Wenn die Kinder morgens in die Klasse kommen, dürfen sie sich also eines der bereitliegenden Blätter aussuchen und bearbeiten. So wird es für sie schon von Anfang an völlig selbstverständlich, sich selbständig Arbeit zu holen. Gerade die Einführung der Freiarbeit gleich vom zweiten Schultag an und so ganz nebenbei ist so wirkungsvoll, wie es später – wenn sich erst einmal andere Verhaltensweisen eingeschliffen haben – kaum noch möglich ist.

Das hat mir erst kürzlich eine ehemalige Kollegin bestätigt, die bisher eine 3. und 4. Klasse geführt hatte und in diesem Schuljahr zum ersten Mal eine 1. Klasse bekam. Sie hatte bei mir gesehen, wie problemlos Freiarbeit zu einem selbstverständlichen Bestandteil des Unterrichts wurde und wie das einfach „klappte". Nun machte sie es genauso und begann gleich am zweiten Schultag damit. Auch wenn sie es bei mir gesehen hatte, war sie dennoch – als sie es selbst erlebte – überrascht, *wie einfach* das ging, hatte sie doch in ihrer 3. Klasse immer monatelang und unter großem Einsatz, mit viel Mühe, darauf hingearbeitet, alle Schüler dazu zu bewegen, von selbst etwas zu tun, ohne dass jede Kleinigkeit „angeschafft“ werden musste. Und bei aller Mühe musste sie feststellen: Es gab eine Reihe „arbeitsresistente“ Schüler, bei denen es in der 3. Klasse einfach schon zu spät war, ihnen noch sinnvolle Arbeitsweisen beizubringen. Diese drückten sich vor jeder Anstrengung, machten nur das, was ihnen aufgetragen war, und beschränkten sich auch hierbei auf das Allernötigste.

In der 1. Klasse geht das Einführen der Freiarbeit wesentlich leichter. Worauf allerdings von Anfang an streng zu achten ist: Es muss genau der Rahmen abgesteckt werden, innerhalb dessen gearbeitet wird. Wer das versäumt, sieht sich in der Freiarbeitsphase plötzlich mit einer undisziplinierten Horde konfrontiert, in der unter gehöriger Lärmentwicklung nur noch nebenbei gearbeitet wird. Das ist dann freies Toben, hat aber mit Arbeit nur noch wenig zu tun.

Überlegen Sie sich also vorher, wie Sie den Rahmen haben wollen. Bei mir gelten folgende Regeln:

- Zunächst arbeitet jedes Kind für sich allein. Partnerarbeit kommt erst später, wenn die grundlegenden Verhaltensweisen zuverlässig beherrscht werden.
- Bei der Arbeit ist es ruhig. Muss kurz einmal etwas gesprochen werden, so wird nur geflüstert. Dauerunterhaltungen sind nicht erlaubt.
- Jeder darf sich im Klassenzimmer frei bewegen. Die Kinder gehen (und rennen nicht) und achten dabei auf andere: Sie sind ruhig, treten nicht auf das Material, das am Boden ausgebreitet ist, rempeln niemanden an usw.
- Wird von einem Stoß ein Blatt genommen, so muss der Rest der Blätter ordentlich liegen bleiben. Wird der Reststapel versehentlich verrutscht oder durcheinander gebracht, muss er sofort wieder geordnet werden.
- Nach der freien Arbeit wird das Dauermaterial (ABC-Puzzle, Memory, Klötze, Stempel usw.) wieder ordentlich an seinen Platz geräumt.
- Fertige und bereits von mir abgezeichnete Blätter kommen in den Freiarbeits-Schnellhefter. Angefangene und noch nicht abgezeichnete Blätter werden an jeder Sitzgruppe gesammelt und vom Einsammler zu mir gebracht.
- Wer mit dem Aufräumen der Freiarbeit fertig ist und noch auf die anderen warten muss, liest leise in seinem Buch, das er unter der Bank hat.

Ich werde bei Vorträgen oft gefragt, ob „das alles“ denn nicht ungeheuer arbeitsaufwändig und organisatorisch schwierig sei. Andererseits beklagen sich viele Kollegen über Disziplinprobleme. Ich weiß aus eigener Anschauung, dass in vielen – eigentlich den meisten – Klassen vor Beginn des Unterrichts bis zum Läuten herumgetobt wird und es den Lehrern dann natürlich schwer fällt, erst einmal alle zur Ruhe zu bringen. Wenn ich nun daran denke, um wie viel angenehmer das Arbeiten in einer ruhigen, ausgeglichenen Atmosphäre ist, wie sie sich bei „Vollbeschäftigung" aller Kinder sehr schnell einstellt, so meine ich, dass auch ein größerer Arbeitsaufwand als der tatsächlich erforderliche sich dafür lohnen würde.

Wie groß aber ist der erforderliche Aufwand nun tatsächlich? Ich finde ihn durchaus erträglich. Sicher müssen Sie sich nach geeigneten Materialien umsehen, Blätter schreiben und kopieren, Kataloge studieren und einige Bücher lesen.

Aber erstens gibt es mittlerweile viele fertige Kopiervorlagen und zweitens muss ja Rom nicht an einem Tage erbaut werden. Wenn Sie erst einmal „Blut geleckt" haben, werden Sie ohnehin nie mehr so arbeiten wollen wie früher. Das kann ich nicht nur aus eigenem Erleben behaupten. Ich beziehe mich hier vielmehr auf die Rückmeldungen von Kolleginnen, die ich mit dem Virus des „alternativen" Lesenlernens bereits angesteckt habe und auch auf zahlreiche Leserbriefe. Mir wird immer wieder bestätigt, mit wie wenig Mühe und Plackerei das Lesenlernen nach meiner Methode möglich sei. „Wenig Mühe und Plackerei" darf aber nicht verstanden werden als: ohne Arbeit. Das habe ich hoffentlich bereits unmissverständlich klar gemacht.

Freie Arbeit kann also vom zweiten Schultag an eingeführt und nach und nach ausgebaut werden. In den ersten Wochen gibt es Mal- und Schreibblätter, später auch Leseblätter. Den Kindern steht auch die *Simile-Serie* aus dem Verlag Jugend und Volk in Wien zur Verfügung.[38] Die *Simile-Serie* ist ein Spiel, bei dem auf einer Spielvorlage mit zwölf nur minimal unterschiedlichen Bildern jedem eine Karte mit genau dem gleichen Bild zugeordnet werden muss.

Nach ungefähr sechs Schulwochen – der genaue Zeitpunkt richtet sich nach der jeweiligen Klasse – lege ich nur noch Schreib- und Leseblätter aus. Die Leseblätter gehören zu einem Lesekurs, den ich im nächsten Abschnitt ausführlich beschreibe.

Und nach dem ersten Schuljahresdrittel – bei uns in Bayern ist das nach den Weihnachtsferien – führe ich „richtige" Freiarbeitsphasen ein, in denen gelesen, gerechnet oder geschrieben wird. Außer dem Lesekurs gibt es dann auch noch Lesepuzzles und MiniLük-Lesehefte.

Der Lesekurs

Er wird zusätzlich zu Leseblättern, die von allen im gemeinsamen Unterricht bearbeitet werden, in der Freiarbeit angeboten. Er besteht bei mir aus 90 nummerierten Blättern mit steigendem Schwierigkeitsgrad. Das Besondere an den Blättern des Lesekurses ist, dass sie ohne weitere Erklärungen wirklich selbständig bearbeitet werden können. Es wird vielleicht am Anfang noch Kinder geben, die fragen, was zu tun sei. Aber sehr schnell haben alle verstanden, dass zuerst die Arbeitsanweisung, die immer ganz oben steht, gelesen werden muss und dass es danach möglich ist, das Blatt alleine zu bearbeiten. Die Arbeitsaufträge, die dort gestellt werden, lassen sich zu einigen wenigen, überschaubaren Kategorien zusammenfassen. Ich nenne alle Kategorien erst einmal im Überblick. Anschließend gibt es zu jeder eines oder mehrere konkrete Beispiele, so dass Sie allein damit schon über insgesamt 20 Arbeitsblätter verfügen.

Kategorien von Arbeitsaufträgen:

- Welches Wort passt zum Bild?
- Welcher Satz passt zum Bild?
- Zu einem Wort wird das passende Bild gemalt
- Zu einer Wortgruppe wird das passende Bild gemalt
- Zu einem Satz wird das passende Bild gemalt
- Stimmt das? Schreibe ja oder nein!
- Angefangene Bilder werden fertig gemalt
- Streiche die falschen Sätze durch!
- Beantworte Fragen zu der Geschichte!
- Lies! Male die Bilder fertig! Wie geht die Geschichte aus?
- Lies! Male alles, was in der Geschichte steht!

- Welches Wort passt zum Bild?

Neben einem Bild stehen jeweils drei Wörter, nur eines davon passt zum Bild. Es soll angekreuzt werden. Gleiche Anfangsbuchstaben aller Multiple-Choice-Wörter erschweren das bloße Raten. Gegenstände, die sich gut für solche Arbeitsblätter zum Abbilden eignen: Apfel, Birne, Banane, Ananas, Baum, Blume, Rose, Haus, Stuhl, Tisch, Bett, Lampe, Schrank, Teppich, Türe, Fenster, Dach, Schornstein, Ampel, Auto, Rad, Roller, Ball, Buch, Stift, Tafel, Katze, Hund, Maus, Wurm, Lamm, Schaf, Pferd, Kuh. (Vgl. Abbildung S. 138)

Welches Wort paßt zum Bild? Kreuze an! ⊗

 ○ Esel ○ Ente ○ Emil	 ○ Lampe ○ Laterne ○ Ampel	 ○ Tasse ○ Tasche ○ Tante
 ○ Wolle ○ Welle ○ Wolke	 ○ Kasten ○ Katze ○ Karte	 ○ Sattel ○ Soße ○ Sonne
 ○ Bart ○ Balken ○ Ball	 ○ Leiter ○ Leim ○ Leinen	 ○ Vase ○ Vater ○ Vogel

- Welcher Satz passt zum Bild?

Das ist eine Variation der oben angeführten Übung. Hier soll von drei Sätzen der richtige angekreuzt werden. Die einfachere Möglichkeit bezieht sich wieder nur auf dargestellte Gegenstände:

Das ist eine Schale.

Das ist eine Schule.

Das ist eine Schere.

Nach dem gleichen Muster kann auch der zu einer Handlung passende Satz angekreuzt werden:

Otto klettert auf die Leiter.

Otto trägt die Leiter zum Baum.

Otto holt die Leiter aus dem Auto.

Die Vase steht auf dem Schrank.

Die Vase steht neben dem Schrank.

Die Vase steht unter dem Schrank.

Die Katze sitzt auf dem Baum.

Die Katze springt vom Baum.

Die Katze klettert auf den Baum.

Opa fährt mit dem Auto.

Opa wäscht das Auto.

Opa repariert das Auto.

- Zu einem Wort wird das passende Bild gemalt

Auf einem Blatt sind verschiedene leere Felder, Bilderrahmen, Zettel usw. zu sehen. Unter jedem steht ein Wort, zum Beispiel Tiger, Ball, Leiter, Brille, Roller usw. Dazu wird nun das passende Bild gemalt.

- Zu einer Wortgruppe wird das passende Bild gemalt

Das ist wieder die Abwandlung der vorigen Übung. Hier wird das Substantiv durch ein Adjektiv und den Artikel ergänzt, also: ein roter Apfel, ein blauer Ball, ein dicker Mann usw.

- Zu einem Satz wird das passende Bild gemalt

Nach dem gleichen Prinzip können auch kompliziertere Bilder gemalt werden:

Rudi fährt mit dem Roller.	Rudi fährt mit dem Auto.
Rudi fährt mit dem Fahrrad.	Rudi fährt mit dem Bus.

Der Schwierigkeitsgrad lässt sich weiter steigern:

Ich gehe in den Wald. Da gibt es viele Pilze.

Ich sehe einen roten Vogel.

Er sitzt auf einem Baum.

Der nächste Schwierigkeitsgrad:

Ein Blatt wird in vier Felder geteilt. In jedem Feld steht ein Satz. Die vier Sätze ergeben eine kleine Geschichte. Zu jedem Satz wird in das passende Feld gemalt. Möglichkeiten hierfür:

1. Bild: Ich gehe in den Wald.
2. Bild: Dort sehe ich einen Hasen.
3. Bild: Der Hase macht ein Männchen.
4. Bild: Dann läuft er weg.

1. Bild: Rudi und Otto fahren mit dem Roller.
2. Bild: Da fängt es an zu regnen.
3. Bild: Rudi und Otto gehen ins Haus.
4. Bild: Drinnen spielen sie mit der Eisenbahn.

1. Bild: Susi spielt mit ihrer Puppe.
2. Bild: Da kommt Oma.
3. Bild: Susi und Oma gehen in die Stadt.
4. Bild: Susi bekommt ein Eis.

- Stimmt das? Schreibe ja oder nein!

  Ich bin ein Junge. ....

  Ich bin ein Mädchen. ....

  Ich habe blonde Haare. ....

  Ich habe einen Hund. ....

  Ich habe eine Katze. ....

  Ich fahre gerne mit dem Rad. ....

  Eine Katze kann bellen. ....

  Ein Fisch kann fliegen. ....

  Eine Katze kann auf Bäume klettern. ....

  Ein Vogel kann fliegen. ....

  Ein Schaf hat Federn. ....

  Ein Elefant ist groß und grau. ....

  Ein Auto braucht Benzin. ....

  Das Auto hat zwei Räder. ....

  Das Auto hat ein Lenkrad. ....

  Ein Auto kann fliegen. ....

  In einem Auto ist es nass. ....

  Ein Auto hat einen Motor. ....

- Angefangene Bilder werden fertig gemalt

Auf einem Blatt ist ein angefangenes Bild zu sehen, zum Beispiel ein Haus. Nun geht es darum, das Bild nach Anweisung fertig zu stellen. Bei einem Haus könnte der Lesetext heißen:

> **Male das Haus fertig.**
>
> Das ist ein Haus. Male ein Dach auf das Haus.
>
> Das Haus hat vier Fenster. Die Haustür ist rot.
>
> Das Haus hat einen Schornstein. Aus dem Schornstein kommt Rauch. Aus einem Fenster schaut ein Kind heraus.

- Streiche die falschen Sätze durch!

Bei dieser Aufgabenart stehen unter einem kurzen Erzähltext Aussagen zum Text. Davon sind einige richtig, einige falsch. Die falschen sollen durchgestrichen werden.

Silke feiert mit ihren Freundinnen Fasching.
Sie ist als Prinzessin verkleidet.
Ihre Freundinnen sind auch verkleidet.
Alle trinken Saft und essen Kuchen.
Sie sind sehr lustig.

Streiche die falschen Sätze durch:

Die Geschichte erzählt von Susi.
Die Geschichte erzählt von Silke.
Silke feiert mit ihren Freundinnen ein Grillfest.
Silke feiert mit ihren Freundinnen Fasching.
Alle essen Kuchen.
Alle essen Würstchen.

- Eine weitere Variante dieser Aufgabenkategorie

Mein Freund Rudi.
Rudi ist mein bester Freund.
Er hat einen großen schwarzen Hund.
Der Hund heißt Teddy.
Er kann durch einen Reifen springen.

Lies! Streiche durch, was falsch ist!

Die Geschichte erzählt von

Rudi
Otto

Rudi hat einen

schwarzen Hund
braunen Hund

Der Hund springt durch

einen Reifen
ein Fenster

- Beantworte Fragen zu der Geschichte!

Ein schöner Tag
Der Vater sagt zu Erik:
„Heute gehen wir beide zum Schwimmen.
Wir gehen an den Fluss."
„Fein!", ruft Erik. „Im Fluss schwimme ich am liebsten!"

Wer geht mit Erik zum Schwimmen? ....
Wo schwimmt Erik am liebsten? ....
Wo schwimmst du am liebsten? ....

- Lies! Male die Bilder fertig! Wie geht die Geschichte aus?

Hier sind auf einem Arbeitsblatt mehrere Bilder, unter denen je ein Satz steht. Die Bilder sollen nun so vervollständigt werden, dass sie zum Satz passen. Der letzte Bilderrahmen ist leer und ohne Text. Da soll sich jeder ausdenken, wie die Geschichte ausgeht.

Tom und Emil spielen Fußball.	Der Ball fliegt über den Zaun.
Er fliegt in das Blumenbeet. Drei Blumen werden geknickt.	

- Lies! Male alles, was in der Geschichte steht!

Auf einem Bauernhof lebt eine Katzenfamilie: Mama und drei Kinder.
Die Katzenmama bringt gerade eine Maus nach Hause.
Zwei junge schwarz-weiße Katzen spielen mit einem roten Ball.
Eine kleine graue Katze liegt auf der Bank vor dem Haus in der Sonne.
Ein frecher Spatz sitzt neben ihr.

- MiniLük-Lesehefte

Der MiniLük-Kasten und die Hefte sind mittlerweile so bekannt, dass ich sie hier nicht näher beschrciben muss. Sie sind nicht nur im Lehrmittelversand, sondern auch in vielen Spiel- und Schreibwarengeschäften erhältlich.

Obwohl die Arbeit mit dem MiniLük-Kasten in manchen Büchern und Aufsätzen als zu eintönig und mechanisch dargestellt wird (wohlgemerkt: von den Erwachsenen!), macht sie den Kindern Spaß. Das Hantieren mit den Plättchen und das anschließende Umdrehen und Kontrollieren, ob das Muster richtig ist, werden als lustvoll erlebt. Deshalb gehören MiniLük-Kästen und Lese- und Rechenhefte hierzu zu meinem festen Freiarbeitsrepertoire.

- Lesepuzzles

Lesepuzzles kann man leicht selbst herstellen, nach den Vorlagen von Heiner Müller. (*Bergedorfer Kopiervorlagen*, Band 19: Heiner Müller, *Lesepuzzles und Lesedominos*, Horneburg/Niederelbe: Verlag Sigrid Persen) Ein Bild wird in gleichgroße Puzzleteile zerschnitten, von dem jedes auf der Vorderseite eine Nummer trägt. Wie aus der Abbildung (S. 145) ersichtlich ist, gibt es eine Kopiervorlage, die zeigt, wie das fertige Puzzle aussieht.

Daneben gibt es die Grundplatte, auf der die Arbeitsaufträge stehen. Die verschiedenen Antworten haben verschiedene Nummern. Der Schüler entscheidet sich für eine Antwort und legt das Puzzleteil mit der richtigen Nummer auf das entsprechende Aufgabenfeld auf der Grundplatte. So entsteht nach und nach das richtige Bild.

Ein paar praktische Tipps zur Herstellung von Puzzles: Die Kopien werden am besten mit einer starken Folie laminiert und auf der Rückseite mit wasserfesten Folienstiften beschriftet: Die Grundplatte mit Lpu 1 (Lesepuzzle 1) hat lauter zugehörige Puzzleteile, die alle mit einer 1 nummeriert sind.

Werden die einzelnen Teile nicht nummeriert, so gibt es über kurz oder lang ein schreckliches Durcheinander, wenn Puzzleteile zu Boden fallen oder wenn Banknachbarn ihre Teile vermischen.

Seite 28

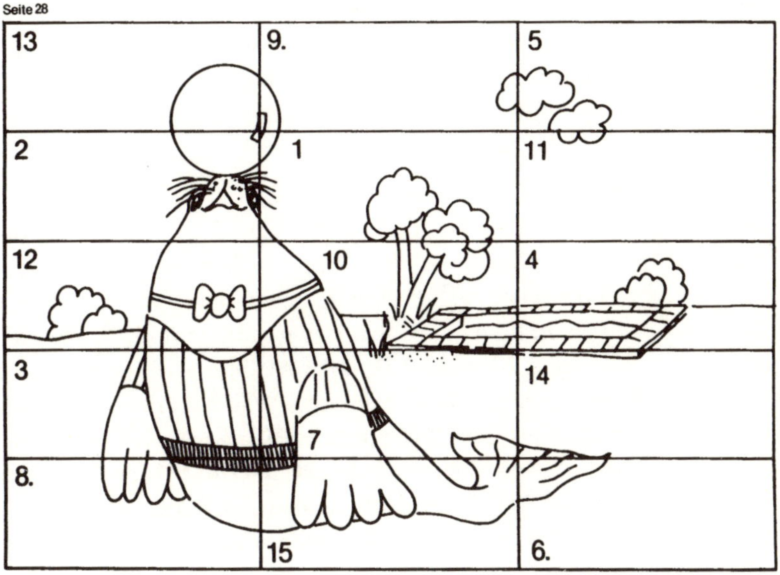

Die Puzzleteile bündle ich immer mit einem Gummi, auch das hat sich bestens bewährt. Grundplatte und gebündelte Teile bewahre ich in einer DIN-A5-Prospekthülle auf.

Noch etwas zur Organisation der Freiarbeit

Es ist mein Anliegen, Ihnen in diesem Buch nicht nur einen theoretischen Hintergrund darzustellen, sondern auch die praktischen Konsequenzen, die sich daraus für die tägliche Arbeit ergeben, so genau zu beschreiben, dass Sie alles, was Sie lesen, auch gleich in die Tat umsetzen können. Deshalb genügt es auch nicht, Ihnen nur die Vorteile der Freiarbeit zu schildern und Ihnen Appetit darauf zu machen. Es muss unbedingt auch darauf hingewiesen werden, wie wichtig *gerade in diesem Bereich* eine durchdachte Organisation ist.

Es nützt wenig, wenn wir uns einerseits darum bemühen, Schule „anders", offener, individueller, besser zu gestalten und vielleicht andererseits dabei vergessen, dass gerade offene Unterrichtsformen eine besonders sorgfältig geplante Struktur benötigen. Die bei mir geltenden Verhaltensregeln für freie Arbeit habe ich bereits aufgezählt.

Ein weiteres Problemfeld tut sich für den Lehrer auf mit der Frage: „Wie weiß ich denn, dass meine Schüler in dieser Zeit wirklich arbeiten?" – Der Laie ist hier sicher versucht zu sagen: „Aber das sieht man doch!" – „Weit gefehlt, lieber Watson!", würde Sherlock Holmes antworten. „Es kann sehr wohl sein, dass der Schein trügt. Wir müssen unseren ganzen Scharfsinn aufbieten, der Sache auf die Spur zu kommen!" Sherlock Holmes hätte natürlich Recht. Kinder, die sich vor unbequemer Arbeit drücken wollen, haben ausgefeilte Strategien, so zu tun, als ob.

Um diese Gefahr zu bannen, wird in vielen Klassen Freiarbeit mit einem verpflichtenden Wochenplan verbunden. Das habe ich vor vielen Jahren einmal ausprobiert und fand es entsetzlich: Erstens blieb von freier Arbeit nicht mehr viel übrig und zweitens gab es eine Reihe von Kindern, die ihr Wochenpensum nicht schafften. Nun hat es aber wenig Sinn, ein verpflichtendes Pensum festzusetzen, wenn hinterher die Nichterfüllung ohne Konsequenzen bleibt. Jedes Wochenende nahm ich mir einen Wäschekorb voller Freiarbeitshefte mit nach Hause und jedes Wochenende musste ich mich bei der Korrektur ärgern. Am Montag bekamen dann die „Nichterfüller" den Rest ihres Pensums als Hausaufgabe, was sicher nicht motivationsfördernd war. Kurz: Ich schaffte dieses Procedere nach einigen Monaten wieder ab, weil ich es als kontraproduktiv empfand.

Einige Grundsätze haben sich bei mir dauerhaft bewährt und gelten also auch jetzt noch:

1. Freie Arbeit heißt: Rechnen, Lesen, Schreiben. Zu den Leseaufgaben wird natürlich, besonders in der 1. Klasse, öfter gemalt. Aber Malen „nur so" gibt es in der freien Arbeit nicht.
2. Jedes Kind soll im Lauf einer Woche alle Arten von Aufgaben erledigen, möglichst ausgewogen.
3. Wenn jedoch ein Kind in einem Bereich einen besonderen Übungs- oder Nachholbedarf hat, soll es diesen natürlich bevorzugt bearbeiten.
4. Damit ich einen Überblick über die Verteilung der Arbeiten habe, wird ein Pensenbuch geführt.
5. Fortlaufend nummerierte Arbeitsblätter, wie zum Beispiel der Lesekurs und im Rechnen ein gezieltes Rechentraining, werden auf einer Übersicht angekreuzt, wenn sie erledigt wurden. Das soll doppeltes Bearbeiten ein- und desselben Blattes verhindern.
6. Solange die Kinder noch kein Pensenbuch führen, werden alle erledigten Blätter nach der Korrektur durch mich in einen Freiarbeits-Schnellhefter eingeheftet, den ich einmal pro Woche durchsehe, um nach doppelt erledigten Blättern zu „fahnden". Finde ich welche, weise ich das Kind darauf hin, dass es alle Blätter nur einmal bearbeiten soll.
7. Ich kontrolliere täglich die erledigten Arbeiten.
8. Übt ein Kind zu einseitig, bekommt es von mir „verordnet", was es am nächsten Tag machen soll.
9. Brauchen Kinder eine gezielte und längerfristige Übung in einem Bereich, stelle ich ein kleines Übungsprogramm auf. Dann wird jeden Tag zu Beginn der freien Arbeit eine Viertelstunde an diesem Programm gearbeitet. Wird in dieser Zeit zu wenig erledigt, kann es auch sein, dass die ganze Freiarbeitszeit für dieses Programm „draufgeht".

Von den angeführten Punkten bedürfen einige einer näheren Erläuterung:

Das Pensenbuch schafft Überblick

Seit acht Jahren verwende ich folgenden Modus für den Eintrag in unser Pensenbuch, das wir in der Klasse „Buntes Freiarbeitsheft" nennen. Es ist ein DIN-A4-Heft mit Viertklass-Lineatur. Den Umschlag gestalten die Kinder selbst, daher „buntes Heft". Jedes Kind hat ein DIN-A3-Blatt in der Mitte gefaltet und dann Vorder- und Rückseite mit Ornamenten oder Bildern geschmückt. Dieses Blatt kommt in einen durchsichtigen Heftumschlag und der wiederum über das Heft. Auf den Umschlag klebe ich ein Etikett mit dem Namen. In der 1. Klasse wird dieses bunte Heft erst nach Weihnachten eingeführt, manchmal auch erst nach dem Halbjahreszeugnis. Das ist nicht in jedem Turnus genau gleich.

Im Heft ist je eine Doppelseite für eine Woche vorgesehen. Die Wochen werden durchnummeriert und mit dem Datum versehen. Für jeden Wochentag wird eingetragen, was erledigt wurde.

Um schnell einen Überblick über die Verteilung der Lese-, Schreib- und Rechenaufgaben zu haben, werden alle Leseaufgaben mit einem roten Punkt gekennzeichnet, alle Rechenaufgaben mit einem blauen Punkt und alle Schreibaufgaben mit einem grünen Punkt.

Nehmen wir an, im Jahre 2003 wäre die Woche vom 10. bis 14. Februar die erste Woche, in der dieses bunte Heft geführt wird, dann könnte ein perfekter Wocheneintrag so aussehen (wobei es sicher nur bei sehr wenigen Kindern gleich in der ersten Woche perfekte Einträge geben wird!):

Woche vom 10. 2. bis 14. 2. 2003	
Montag • Lk 32 • Rbl 12 angef. **Dienstag** • Rbl 12 fertig • MiniLük L 2 **Mittwoch** • Schk 5 • Nikitin 1	**Donnerstag** • Schk 6 • Nikitin. • Gesch. **Freitag** • Lk 33 • Rbl 13 angef.

Rote Punkte haben: Lk (= Lesekurs) und MiniLük L2 (= MiniLük-Leseheft 2)

Blaue Punkte haben: Rbl (= Rechenblatt) und Nikitin (= Rechenmaterial zum Legen)

Grüne Punkte haben: Schk (= Schreibkarte zum Üben einzelner Buchstaben und Wörter) und Gesch (= freies Schreiben einer Geschichte)

Das bunte Heft wird, zusammen mit allen erledigten Arbeiten, die auf einem Blatt oder in einem Heft stehen, täglich eingesammelt. Dabei dient das bunte Heft als Umschlag, in den die Arbeiten eingelegt werden. Der Grupppeneinsammler bringt am Ende der Freiarbeitszeit den bunten Heftestoß zu mir. Ich kontrolliere: Wurde richtig eingetragen, stimmen Eintrag und abgegebene Arbeit überein? Ist alles in Ordnung, hake ich den Eintrag dieses Tages ab. Gibt es etwas zu vermerken, schreibe ich das hin. Die Kinder sollen jeden Tag, bevor sie mit der freien Arbeit beginnen, in das bunte Heft schauen, ob es für diesen Tag etwas zu beachten gibt. Merke ich, dass ein Kind das nicht tut, behalte ich am folgenden Tag nach der Korrektur das bunte Heft bei mir auf dem Pult. Das Kind muss es am nächsten Tag bei mir abholen und ich bespreche mit ihm, was es beachten soll.

Übersicht über fortlaufend nummerierte Arbeitsblätter

Die Blätter des Lesekurses gehen von 1 bis 90, der Rechenkurs, den ich für die 1. Klasse zusammengestellt habe, umfasst 70 Blätter.

Auf die erste Seite des bunten Heftes werden zwei Übersichtsblätter mit allen Aufgabennummern geklebt. Was erledigt wurde, wird durchgekreuzt.

Es müssen nicht alle Kinder alle Blätter dieser beiden Kurse bearbeiten. Das Ankreuzen in der Übersicht soll primär verhindern, dass doppelt gearbeitet wird, weil das Kind auf einen Blick sieht, was bereits erledigt wurde.

Die Übersicht zeigt aber auch, ob ein Kind gar nichts oder nur sehr wenig gemacht hat. Besteht ein konkreter Übungsbedarf, dann „verordne“ ich dem jeweiligen Kind bestimmte Blätter. Ich schreibe dann ins bunte Heft, was es machen soll.

Ausschnitt aus der Übersicht über die Lesekursblätter:

Lesekurs Lk									
1	2	3	4	5	6	7	8	9	10
11	12	13	14	15	16	17	18	19	20
21	22	23	24	25	26	27	28	29	30

Arbeitsblätter und Erzähltexte für die tägliche Übung

Arbeitsblätter

Neben dem täglichen Verschriften, der Buchstabenjagd, der Arbeit an unseren Versen, den Wörterlisten und den Wortkarten gibt es im gemeinsamen Unterricht natürlich auch verschiedene Übungsblätter, die ich je nach Bedarf entwerfe. Anregungen dazu finden sich in allen gängigen Arbeitsheften und Lehrerhandbüchern. Ich nenne hier meine wichtigsten Übungsmöglichkeiten im Überblick und führe exemplarisch je ein Beispiel an.

Erkennen von Wörtern oder Buchstaben

... aus einer vorgegebenen Menge ähnlicher Wörter oder Buchstaben (eine Übung für die ersten Wochen):

Male das richtige Wort an!			
Auto	spielt	Arm	kommt
Anto	spült	Aam	kommt
Aato	spielt	Ahm	kmomt
Auto	späht	Ama	komt
Auta	sperrt	Arm	kammt

Übungen zur akustischen Lautdiskriminierung

Beispiel 1: siehe Seite 151

Beispiel 2: siehe Seite 152

Wo steckt ein T t?

Streiche alle Bilder durch, die nicht passen. Male die richtigen Bilder an!

Wo ist das K – k – ck?

Zuordnen von Bildern zum passenden Wort

Welches Wort passt?
Verbinde richtig!

Noten

Tanne

Wolle

Watte

Wolke

Tanne

Zusammenfügen von zwei Silben zu einem Wort

Setze diese Wörter richtig zusammen

Kamel Klammer Marke
Keller Karte Wolke
Krawall Motor Roller

Mo	ler
Ka	mer
Mar	wall
Kar	tor
Klam	ke
Rol	ke
Kra	mel
Kel	te
Wol	ler

Einen fehlenden Buchstaben an der richtigen Stelle in das Wort einfügen

Wo muss der Buchstabe hin?

Schreibe das Wort richtig in die Zeile!

m K a e l	a M r k
m L a a	t O t o

o M t o r	l R o l e r
k W o l e	e T l l e r
a K t e r	e K t t e

Passende Bilder zu Sätzen und kurzen Texten malen

Male Bilder zu den Sätzen!

Der dicke Karl kommt.
Der alte Mann wandert in den Wald mit dem Dackel.
Otto rodelt mit Erika.
Oma trinkt Tee.
Marta kommt mit der Ente Dora.

Erzähltexte

Sie sollen in erster Linie Lesespaß machen. Dass Fibeltexte diese Voraussetzung meist nicht erfüllen, kann jeder leicht selbst feststellen, der sich die gängigen Texte kritisch ansieht. Dass vor allem die Betroffenen, nämlich die Kinder, das auch so sehen, wurde mir erst neulich wieder bestätigt. Ich betreue nämlich zurzeit gerade eine Eltern-Kind-Gruppe in einem Coachingprogramm. Das sieht so aus, dass ich mit einer Gruppe von fünf Kindern einmal pro Woche gezielt Lesen und Schreiben trainiere und die Kinder zu Hause ein Übungsprogramm von täglich einer Viertelstunde absolvieren, „gecoacht" von den Müttern. Diese bekommen einmal pro Monat in einer eigenen Sitzung genaue Trainingsanweisungen und Übungsmaterial und geben mir ein Feedback über ihre Erfahrungen. Die Übungstexte für das Lesen schreibe ich selbst. Bevorzugt verfasse ich kurze Geschichten zu bekannten Kinderbuchfiguren wie Pippi Langstrumpf, Michel aus Lönneberga, Räuber Hotzenplotz usw.

Nach einer der Coachingsitzungen sagte mir Julians Mutter, dass ihr Sohn sehr eifrig und gerne seine täglichen Leseübungen mache. Mit ein Grund sei sicher auch, dass ihm die Geschichten, die er von mir bekomme, viel besser gefielen als die langweiligen Fibeltexte.

Meine Tochter Maxi hingegen, von mir zum Thema Fibeltexte befragt, fand an ihrer Fibel nichts auszusetzen. Aber das ist leicht zu erklären: Sie konnte ja bereits lesen, und die kurzen Texte verlangten ihr keinerlei Mühe ab. Die las sie eben *auch,* neben ihren Büchern, aber fast „im Vorbeigehen". So war ihr deren Inhalt gleichgültig. Hätte sie sich jedoch sehr anstrengen müssen, nur um dann irgendetwas Nichtssagendes zu entziffern, wäre sie wahrscheinlich auch enttäuscht gewesen.

Meiner Erfahrung nach lohnt es sich für uns Lehrer, Lesetexte kritisch zu begutachten. Zunächst einmal sollen Lesetexte so interessant sein, dass sich für die Kinder die Arbeit des Lesens lohnt. Ich beginne mit Texten, die in wenigen einfachen Sätzen die Handlung einer Buchstabengeschichte zusammenfassen. Mit steigender Lesefertigkeit werden andere Texte angeboten, zum Beispiel einfache Nacherzählungen von Märchen oder aus einem Kinderbuch.

Brauche ich für eine Geschichte einen Buchstaben, der noch nicht „offiziell" gelernt wurde, so kennzeichne ich diesen durch einen darunter gesetzten Punkt. Durch das tägliche Verschriften und das freie Schreiben sind ohnehin sehr bald alle Buchstaben bekannt. Der Punkt signalisiert dem Kind aber: Du brauchst diesen Buchstaben nicht zu kennen. Die Kinder fragen mich, falls nötig, danach. Wird der Vorgang des Lesens beherrscht, spielt es keine Rolle, wenn einzelne Buchstaben erfragt werden müssen.

Einige konkrete Textbeispiele aus unserer Lesemappe

Zu der Geschichte von Fredi Frosch, der in seinem Einweckglas sitzt und davon träumt, ein verzauberter Prinz zu sein, gibt es folgende Geschichte:

Fredis Traum

Fredi hört, wie die Mutter ein Märchen liest.
Er will ein Prinz sein.
Er will, dass ihn die Kinder küssen.
Fredi ruft: Quak, quak!
Die Kinder rufen: Fredi, sei still!

Besonderen Spaß haben alle an der Geschichte von der hopsenden Hilda, die nur denken kann, wenn sie sich bewegt und ganz dumm wird, wenn sie stillsitzen muss:

Wer ist denn das?

Hilda kann toll hopsen.
Sie will auch immer nur hopsen.
Sie hopst sogar im Bett.
Alle fragen: Was ist denn das?
Ist das ein Ball oder ein Hund oder ein Kind oder was?
Das ist Hilda!

Als wir das Sch lernten, „kochten" wir in der Schule Schokoladenfondue. Das Rezept hierfür kam in unsere Lesemappe:

Schokoladen-Fondue

Schokoladen-Fondue schmeckt schrecklich gut.
Es geht ganz einfach:
Du musst die Schokolade mit etwas Sahne schmelzen.
Dann kannst du Obststücke in die Schokolade tauchen:
Apfel, Banane oder Orange.
Das schmeckt!

Großer Beliebtheit erfreuen sich die Texte, die sich mit unserem Vorlesestoff befassen. So kopierte ich aus der *Pippi Langstrumpf* das Bild, auf dem Pippi gerade die beiden Kinder aus dem brennenden Haus rettet, und schrieb einige Sätze dazu:

Zeichnung: Walter Scharnweber.
Aus: Astrid Lindgren:
Pippi Langstrumpf, Hamburg 1986.

Da seht ihr Pippi, wie sie
gerade die beiden Kinder rettet.
Sie läuft lustig über das Brett.
Auf dem Baum könnt ihr Herrn Nilsson sehen.
Alle Menschen rufen:
Hurra, Pippi!

Eine Zusammenfassung des Andersen-Märchens vom Däumelinchen teilte ich auf drei Leseblätter auf. Diese Leseblätter bekamen die Kinder, nachdem ich ihnen das ganze Märchen vorgelesen hatte:

Däumelinchen 1

Es war einmal ein kleines Mädchen, das war nur so groß wie ein Daumen.

Es hieß Däumelinchen. Sein Bett war eine halbe Nuss.

In der Nacht kam eine Kröte. Die Kröte nahm Däumelinchen mit.

Der Sohn der Kröte sollte sie heiraten.

Däumelinchen wollte weg. Aber sie konnte nicht.

Sie saß auf einem Seerosenblatt. Die Fische nagten den Stängel ab.

Da schwamm das Blatt weg.

Gelegentlich gibt es zu den Geschichten auch Arbeitsblätter, auf denen Fragen beantwortet, Lücken ausgefüllt oder Bilder gezeichnet werden sollen. Eine Fülle von Anregungen hierzu finden Sie in dem Abschnitt über die Freiarbeit (s. Seite 132 ff.). Hier ein Arbeitsblatt zu Däumelinchen:

Arbeitsblatt zu Däumelinchen 1

Fülle ein oder antworte!

Das Mädchen war so groß wie ein ____________________

Sein Bett war eine halbe ____________________

Wer nahm Däumelinchen mit?

____

Wer wollte Däumelinchen heiraten?

____

Wo saß Däumelinchen?

Auf einem ____________________________________

Wer nagte den Stängel ab?

____

Däumelinchen 2

Der Maikäfer raubt Däumelinchen. Sie gefällt ihm so gut. Aber die anderen Maikäfer mögen das schöne Mädchen nicht.

Im Herbst kommt Däumelinchen zu der Feldmaus.

Die Feldmaus will, dass Däumelinchen den grantigen Maulwurf heiratet.

Däumelinchen 3

Däumelinchen war so froh, dass es mit der Schwalbe in den Süden fliegen durfte.

Sie sahen wunderbare Landschaften.

Sie sahen weiße Schlösser und herrliche Blumen.

Eines Tages kamen sie auf eine Blumenwiese. In jedem Blütenkelch saß ein Blumenelf.

Der Elfenkönig nahm Däumelinchen zur Frau. Er setzte ihr seine Krone auf und nannte sie Maja.

Nun war Däumelinchen glücklich.

Zum 1. April findet sich eine kurze Geschichte im alten Bayerischen Lesebuch für das 2. Schuljahr (Erscheinungsjahr 1954!), die ich für unsere Lesemappe abgeschrieben habe und die bei den Kindern immer sehr gut ankommt und mit Begeisterung gelesen wird.[39] Bevor ich sie wiedergebe, kann ich auf einen weiteren Exkurs über die Qualität von Lesetexten nicht verzichten:

Alte Lesebücher – und mit „alt" meine ich jetzt solche aus den 50er Jahren – bilden eine unschätzbare Fundgrube für einfache, kindgemäße Geschichten, die nicht – wie oft in den modernen Fibeln – problemüberfrachtet sind, sondern „nur" zum Spaß gelesen werden können.

Ich erinnere mich noch heute gern an meine Lesebücher mit ihren schönen Illustrationen und kann mir gar nicht vorstellen, dass zu deren modernen Nachfolgern ebensolche emotionale Beziehungen aufgebaut werden können.

Ich plädiere nun zwar nicht dafür, die Schule der 50er Jahre wieder zum Leben zu erwecken. Manches davon ist durchaus zu Recht abgeschafft worden. Dennoch ist im Zuge mancher Neuerungen vom grünen Tisch aus auch vieles Sinnvolle wegreformiert worden und so hat sich an den Regelschulen schon vor Jahren eine Besinnung auf das Wesentliche angebahnt, die sich im neuen bayerischen Lehrplan auch deutlich zeigt: fächerübergreifendes, ganzheitliches Unterrichten ist wieder gefragt, der Wert der so stiefmütterlich behandelten musischen Fächer wird zumindest auf dem Papier anerkannt, Projektarbeit wird gefordert, stärkeres Einbeziehen der Eltern gewünscht.

Um nun zu den Lesetexten zurückzukehren: Es passt zu dem absurden Nebeneinander von Über- und Unterforderung, dass den allzu simplen Texten im ersten Teil der Anfängerfibeln sehr schnell zu lange, zu schwierige und zu klein gedruckte Geschichten folgen. Bereits die Herbst- und Weihnachtstexte gängiger Fibeln erfordern eine Lesekompetenz, die ich meinen Schülern um diese Zeit noch nie abverlangt habe. Vielleicht gibt es Lehrer, die das „hinbringen". Mir gelingt es auf jeden Fall nicht, dass meine Schüler bereits an Weihnachten derart schwierige Texte lesen.

Und in früheren Zeiten, als noch wesentlich mehr Schüler das Lesen gut lernten als heute, waren die Fibeltexte kürzer, einfacher, kindgemäßer. Deshalb mein Loblied auf alte Lesebücher. Sie beinhalten einfache, kurze Erzählungen, die sich mit kindgemäßen Themen befassen und deshalb weit eher zum gründlichen Lesen animieren.

Nun möchte ich Ihnen die „altmodische" Geschichte, deretwegen ich so viele Worte gemacht habe, nicht länger vorenthalten. Hier ist sie:

Erster April

Es war der erste April. Lore saß still in ihrem Puppenwinkel. Draußen regnete es, und dann schneite es immer wieder, sie konnte nicht in den Garten hinaus.

Da kam Onkel Wilhelm ins Zimmer. Hast du es schon gesehen, Lore? rief er. Auf der Straße sitzen sechs Spatzen, und jeder hat einen Regenschirm aufgespannt.

Wo, wo? rief Lore und lief zum Fenster. Ich sehe keine Spatzen mit Regenschirmen.

Ich auch nicht, sagte der Onkel. Dafür ist heute der erste April, wo man alle Leute anführen darf.

Daran hatte Lore gar nicht gedacht. Zum zweiten Male lasse ich mich gewiss nicht in den April schicken, meinte sie.

Als aber der Vater nach Hause kam und rief: Lore, du hast ja einen großen Tintenfleck auf der Nase, lief sie doch schnell zum Spiegel, um nachzusehen.

Alle lachten. Die Mutter aber sagte: Jetzt lasst mein kleines Mädel in Ruhe. Nächstes Jahr, wenn sie größer ist, wird sie auch alle in den April schicken. Gebt nur acht!

Helene Stökl

Für mich ist bei allen Texten die ausschlaggebende Frage: Sind sie so spannend, ansprechend, lustig, interessant oder was auch immer, dass sie *gerne* gelesen werden? Wenn nein, verzichte ich lieber auf sie. Gerade auf diese Weise – weil Lesebereitschaft und Interesse nicht so schnell abgenutzt werden – gelingt es mir dann auch, den Kindern ausgefalleneren Lesestoff in Form von Lyrik verschiedenster Art schmackhaft zu machen. Wie sehr die Beschäftigung mit Gedichten allgemein fördernd ist, habe ich bereits ausführlich erörtert. Im Anschluss an die Lesetexte möchte ich noch einige Verse bringen, die sich „so ganz nebenbei" aus dem Unterricht ergeben haben und deren Lektüre uns allen viel Spaß machte. Der umgangssprachliche Wortschatz, der hier ganz „rechtens" verwendet wurde, übte auf die Kinder einen besonderen Reiz aus und sie fanden es toll, so flotte Sprüche selber lesen zu können.

Sei kein Blödel, iss die Knödel!

Hört der Frosch nicht auf zu quaken, musst du ihn am Halse packen.

Grisel, grasel, grusel! Die Geister trinken Fusel!
Grusel, grasel, grimm! Das ist doch nicht so schlimm!

Nur nicht hudeln, heut gibt's Nudeln.

Stechen dich die Mucken,
musst du sie erdrucken!

Es ist sicher klar geworden: Lesetexte müssen zuallererst einmal Spaß machen. Das ist die Grundlage, auf der alles andere gedeiht. Ich weiß, dass ich das schon mehrere Male angesprochen habe, halte das aber für so wichtig, dass es ruhig öfter gesagt werden kann. Eine gewisse Redundanz fördert das Aufnehmen und Speichern von Inhalten und ist somit auch ein Merkmal gehirnfreundlichen Arbeitens.

Eigentexte von Kindern

Diese Bezeichnung ist etwas hochtrabend, denn sie erweckt vielleicht die Vorstellung, Kinder würden Geschichten als Lesestoff für ihre Mitschüler verfassen. Ganz so kann es zu Beginn der 1. Klasse natürlich nicht sein, aber so ähnlich ist es schon.

Also: Wer mag, kann – zu Hause oder in der Schule – ein Bild malen, auf dem etwas abgebildet ist, zu dem er sich gerne den anderen mitteilen möchte. Nach Diktat des Kindes schreibe ich dann einen oder mehrere Sätze auf das Blatt. Mit diesen Eigentexten kann nun auf verschiedene Weise verfahren werden. Sie können ...

- an der Pinnwand als Lektüre für alle ausgestellt werden.
- im Klassensatz als Lesestoff für alle kopiert werden.
- in die Lesemappe des betreffenden Kindes als individueller Übungstext kommen.

Nur steter Tropfen höhlt den Stein – Von der Notwendigkeit täglicher Übung

Die Schule kann Lernanreize schaffen, Buchstaben vorstellen und „durchnehmen", Tipps zum richtigen Lernen geben und noch einiges mehr. Was aber wir Lehrer nicht können, ist, dafür zu sorgen, dass Kinder wirklich lernen. Es wurde bereits ausführlich besprochen, dass an einem Unterrichtsvormittag gar nicht genügend Zeit zur Verfügung steht, um mit jedem einzelnen Kind auch nur das Nötigste zu üben, und dass Lernen nur durch eigenes Bemühen und eigene Anstrengung des Schülers erfolgen kann.

„Dann müssen die Kinder eben jeden Tag als Hausaufgabe lesen und schon haben sie die nötige Übung!", könnte jetzt jemand, der unsere pädagogischen Verhältnisse nicht genau kennt, also jeder Laie, ganz unbedarft und „irgendwie" auch logisch, sagen. Natürlich, die regelmäßige und konsequente Übung ist der Königsweg zum Beherrschen jeder Fertigkeit. Aber gerade die Kinder, die Übung am nötigsten bräuchten, entfalten die größte Phantasie und bewundernswertes Geschick darin, sich vor jeglicher Übung zu drücken.

Diejenigen Schüler, die das Lesen so lernen, dass sie virtuos über diese Basisfertigkeit verfügen, üben jedoch weit mehr als nur das Nötigste, aber sie tun es aus eigenem Antrieb. Lesen ist auch für sie zu Beginn ihrer Leselaufbahn mühsam und anstrengend. Doch durch die tägliche Beschäftigung damit und durch das Üben in zwar kleinen, aber täglich „einverleibten" Häppchen gewinnen sie rasch an Geläufigkeit und erreichen bald ein Niveau, auf dem es ihnen mehr Vergnügen als Arbeit bereitet, Geschichten zu lesen. Ab da wird das Lesen zum Selbstläufer und die Übung ist keine Pflicht mehr, sondern nützliches Freizeitvergnügen.

Meine Tochter Maxi beschäftigte sich bereits in der Vorschulzeit mit den Grundlagen des Lesens (s. Seite 57). Sie konnte, als sie in die Schule kam, bereits alles lesen. Das war aber noch sehr anstrengend für sie und sie begnügte sich damit, einzelne Zeilen oder Sätze zu entziffern, ließ sich aber lieber doch noch von mir vorlesen.

In dem Bewusstsein, dass man sich später an manches nur mehr ungenau erinnert, wollte ich gerne – nur zur Dokumentation für uns selbst – den Stand ihrer Lesefähigkeit vor der Einschulung festhalten. So ließ ich sie am Vorabend ihres ersten Schultages vorlesen und nahm das auf Band auf: Maxi las die erste Seite von *Pippi Langstrumpf*. Sie machte das gut, verstand natürlich auch, was sie las, hatte aber nach dieser einen Seite durchaus das Gefühl, sich jetzt ordentlich angestrengt zu haben. Nun ist das nicht besonders viel Text, aber für den ungeübten Leser ist es einfach mühsam und anstrengend, aus einzelnen Buchstaben Wörter und aus diesen Sätze zusammenzupuzzeln.

Als Maxi sich in der Schule dann täglich mit Buchstaben beschäftigte, nahm ihre Geläufigkeit beim Lesen sehr schnell zu. Obwohl sie eine Fibel mit schrecklich langweiligen Texten hatte, machte ihr das – ich sagte es schon – nichts aus. Sie hielt sich an ihrer eigenen Bibliothek schadlos und griff in dieser Zeit wieder zu Bilderbüchern mit wenig Text, die sie nun selbst las. Bald schon las sie auch ihre geliebten Otfried-Preußler-Bücher vom Räuber Hotzenplotz, der kleinen Hexe und dem kleinen Wassermann. Dennoch las ich ihr auch noch regelmäßig vor. In den Sommerferien nach der 1. Klasse waren wir gerade an einem „dicken Schinken“, dem Fantasy-Roman *Märchenmond* von Wolfgang Hohlbein. Wir nahmen das Buch in den Urlaub mit und täglich wurde vorgelesen. Als wir an einer sehr spannenden Stelle waren und Maxi das Vorlesen gar nicht mehr erwarten konnte, machte sie sich selbst ans Werk und las die zweite Hälfte des Buches allein. Sie hatte inzwischen so viel „Virtuosität“, dass Lesen für sie nur mehr ein Mittel zum Zweck war und keiner Anstrengung mehr bedurfte.

Viele Menschen kommen in ihrem Leben nie so weit. Für sie bleibt Lesen immer Arbeit: Etwas, das manchmal sein muss, das aber keinen Spaß macht. Für den virtuosen Leser ist Lesen genauso mühelos wie Fernsehen, nur schöner. Dem Nichtleser hingegen bleibt eine Welt verschlossen.

Damit aus Kindern Leser werden, müssen die Eltern ihren Teil beitragen. Welche Rolle sie spielen können und im Idealfall auch spielen, soll im Folgenden genauer erörtert werden.

Ohne Eltern läuft gar nichts

Der familiäre Hintergrund, die Basis für Interesse und Lernbereitschaft

Obwohl ich mich zur Bedeutung des familiären Hintergrunds bereits eingangs ausführlich geäußert habe spreche ich diesen Punkt im Kontext der Praxis des Lesenlernens noch einmal an. Über etwas Bescheid zu wissen, ist eine Sache. Dieses Wissen aber auch gewinnbringend in Lernprozesse einzubringen, etwas daraus zu machen, ist eine andere Sache. Erkenntnisse nützen uns dann etwas, wenn sie uns helfen, unseren Alltag besser zu bewältigen. Andernfalls bleiben sie bloße Gedankenspiele im Elfenbeinturm. Was also können wir mit dem Wissen um die Bedeutung des familiären Hintergrundes anfangen?

Wir können dieses Wissen weitergeben an die „Zuständigen", das sind in diesem Fall die Eltern. Das erhöht unsere Chancen, sie als Verbündete zu gewinnen in unserem täglichen Bemühen um die Optimierung von Lernprozessen. Unsere Aufklärungsarbeit sollte allerdings nicht erst dann einsetzen, wenn Probleme auftreten, sondern bereits im Vorfeld, und zwar am ersten Elternabend für die Erstklasseltern.

Jeder Lehrer weiß aus Erfahrung: Wenn in der Schule alles so läuft, wie Eltern sich das wünschen, wird selten hinterfragt, woran das denn liegen könnte. Was für die Qualität des Lernens ursächlich ist, wird erst zum Thema, wenn es Probleme gibt. Schnell wird die Schule dann zum Buhmann für alle Misserfolge. Es ist für den Laien ja auch so nahe liegend, die Institution, deren Aufgabe es ist, die Ware „Wissen" zu liefern, dafür haftbar zu machen, dass diese Ware nicht wunschgemäß ausfällt. Schuldzuweisungen und gegenseitige Vorwürfe sind jedoch der Sache bestimmt nicht dienlich. Treten Lernprobleme auf, müssen Eltern und Schule in konstruktivem Miteinander nach Lösungen suchen. Dabei darf sich keine „Partei" ihrer Verantwortung entziehen.

Werden Eltern jedoch von Anfang an über die Bedingungen erfolgreichen Lernens und ihre eigene Rolle dabei informiert, dann werden manche Probleme gar nicht erst entstehen. Es ist ja nicht so, dass Eltern sich grundsätzlich der Mitarbeit verweigern. Vielmehr wissen sie oft zu wenig Bescheid, nicht nur darüber, wie wichtig sie sind, sondern auch darüber, wie sie sich sinnvoll einbringen können.

Soll der Leselehrgang so gestaltet werden, dass wir alle Möglichkeiten optimal nutzen, dann müssen wir als pädagogische Fachleute den Eltern erst einmal vermitteln, wie bedeutend ihre Rolle für den Lernerfolg ihres Kindes ist. Darüber herrscht weitgehend keine Klarheit und so ist Aufklärung eine wichtige und notwendige Aufgabe der Schule. Als Argumentationshilfe für einen entsprechenden Elternabend kann Ihnen das Folgende dienen sowie alles, was ich bereits eingangs ausgeführt habe.

Der Lebenshintergrund eines Kindes ist – wie bereits mehrmals erwähnt – für seinen Schulerfolg von sehr großer Bedeutung. Dabei darf „Lebenshintergrund" nicht verstanden werden als Synonym für soziale Schicht. Ich konnte in meiner bisherigen Erfahrung nicht feststellen, dass Akademikerkinder grundsätzlich bessere Chancen haben als Kinder aus nichtakademischen Familien. Meiner Erfahrung nach sind es drei Faktoren, die den Lebenshintergrund eines Kindes erfolgs- oder misserfolgsträchtig machen. Keiner der drei Faktoren wird vom akademischen Ausbildungsniveau der Eltern, von ihrer Schichtzugehörigkeit oder gar der Größe ihres Vermögens bestimmt:

1. Grundlegende Begabungsförderung in der frühen Kindheit

Was Eltern alles tun können, um Kinder „klug zu machen", habe ich an anderer Stelle ausführlich beschrieben.[40] Es sind beileibe nicht immer die „akademischen" Eltern, die ihre Kinder am besten fördern. Sehr oft kommen auch heute noch blitzgescheite Kinder aus „einfachen" Familien, in denen es „normal" zugeht – ohne Englischkurs für Dreijährige und ohne alle möglichen Fördergruppen –, in denen das soziale Gefüge intakt ist, mit Mama, Papa, Geschwistern, oft auch noch Oma und Opa, in denen eher bescheidene Freizeitvergnügen die Regel sind als spektakuläre und „glamouröse" Unternehmungen.

2. Das Interesse am Kind und seinen Fortschritten

... und an der Schule als „Arbeitsplatz" des Kindes. Die Haltung gegenüber der Schule: Ist sie geprägt von Respekt und Akzeptanz oder von Geringschätzung und Ablehnung?

3. Die Einstellung zu schulischen Lerninhalten

Beim Lesenlernen im Besonderen heißt das: Werden Bücher und Geschichten auch in der Familie geschätzt? Liest dem Kind regelmäßig jemand vor, werden ihm Geschichten erzählt, und haben auch die Eltern oder sonstige Bezugspersonen Freude an Büchern?

So wichtig es auch ist, Eltern über ihre Bedeutung für den Lernerfolg ihres

Kindes aufzuklären: Das allein genügt noch nicht. Wenn wir ihre aktive Unterstützung wollen, dann müssen wir ihnen konkrete Anweisungen geben, wie sie sich als Coach in den Leselernprozess einbringen können.

Eltern als Coach – Das 100-Stunden-Lesetraining

Ein konsequentes Lesetraining in Verbindung mit dem richtigen Leselehrgang führt zum Erfolg. Hundert Trainingsstunden sollen absolviert werden, um das Fundament für eine befriedigende Lesefertigkeit zu legen. Warum Schule dieses Maß an Übung nicht bieten kann, habe ich „vorgerechnet".

Hundert Stunden – das hört sich vielleicht erschreckend an. Da Lesen aber eine Höchstleistung unseres Gehirns darstellt, können wir eigentlich nicht erwarten, dass es „einfach so", durch Konsumieren des Unterrichts und durch mäßiges Üben, erlernt wird. Wer einen bestimmten Sport erlernen will, akzeptiert ohne weiteres, dass nur Übung den Meister macht. Was sind beispielsweise 100 Tennisstunden? Zwei Jahre lang einmal wöchentlich zu spielen – also 100 Stunden – davon ist man noch lange kein „Tenniscrack"!

Deshalb sind 100 Lesestunden auch alles andere als ein übermäßiges Pensum. Und dennoch: Wenn eine tägliche Übung von einer Leseviertelstunde konsequent durchgehalten wird, dann zeigt sich nach 100 Stunden der Erfolg sehr deutlich. Einmal pro Woche eine ganze Stunde zu üben hätte allerdings wenig Sinn. Die einzelne Übungseinheit wäre viel zu lang und der Abstand zwischen den einzelnen Übungen wäre auch zu groß. Lesenlernen bedarf der kurzen, aber täglichen Übung. Es soll auf keinen Fall länger als zwei Tage ausgesetzt werden. Erfahrungsgemäß macht es Kindern, wenn sie sich erst einmal an die tägliche Übungsviertelstunde gewöhnt haben, auch nichts aus, am Wochenende zu üben. Es sind hier eher die Eltern, die keine Lust haben, sich auch am Wochenende als Coach zu betätigen. Wird das Lesen aber als gemeinsames Vergnügen erlebt, dann ist die Übungsviertelstunde keine Plage, sondern etwas Schönes.

Doch nun zur genauen Durchführung des 100-Stunden-Trainings. Ich beginne mit dem Training im Januar. Dann haben die Kinder genügend Buchstaben gelernt und durch das Verschriften auch noch zusätzlich gespeichert, um wirklich das Lesen üben zu können. Über den Sinn und die genaue Durchführung des Trainings habe ich die Eltern an einem Elternabend vor Weihnachten bereits unterrichtet. Im Januar bekommen die Kinder dann ihre Trainingsbücher.

Die Eltern erhalten einen Brief, in dem Sie noch einmal an die wichtigsten Punkte des Trainings erinnert werden. Hier ist der Brief, den ich in meiner letzten 1. Klasse austeilte.

Sehr geehrte Eltern,

Ihre Kinder haben gestern das 100-Stunden-Lesetrainingsbuch bekommen. Gestern sollte die erste Viertelstunde gelesen werden. Hier für Sie noch einige konkrete Tipps zur Durchführung dieses Trainings.

1. Nehmen Sie das Training von Anfang an ernst. Sie haben hier die Chance, Ihrem Kind etwas Entscheidendes mitzugeben, und das geht nur, wenn von Anfang an und konsequent geübt wird.
2. Die Viertelstunde muss zunächst täglich laut gelesen werden. Was Ihr Kind dabei liest, ist davon abhängig, was Sie an Lesestoff verfügbar haben. Es geht alles, wichtig ist, dass es altersgemäß ist und von Ihrem Kind verstanden wird. Sie können jedes Kinderbuch für die Leseübung benutzen.
3. Lesehausaufgaben, wie zum Beispiel gestern das Blatt, bei dem zu den Sätzen gemalt werden sollte, können Sie zu der Viertelstunde dazunehmen. Mit den paar Sätzen wird natürlich keine ganze Viertelstunde vergehen. Also sollten Sie noch etwas bereitlegen, damit Ihr Kind dann weiter üben kann. Das Malen der Bilder darf immer erst nach der Leseviertelstunde anfangen. Das ist wichtig!
4. Es darf jeden Tag nur eine einzige Viertelstunde ausgemalt werden. Das Ganze würde verwässern, wenn es möglich wäre, eine Woche nicht zu lesen und dann einen Tag lang in Büchern zu blättern, um viel ausmalen zu können. Wenn Kinder mehr lesen, ist das toll, aber angerechnet wird pro Tag eine Viertelstunde.
5. Buchstaben, die wir noch nicht gelernt haben, können Sie Ihrem Kind einfach vorsagen und dann kann es weiterlesen.
6. Sie werden mit diesem Training natürlich nicht allein gelassen, sondern bekommen immer wieder Hinweise dazu.
7. Gelesen werden muss auf jeden Fall jeden Tag während der Woche. Ideal ist es, wenn auch am Wochenende gelesen wird. Der erste Trainingsabschnitt umfasst 48 Einheiten, das sind zwölf große Uhren. Der Schnellste, der jeden Tag liest, kann frühestens am 26. Februar fertig sein.
8. Mit dem ersten fertigen Trainingsabschnitt wird der Lesepass ausgestellt. Dieser Pass umfasst drei Abteilungen für die drei Trainingsabschnitte.
9. Noch etwas Wichtiges: Nach jeder fertigen Seite im Trainingsbuch – von

Ihnen unterschrieben und mit Datum versehen – soll das Kind das Buch mit in die Schule bringen. Es darf sich dann einen Aufkleber für diese Seite aussuchen.

10. In ca. zwei Wochen werde ich Sie um das erste Feedback bitten und Ihnen einen Fragebogen schicken, auf dem Sie mir bitte ankreuzen sollen, wie es Ihnen mit diesem Training geht.

Das Training im Überblick

Es wird täglich eine Viertelstunde gelesen. Mama oder Papa sind „Lesecoach". Jede Übungsviertelstunde wird im Trainingsbuch dokumentiert: Es wird ein Uhrenviertel ausgemalt. Das Training umfasst drei Abschnitte:

1. Abschnitt: 12 Stunden

2. Abschnitt: 40 Stunden

3. Abschnitt: 48 Stunden

Von Montag bis Freitag ist die Leseviertelstunde fester Bestandteil der Hausaufgabe. Samstag und Sonntag sind freiwillige Übungstage. Wenn jeden Tag geübt wird, auch an Wochenenden und in den Ferien, kann der erste Trainingsabschnitt bei einem Beginn am 11. Januar frühestens am 19. Februar beendet werden. Da für die ganz eifrigen Lesetrainierer das Ende der zweiten Übungsphase genau in den Anfang der großen Ferien fallen würde, gibt es ab Pfingsten die Möglichkeit, täglich eine halbe Stunde zu trainieren. Für den dritten Teil des Trainings gilt dann aber wieder: Täglich eine Viertelstunde. Fleißige Leser können den dritten Trainingsabschnitt im Frühjahr der 2. Klasse beenden. Bequeme Leser werden erst am Ende der 2. Klasse fertig.

Nach jedem Abschnitt gibt es eine „Leseprüfung". Bei der ersten Leseprüfung wird ein Lesepass ausgestellt. In diesem Pass gibt es drei Abteilungen, für jede Leseprüfung eine. Das Kind wird nacheinander:

- Geprüfter Leseanfänger
- Geprüfter fortgeschrittener Leser
- Geprüfter Lesemeister

Jedes Kind darf sich, wenn es in seinem Training langsam auf die erste Leseprüfung zugeht, die Farbe seines Passes aussuchen. Es gibt – auf Kopierkarton kopiert – folgende Farben: Rot, Grün, Blau, Gelb.

Jedes Kind muss rechtzeitig ein Foto abliefern, das in den Pass hineinkommt. Ich habe Buben- und Mädchenpässe. In den Mädchenpässen heißt es: Geprüfte Leseanfängerin, fortgeschrittene Leserin und Lesemeisterin. Der

Pass wird von mir vorbereitet, mit Foto und Namen versehen. Am „Prüfungstag“ kommt das Datum hinein, ich unterschreibe und siegle den betreffenden Abschnitt. Das Kind bekommt den Pass mit nach Hause und bringt ihn zur nächsten Leseprüfung wieder mit.

- Für jede bestandene Leseprüfung gibt es neben dem Pass noch eine Prämie.
- Für die erste Leseprüfung: Das Kind darf sich ein Märchenlesezeichen aussuchen und bekommt ein kleines Geduldspiel, denn: Wer Lesen lernt, braucht viel Geduld!
- Für die zweite Leseprüfung: Von unseren bunten Original-Schul-Tafelkreiden darf sich das Kind fünf Stück aussuchen. Dazu bekommt es einen Press-Schwamm, wie wir ihn in der Schule benützen. Diese Schwämme sind flach wie ein Stück Karton und müssen ins Wasser gelegt werden, um sich aufzuplustern. Das fasziniert alle Kinder und sie finden es toll, so einen Schwamm selbst zu besitzen. Außerdem (es ist ja bereits Frühsommer) bekommt jedes Kind eine kleine Wasserpistole in Tierform (ebenfalls bei Jako-O zu bestellen), denn: Nun hat es Erholung verdient.
- Für die dritte Leseprüfung: Jedes Kind bekommt ein Buch – die Liste mit Büchern, die man sich wünschen kann, wird vorher ausgelegt, das Buch in Absprache mit den Eltern gekauft – und außerdem ein kleines Puzzle, denn: Nun hat es alle Teile beisammen!

Zu den Trainingsbüchern

Das sind Hefte in Spiralbindung mit folgendem Deckblatt:

Das
100-Stunden-
Lesetrainings-Buch

von

____

____

In dem Heft befinden sich Blätter mit insgesamt 100 Uhren, für jede Übungsstunde eine. Das Heft ist in drei Übungsabschnitte unterteilt:

Der erste Abschnitt umfasst zwölf Stunden. Die ersten zwölf Uhren sind sehr groß abgebildet, auf jedem DIN-A4-Blatt nur eine Uhr. Pro Übungsviertelstunde darf das Kind ein Uhrenviertel ausmalen. In diesem ersten Abschnitt wird grundsätzlich laut gelesen. Die Farbe für laut gelesene Viertelstunden ist Rot. Wenn eine Uhr voll ausgemalt ist, wird von Mama oder Papa durch Unterschrift bestätigt, dass ordnungsgemäß geübt wurde. Dann zeigt das Kind seine volle Uhr bei mir vor und bekommt einen Aufkleber.

Dieses Vorzeigen der Trainingshefte ist vollkommen unproblematisch zu organisieren, wenn Sie die Kinder gleich morgens, in der Freiarbeit oder in der Vorviertelstunde, ihre Hefte vorlegen lassen. Ich bestelle immer besonders schöne Glitzeraufkleber beim Jako-O-Versand. Diese Aufkleber gibt es nicht im Geschäft zu kaufen und die Kinder sind ganz wild darauf.[41]

Hat das Kind die ersten zwölf Trainingsstunden absolviert, muss es eine „Leseprüfung“ machen: Aus seiner Lesemappe sucht es sich einen Text aus, den es laut der Klasse vorliest. Wurde diese Prüfung „bestanden“, bekommt das Kind einen Lesepass ausgestellt, in dem es insgesamt drei Abteilungen gibt, die nacheinander ausgefüllt werden (s. oben).

Der zweite Übungsabschnitt umfasst insgesamt 40 Stunden. Auf zehn Blättern sind je vier Uhren. In diesem Übungsabschnitt muss nicht mehr alles laut gelesen werden. Es darf jede zweite Viertelstunde leise gelesen werden. Die „lauten“ Viertelstunden werden nach wie vor rot ausgemalt, für die „leisen“ Viertelstunden nimmt das Kind eine andere Farbe seiner Wahl. Die Eltern bekommen die Anweisung, mit dem Kind im Anschluss an die stille Lesezeit über den Inhalt des Gelesenen zu reden und es danach zu befragen. Weiß das Kind nicht ausreichend über den Inhalt Bescheid, muss es wieder ausschließlich laut lesen.

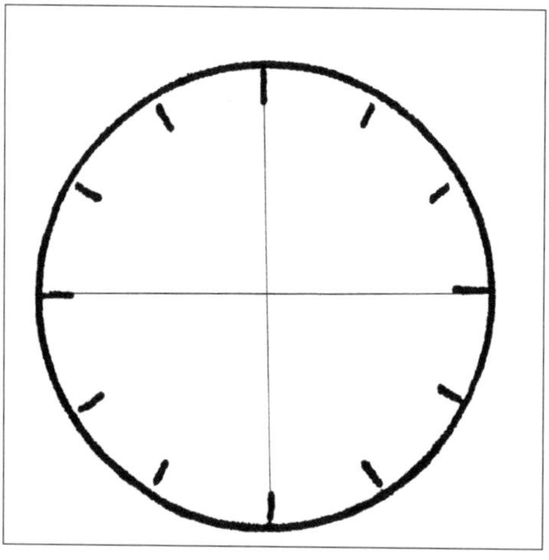

Der Wert des lauten Lesens wird heute oft zu gering eingeschätzt. Dabei ist es eine unverzichtbare Station auf dem Weg zum inneren Hören des gelesenen

Textes. Und bei dieser Station müssen eben manche Kinder länger verharren als andere. Alfred Tomatis hält sehr viel vom lauten Lesen. Er schreibt in dem bereits mehrfach zitierten Buch *Das Ohr – die Pforte zum Schulerfolg*:

„Laute Stimme, Königsweg

Wie ein Akrobat, der Jahre braucht, um eine Trapeznummer zu perfektionieren, wie ein Klavierspieler, der sein Spiel über die allmähliche Beherrschung von Tonskalen entwickelt, bevor er Ravel spielen kann, wird das Kind nicht von einem Tag auf den anderen ein guter Leser. Alle diese Aktivitäten haben noch einen weiteren gemeinsamen Punkt: Sie haben ihre wirkliche Dimension in der Virtuosität. Was würden wir sagen, wenn ein Jongleur jeden zweiten Kegel verpatzte, oder wenn der Musiker ein Meisterwerk in einen Katzenjammer verwandelte?

Die geheimnisvolle Verbindung der Schrift mit dem Ohr ist evident in den ersten Lernschritten, wenn sie gefestigt werden durch das „Lesen mit lauter Stimme“. Aber das wird so schnell aufgegeben, wenn man meint, der Schüler ist genügend ausstaffiert. Man ersetzt es sehr schnell durch ‚stilles Lesen‘. Dieses Vorgehen ist paradox. Einerseits erkennt die Schule in der Stimme einen unvergleichlichen Lernwert an, andererseits reduziert sie sie zur Krücke einer einfachen Gedächtnisstütze. Wenn die ersten Jahre der Grundschule vergangen sind, schämen sich die Schüler dessen fast. Warum unterwegs rückwärts schalten?

Die Vorzüge des lauten Lesens bewahren sich das ganze Leben über. Diese Übung erlaubt, gut zu behalten, was man erfahren und gelernt hat. Das entspricht tatsächlich einer neurologischen Gegebenheit. Lautes Lesen hat Sinn. Es zeugt von dem Vorhandensein von Mechanismen, deren Montage einfach zu beschreiben ist: es überschwemmt das Ohr, das das Gehirn tränkt mit Informationen, die zu sammeln sind, während das Auge fortfährt mit der Suche nach hinter den Buchstaben versteckten Lauten. Ich rate, es als pädagogisches Mittel von hoher Wirkung zu nutzen, und empfehle, daß man es während der ganzen Schulzeit erneuert, wenn die Notwendigkeit, Wissen zu integrieren, empfunden wird.“[42]

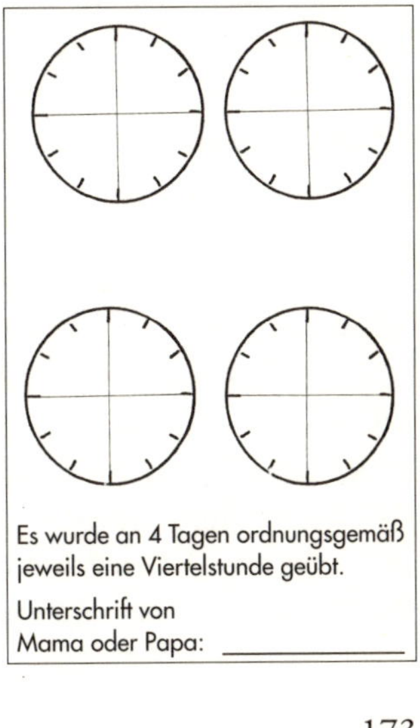

Auf den Blättern des zweiten Übungsabschnittes werden jeweils zwei geübte Uhren von den Eltern bestätigt und das Kind bekommt für sie einen Aufkleber. Auf einer Seite mit vier Uhren sind dann jeweils zwei Aufkleber.

Nach den 40 Übungsstunden des zweiten Trainingsabschnittes kommt wieder eine Leseprüfung: Das Kind bekommt das Arbeitsblatt „Stefan und Samira" (s. Abbildung S. 175), das es still bearbeiten soll. Es wird zu diesem Zweck in den nebenan liegenden Mehrzweckraum geschickt, in dem es alleine ist, so dass es sich gut konzentrieren kann. Bei diesem Arbeitsblatt muss sehr genau gelesen werden. Sind die angekreuzten Lösungen nicht auf Anhieb richtig, sage ich dem Kind zwar, wie viele Fehler es hat, aber natürlich auf keinen Fall, wo diese sind. Da es für die Antworten nur zwei Möglichkeiten gibt, wäre das ja gleichbedeutend damit, dass ich dem Kind die Lösung verrate.

Wird auch nach mehreren Anläufen das Blatt nicht richtig bearbeitet, gibt es am darauffolgenden Tag eine zweite Leseprüfung, das Blatt „Delfine". Mit dem zweiten Anlauf haben bisher alle Kinder diese Leseprüfung bestanden. Wäre es nötig, würde ich aber, nach einer weiteren kurzen Übungssequenz von ein bis zwei Wochen, eine dritte Leseprüfung ansetzen. Material für diese Prüfungen findet sich in der Mappe *Lesen und verstehen.*[43]

Außer dem richtigen Bearbeiten des Leseblattes gehört zur zweiten Prüfung noch das Lesen und Nacherzählen eines Witzes aus dem Buch *Kinderwitze* von Hans Gärtner.[44] Ich habe mir daraus Witze kopiert, die sich zum Nacherzählen eignen. Das Kind bekommt das Blatt mit dem Witz, muss ihn erst einmal lesen und ihn mir erzählen. Da nur die wenigsten Witze für Kinder auf Anhieb verständlich sind, erkläre ich den „Witz" des Witzes noch einmal und der Leseprüfling muss ihn dann der ganzen Klasse erzählen.

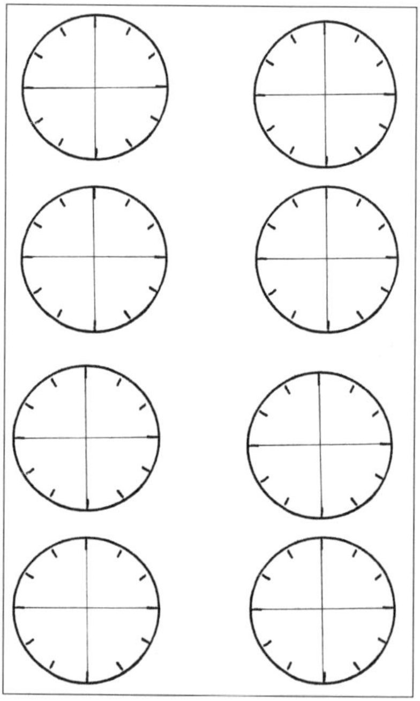

Nach bestandener Prüfung gibt es die „Prämien" und einen Eintrag in den Lesepass: „Du bist nun eine geprüfte fortgeschrittene Leserin" (im Mädchenpass) oder „Du bist nun ein geprüfter fortgeschrittener Leser" (im Bubenpass).

Der letzte Trainingsabschnitt umfasst 48 Stunden. Im Trainingsbuch sind auf sechs Seiten je acht Uhren abgedruckt. Auf dieser Stufe genügt es, wenn von jeder Uhr eine Viertelstunde laut gelesen (und damit rot angemalt) wird.

Stefan und Samira

Stefan und Samira spielen im Wald.
Samira hat unter einer Tanne ein schönes Plätzchen gefunden. Sie baut mit Moos und kleinen Ästen ein Haus. Das Dach macht sie aus Blättern. Dann sammelt sie Kieselsteine und baut rund um das Haus einen Gartenzaun.
Stefan hat einen guten Kletterbaum gefunden. Er sammelt viele Äste und baut sich damit eine Baumhütte. Zuerst sammelt er dicke Äste für den Boden. Dann braucht er dünnere Äste für die Wände. Auch das Dach baut er aus dünnen Ästen.

Kreuze die richtige Antwort an:	ja	nein
Spielen die Kinder im Wald?		
Spielen drei Kinder im Wald?		
Baut Samira das Haus mit Steinen?		
Nimmt das Mädchen Moos?		
Baut es einen Gartenzaun aus Steinen?		
Ist der Name des Jungen Stefan?		
Baut Stefan seine Hütte am Boden?		
Ist die Baumhütte aus Blättern?		
Ist der Boden aus dicken Ästen?		

Delfine

Die Delfine leben im Meer.
Sie sind sehr intelligent und haben eine eigene Sprache mit ganz hohen Tönen.
Delfine werden bis zu neun Meter lang.
Die Delfine leben in Gruppen und helfen einander, wenn sie in Gefahr sind.
Delfine können nicht lange unter Wasser bleiben.
Sie müssen immer wieder Luft holen und springen dabei oft weit aus dem Wasser.

1 Wie sprechen Delfine?

____

2 Leben Delfine allein?

____

3 Wo leben Delfine?

____

4 Wie lang können Delfine werden?

____

5 Was tun Delfine, wenn sie Luft holen müssen?

____

____

Jeweils zwei geübte Uhren werden von den Eltern wieder durch Unterschrift abgezeichnet. Für sie gibt es einen Aufkleber. Die letzten Seiten des Trainingsbuches sind am „prächtigsten“, werden sie doch nach und nach mit vier Aufklebern geschmückt.

Bei der dritten Leseprüfung muss das Kind in der Klasse laut eine Geschichte vorlesen, die es von mir bekommt. Ich nehme dafür einfache Nacherzählungen von Märchen, die ich selbst verfasst habe, für jedes Kind eine andere. Im Anschluss an das laute Vorlesen muss das Kind mündlich einige Fragen zur Geschichte beantworten und zum Schluss noch ein kurzes Arbeitsblatt dazu bearbeiten.

Dann bekommt es seine Prämie – ein Buch und das Puzzle – und den vollständig ausgefüllten Lesepass mit dem dritten Eintrag: „Du hast die Schlussprüfung bestanden und bist nun eine geprüfte Lesemeisterin“ (Mädchenpass) oder „Du hast die Schlussprüfung bestanden und bist nun ein geprüfter Lesemeister“ (Jungenpass).

Zum Lesepass

Er wird im Querformat auf einen bunten Kopierkarton kopiert und dann wie ein Flyer gefaltet. (Vgl. Musterskizze auf S. 179)

Der Vollständigkeit halber und um Ihnen die Umsetzung meiner Vorschläge so einfach wie möglich zu machen, möchte ich auch noch die „Gebrauchsanweisung“ abdrucken, die ich als erste Seite gleich nach dem Deckblatt in das 100-Stunden-Trainingsbuch eingeheftet habe. Der Inhalt dieser Gebrauchsanweisung ist Ihnen nach der Lektüre des vorigen Abschnitts bekannt. Die Anweisung für zu Hause habe ich nur etwas anders formuliert:

So arbeitest du mit diesem Buch

Pro Tag darfst du immer nur ein Viertel von einer Uhr ausmalen. Wenn du noch mehr liest, ist das toll. Angerechnet wird aber pro Tag nur ein Viertel. Das ist wichtig, sonst glaubst du vielleicht, du kannst an einem Tag ganz lange lesen und dann wieder eine Woche gar nicht. Aber dabei lernst du nur wenig. Wichtig ist: Jeden Tag ein bisschen. Deshalb gilt für das Training nur eine Viertelstunde am Tag. Wenn du mehr liest – super!

1. Die ersten zwölf Trainingsstunden arbeitest du an den Blättern mit den großen Uhren. Du sollst jeden Tag deiner Mama (oder dem Papa) eine Viertelstunde laut vorlesen. Nach dieser Viertelstunde darfst du ein Viertel einer Uhr rot ausmalen. Das heißt: Ich habe eine Viertelstunde laut gelesen. Wenn eine Seite fertig ist, sollen Mama oder Papa unterschreiben, dass du richtig geübt hast. Sie sollen auch das Datum hinschreiben, wann du mit dieser Seite fertig geworden bist.

Wenn du mit dem ersten Trainingsabschnitt fertig bist, bekommst du einen Lesepass. Darin wird dir bestätigt, dass du nun ein geprüfter Leseanfänger bist.

2. Im zweiten Trainingsabschnitt sollst du so üben: Einen Tag eine Viertelstunde laut lesen, Uhrenviertel rot ausmalen. Am nächsten Tag eine Viertelstunde leise lesen, ein Uhrenviertel in einer anderen Farbe als Rot ausmalen. Diese Farbe darfst du aussuchen.
3. Am nächsten Tag wieder laut lesen – rotes Uhrenviertel. Danach wieder leise lesen – Uhrenviertel in einer anderen Farbe ausmalen. Du darfst auch mehr als jede zweite Viertelstunde laut lesen, aber nicht weniger.

Nach innen geklappter Teil der Rückseite:		Vorderseite
Du hast die Schlussprüfung bestanden und bist nun eine geprüfte Lesemeisterin. Straßlach, __________ __________		**Lesepass der Grundschule Straßlach**

Aufgeklappte Innenseite des Lesepasses:		
Foto des Kindes für __________ __________	Du hast die erste Leseprüfung bestanden und bist nun eine geprüfte Leseanfängerin. Straßlach, __________ __________	Du hast die zweite Leseprüfung bestanden und bist nun eine geprüfte fortgeschrittene Leserin. Straßlach, __________ __________

Wenn du mit dem zweiten Trainingsabschnitt fertig bist, wird dir in deinen Lesepass eingetragen: geprüfter fortgeschrittener Leser

4. Im letzten Trainingsabschnitt musst du auf jeder Uhr nur noch eine rote Viertelstunde haben. Du darfst aber auch mehr laut lesen, nur nicht weniger.

Wenn du mit dem letzten Abschnitt fertig bist (das kann in der 2. Klasse, aber auch erst in der 3. sein), bekommst du in deinem Lesepass bestätigt: Geprüfter Lesemeister

Dann kannst du gut lesen und darfst dich freuen. Du hast 100 Stunden trainiert!

Evaluation – Fragebogen für die Eltern

Wenn wir Lehrer etwas sehr geglückt finden, dann wollen wir natürlich wissen, wie es woanders „ankommt“ und ob zum Beispiel die Eltern das genauso oder ähnlich sehen wie wir. In meiner letzten 1. Klasse schickte ich den Eltern deshalb ca. acht Wochen nach Beginn des 100-Stunden-Lesetrainings einen Fragebogen, den sie auch alle ausfüllten und zurückschickten.

Zu diesem Zeitpunkt hatten einige Kinder bereits die erste Leseprüfung hinter sich und somit ihren Lesepass bereits erhalten. In den acht Wochen Training hatten die Eltern auch genügend Zeit gehabt, ihre Kinder zu beobachten und Veränderungen, die sich im Zuge des Trainings ergeben hatten, zur Kenntnis zu nehmen. Ursprünglich hatte ich den Bewertungsbogen einige Wochen früher austeilen wollen, war aber dann davon abgekommen, weil ich mir von einer Befragung zu einem etwas späteren Zeitpunkt mehr Aussagekraft versprach.

Die Skala, auf der die Eltern das Zutreffende ankreuzen sollten, umfasst vier Felder, damit es nicht die Möglichkeit gibt, eine nichtssagende Mitte (wie es bei fünf Feldern möglich wäre) anzukreuzen. Bei einer 4er-Skala muss man sich entscheiden, ob man eine Aussage eher in der „besseren“ oder in der „schlechteren“ Hälfte ansiedeln will. Unentschieden gibt es nicht.

Der Text des Bewertungsbogens, der insgesamt vier Seiten umfasste und auf ein DIN-A3-Blatt (Vorder- und Rückseite, in der Mitte gefaltet) kopiert war, ist auf den Seiten 182–185 abgedruckt.

Bewertungsbogen zum 100-Stunden-Lesetraining

Bitte kreuzen Sie zu jedem Statement an, ob dieses voll, ziemlich, ein wenig oder gar nicht zutrifft.

1. Mein Kind ist durch das Trainingsbuch besser motiviert zum Üben.

Aussage trifft voll zu	Aussage trifft überwiegend zu	Aussage trifft ein wenig zu	Aussage trifft nicht zu	War ich vorher schon voll

2. Mein Kind absolviert sein tägliches Lesetraining ganz selbstverständlich.

Aussage trifft voll zu	Aussage trifft überwiegend zu	Aussage trifft ein wenig zu	Aussage trifft nicht zu	War es vorher schon

3. Mein Kind denkt selbst an sein Lesetraining.

Aussage trifft voll zu	Aussage trifft überwiegend zu	Aussage trifft ein wenig zu	Aussage trifft nicht zu	Konnte es vorher schon perfekt

4. Mein Kind muss zum täglichen Lesetraining immer erst gedrängt werden.

Aussage trifft voll zu	Aussage trifft überwiegend zu	Aussage trifft ein wenig zu	Aussage trifft nicht zu	Hat es vorher schon gemacht

5. Mein Kind will selber schnell eine Uhrenseite im Trainingsbuch fertig haben.

Aussage trifft voll zu	Aussage trifft überwiegend zu	Aussage trifft ein wenig zu	Aussage trifft nicht zu	War vorher schon absolut genau

6. Meinem Kind ist es gleichgültig, wann es eine Seite fertig hat.

Aussage trifft voll zu	Aussage trifft überwiegend zu	Aussage trifft ein wenig zu	Aussage trifft nicht zu	War vorher schon da

7. Mein Kind hat sich durch die tägliche Trainingszeit bisher schon spürbar im Lesen verbessert.

Aussage trifft voll zu	Aussage trifft überwiegend zu	Aussage trifft ein wenig zu	Aussage trifft nicht zu

8. Mein Kind hat durch das Training schon (eines oder mehrere) Bücher gelesen.

Aussage trifft voll zu	Aussage trifft überwiegend zu	Aussage trifft ein wenig zu	Aussage trifft nicht zu

9. Durch das Training wird das Lesen auch bei uns zu Hause mehr ein Thema.

Aussage trifft voll zu	Aussage trifft überwiegend zu	Aussage trifft ein wenig zu	Aussage trifft nicht zu

Bei den folgenden sechs Sätzen kann es auch sein, dass vorher schon alles ideal war. In diesem Fall kreuzen Sie bitte den Kasten rechts außen an.

10. Ich selbst bin durch das Training mehr zum Vorlesen motiviert.

Aussage trifft voll zu	Aussage trifft überwiegend zu	Aussage trifft ein wenig zu	Aussage trifft nicht zu

11. Mein Kind ist durch das Training sicherer beim Erkennen von Buchstaben geworden.

Aussage trifft voll zu	Aussage trifft überwiegend zu	Aussage trifft ein wenig zu	Aussage trifft nicht zu

12. Mein Kind kann sich seit dem Training den Inhalt des Gelesenen besser merken.

Aussage trifft voll zu	Aussage trifft überwiegend zu	Aussage trifft ein wenig zu	Aussage trifft nicht zu

13. Mein Kind betont durch das Training besser beim Vorlesen.

Aussage trifft voll zu	Aussage trifft überwiegend zu	Aussage trifft ein wenig zu	Aussage trifft nicht zu

14. Mein Kind ist durch das Training genauer im Lesen geworden.

Aussage trifft voll zu	Aussage trifft überwiegend zu	Aussage trifft ein wenig zu	Aussage trifft nicht zu

15. Mein Kind hat durch das Training mehr Freude am Lesen bekommen.

Aussage trifft voll zu	Aussage trifft überwiegend zu	Aussage trifft ein wenig zu	Aussage trifft nicht zu

16. Das tägliche Lesetraining hat sich bei meinem Kind auch auf die Qualität anderer Arbeiten positiv ausgewirkt.

Aussage trifft voll zu	Aussage trifft überwiegend zu	Aussage trifft ein wenig zu	Aussage trifft nicht zu

17. Durch das tägliche Training ist mir das Leseniveau meines Kindes bewusster geworden.

Aussage trifft voll zu	Aussage trifft überwiegend zu	Aussage trifft ein wenig zu	Aussage trifft nicht zu

18. Das tägliche gemeinsame Lesen mit meinem Kind empfinde ich als Bereicherung.

Aussage trifft voll zu	Aussage trifft überwiegend zu	Aussage trifft ein wenig zu	Aussage trifft nicht zu

19. Das tägliche gemeinsame Lesen mit meinem Kind ist für mich eine Übung, von deren Nutzen ich überzeugt bin.

Aussage trifft voll zu	Aussage trifft überwiegend zu	Aussage trifft ein wenig zu	Aussage trifft nicht zu

20. Das tägliche gemeinsame Lesen mit meinem Kind ist für mich eher lästig.

Aussage trifft voll zu	Aussage trifft überwiegend zu	Aussage trifft ein wenig zu	Aussage trifft nicht zu

21. Das tägliche gemeinsame Lesen mit meinem Kind empfinde ich als Zumutung.

Aussage trifft voll zu	Aussage trifft überwiegend zu	Aussage trifft ein wenig zu	Aussage trifft nicht zu

22. Ich finde, dass das Lesetraining von den Eltern zu viel Arbeit verlangt.

Aussage trifft voll zu	Aussage trifft überwiegend zu	Aussage trifft ein wenig zu	Aussage trifft nicht zu

23. Ich finde das Lesetraining gut.

Aussage trifft voll zu	Aussage trifft überwiegend zu	Aussage trifft ein wenig zu	Aussage trifft nicht zu

24. Ich würde dieses Lesetraining auch für andere 1. Klassen empfehlen.

Aussage trifft voll zu	Aussage trifft überwiegend zu	Aussage trifft ein wenig zu	Aussage trifft nicht zu

Die folgende Aussage nur bewerten, falls Ihr Kind schon einen Lesepass hat:

25. Mein Kind ist auf seinen Lesepass sehr stolz.

Aussage trifft voll zu	Aussage trifft überwiegend zu	Aussage trifft ein wenig zu	Aussage trifft nicht zu

Ich hätte noch folgende Anregungen zur Verbesserung:

Evaluation – Auswertung der Fragebögen

Wenn ich nun sage, dass meine letzte 1. Klasse nur 19 Kinder hatte, dann werden Sie vielleicht denken: „Na ja, das ist ja kein Kunststück, mit sooo wenigen Kindern, da würde ich auch ...“ Vielleicht wissen Sie aber auch bereits aus eigener Erfahrung, dass die Klassenstärke nicht das Entscheidende ist für die Qualität unserer Arbeit. Sicher geht manches in einer kleinen Klasse leichter, alleine schon wegen der Korrekturen, die bei 20 Kindern eben nur zwei Drittel der Zeit ausmachen, die sie bei 30 Kindern beanspruchen.

Dennoch: Entscheidend für unsere Arbeit ist etwas anderes. Es sind unsere persönliche Willensstärke und unsere Durchsetzungskraft, die uns immer wieder Neues ausprobieren lassen, die uns den Mut geben, jedes Problem als Chance für einen Erfolg zu nutzen und ständig über mögliche Verbesserungen unserer Arbeit nachzudenken. Meine vorletzte Klasse hatte 28 Schüler, meine jetzige hat 29 Schüler. Diese 1. Klasse hatte eben nur 19, aber das spielt in diesem Zusammenhang keine Rolle.

Ich bekam von allen Eltern die – anonym ausgefüllten – Fragebögen zurück. Ich wertete sie aus und fasste dann die Ergebnisse gruppenweise zusammen unter folgenden übergeordneten Gesichtspunkten: Lesemotivation, Arbeitshaltung, Eigenverantwortung und Übungsbereitschaft, Leseleistung und Lesekompetenz, Übungsbereitschaft der Eltern, Auswirkung des Lesetrainings auf Zuhause, Meinung der Eltern über das Lesetraining

Die Auswertung teilte ich den Eltern mit, so dass sie einerseits sich und ihr Kind einordnen konnten, andererseits aber auch erfuhren, wie die Eltern insgesamt diese Arbeit bewerteten. (Wortlaut der Auswertung s. Seiten 187–189)

Resümee und Verbesserungsvorschläge

Die Eltern waren nicht nur zum Zeitpunkt der Befragung von dem Training angetan, sie blieben es auch das ganze Schuljahr über. Ich hörte immer wieder von Eltern, wie wohltuend es sei, dass von Seiten der Schule ein derart klarer Übungsablauf vorgegeben sei. Das erspare viele häusliche Debatten und viel Ärger. Im Unterricht stellte ich ein sehr deutliches Ansteigen der Lesekompetenz fest, das sich nicht nur auf das Lesen im engeren Sinn auswirkte, sondern auch das Herangehen an Arbeitsanweisungen und den Umgang mit Rechengeschichten erleichterte.

Die Gelegenheit, Verbesserungsvorschläge zu machen, wurde von einer Mutter aufgegriffen: Sie schlug vor, irgendwo noch eine Liste über die bereits

Ihre Bewertung unseres Lesetrainings

Es wurden 19 Fragebögen ausgewertet. Bei manchen Fragen ergibt die Summe der Antworten nicht 19, weil manchmal eine Frage nicht beantwortet wurde.

Hier sind nun die Ergebnisse, wie sie sich aus der Anzahl der angekreuzten Bewertungen ableiten.

Es werden in der Auswertung die Formulierungen des Bewertungsbogens verwendet. Die Bewertung ...

... „voll“ (= trifft voll zu) kann bei manchen Fragen auch verstanden oder übersetzt werden als: immer

... „überwiegend“ kann heißen: meistens,

... „ein wenig“ kann auch übersetzt werden mit: manchmal.

Ich habe die 25 Einzelsätze zu Themenbereichen verbunden. Die Auswertung der Bewertungsbögen erlaubt eine **Aussage über folgende Themenbereiche:**

Lesemotivation – Arbeitshaltung, Eigenverantwortung und Übungsbereitschaft – Leseleistung und Lesekompetenz – Übungsbereitschaft der Eltern – Auswirkung des Lesetrainings auf Zuhause – Meinung der Eltern über das Lesetraining

Auswertung

Lesemotivation

Das Training wirkt sich motivationssteigernd aus.

Besser motiviert zum Üben sind 16 Kinder voll, 2 Kinder überwiegend, 1 Kind ein wenig.

Mehr Freude am Lesen bekommen haben 10 Kinder voll, 4 Kinder überwiegend, 1 Kind ein wenig, 1 Kind nicht und bei 3 Kindern war die Lesefreude bereits vorher da.

Arbeitshaltung, Eigenverantwortung und Übungsbereitschaft

Das Training aktiviert die Bereitschaft zum Üben, führt dazu, dass Kinder sich auch mit den Übungen identifizieren und diese als ihre Sache betrachten.

Ganz selbstverständlich absolvieren das Training 10 Kinder voll, 8 Kinder überwiegend, 1 Kind ein wenig.

An das Lesetraining denken von selber 7 Kinder voll, 11 Kinder überwiegend, 1 Kind ein wenig.

Zum Training gedrängt werden müssen 17 Kinder überhaupt nicht, 2 Kinder ein wenig.

Selber **schnell eine Übungsseite fertig haben wollen** 12 Kinder voll, 4 Kinder überwiegend, 2 Kinder ein wenig.

Gleichgültig, wann es eine Seite fertig hat, ist es keinem Kind.

Durch das Training **Bücher gelesen** haben bereits 16 Kinder.

Leseleistung und Lesekompetenz

Das Training wirkt sich leistungssteigernd aus. Die Kinder verbessern sich in den verschiedenen Bereichen deutlich und lesen durch das Training besser, genauer und schöner.

Im **Erkennen von Buchstaben** wurden sicherer: 13 Kinder voll, 4 Kinder überwiegend, 1 Kind war schon vorher sicher.

Die **Merkfähigkeit für die gelesenen Inhalte** ist besser geworden bei 10 Kindern voll, bei 5 Kindern überwiegend, bei 2 Kindern nicht und bei 1 Kind war sie vorher schon ausgeprägt.

Es **betonen beim Lesen besser** 8 Kinder voll, 6 Kinder überwiegend, 4 Kinder ein wenig.

Genauer lesen durch das Training11 Kinder voll, 6 Kinder überwiegend, 1 Kind ein wenig, 1 Kind nicht.

Auch bei anderen Arbeiten hat sich seit Beginn des Lesetrainings die Qualität verbessert: bei 3 Kindern voll, bei 5 Kindern überwiegend, bei 5 Kindern ein wenig, bei 5 Kindern nicht.

Was bedeutet das gemeinsame Lesen für die Eltern?

Lesen ist durch das Training auch in den Familien eher ein Thema geworden, das man zur Kenntnis nimmt. Die Vorlesefreude wurde dadurch nur geringfügig beeinflusst. Das gemeinsame Lesen wird aber als Bereicherung empfunden und hat auch dazu geführt, dass Eltern die Leseleistung ihres Kindes viel besser einschätzen können.

Auch zu Hause ist das Lesen mehr zum Thema geworden: bei 7 Kindern voll, bei 5 Kindern überwiegend, bei 4 Kindern ein wenig, bei 2 Kindern nicht.

Die Eltern sind mehr zum Vorlesen motiviert bei 2 Kindern voll, bei 1 Kind überwiegend, bei 4 Kindern ein wenig, bei 2 Kindern nicht und bei 9 Kindern waren die Eltern vorher bereits voll motivierte Vorleser.

Das tägliche gemeinsame Lesen empfinden Eltern als Bereicherung: bei 13 Kindern voll, bei 5 Kindern überwiegend, bei 1 Kind ein wenig.

Das Leseniveau ist Eltern bewusster geworden: bei 16 Kindern voll, bei 1 Kind überwiegend, bei 1 Kind ein wenig, bei 1 Kind gar nicht.

Wie kommen Eltern mit der viertelstündigen Übungszeit zurecht, die ja eine tägliche Mehrarbeit für sie darstellt?

Eltern akzeptieren den Arbeitsaufwand und fühlen sich dadurch weder belästigt noch zu sehr belastet.

Das tägliche Lesen empfinden als lästig: 15 Eltern gar nicht, 4 Eltern ein wenig.

Als Zumutung empfindet das niemand, hier haben **alle „trifft nicht zu“** angekreuzt.

Dass das Lesetraining zu viel Arbeit für die Eltern ist, finden die Eltern von 18 Kindern gar nicht, von 1 Kind ein wenig.

Wie finden Eltern das Lesetraining?

Es wird von den Eltern gut gefunden und auch für andere 1. Klassen empfohlen.

Ich finde das Lesetraining gut: haben alle voll angekreuzt.

Ich würde es auch anderen 1. Klassen empfehlen sagen die Eltern von 15 Kindern voll, von 1 Kind überwiegend (bei 3 Fragebögen war diese letzte Zeile nicht mehr ausgefüllt).

selbständig gelesenen Kinderbücher zu führen. Die tägliche Leseviertelstunde verschlang nämlich erstaunlich viel „Lesefutter“. Deshalb begannen im Zuge des 100-Stunden-Trainings alle Kinder irgendwann – die meisten sehr bald – mit dem Lesen von Büchern. Viele Eltern besuchten mit ihren Kindern nun regelmäßig die Gemeindebücherei, um Lesestoff „heranzuschaffen“. Der Wunsch, die gelesenen Bücher auf einer Liste festzuhalten, kann meines Erachtens durchaus verglichen werden mit dem Bestreben des Jägers, seine Jagdtrophäen zu sammeln und auszustellen.

Ich entwarf deshalb noch eine „Oberleser-Tabelle“, in die fertig gelesene Bücher eingetragen und von den Eltern abgezeichnet werden konnten. Wer ein fertig gelesenes Buch eingetragen und bestätigt hatte, zeigte sie mir und bekam einen Oberleser-Stempel. Auf den waren die Kinder ganz wild, dabei ist dieser Stempel etwas sehr Einfaches. Er gehört zu den Quieselbüchern des Cornelsen-Verlages und stellt den Quiesel dar, eine Phantasiefigur, die in den gleichnamigen – übrigens sehr empfehlenswerten – Leseheften eine Hauptrolle spielt. Diesen Quiesel nun nannte ich „Oberleser“ und den Stempel folgerichtig „Oberleserstempel“. Mit ihm wurde in der Tabelle in einer eigenen-Spalte jedes gelesene Buch gewürdigt. Genauso wie die Aufkleber im Uhrenbuch waren auch die Oberleserstempel sehr begehrt.

Hier die Bücherliste, die an die Kinder auf individuellen Wunsch ausgeteilt und lose in das Uhrenbuch eingelegt wurde:

Bücherliste von ______________________________

Diese Bücher habe ich ganz gelesen – von vorne bis hinten – und auch verstanden, was drinsteht. (Die Eltern sollen mit dem Kind über den Inhalt des Buches reden, so dass sicher ist, dass er verstanden wurde.)

Buchtitel	gelesen in der Zeit von/bis	Bestätigung durch Unterschrift

Gehirnfreundliches Lernen benutzt viele Kanäle

Alles, was wir lernen oder woraus wir lernen, wird zuerst einmal auf irgendeine Weise wahrgenommen: Wir sehen, hören, fühlen, schmecken oder riechen etwas. Auf neurologischen „Straßen" wandert diese Wahrnehmung ins Gehirn, und kommt dort mehr oder weniger unversehrt an.

- Hier haben wir bereits den *ersten Risikofaktor*: Wahrnehmungssysteme, die nicht optimal funktionieren, erschweren den „Input", den unser Gehirn braucht, damit es Reize weiterverarbeiten kann.
- Nehmen wir einmal an, der benutzte Wahrnehmungskanal, zum Beispiel das visuelle System, würde funktionieren und im Gehirn käme die graphische Gestalt eines Wortes „richtig" an. Nun muss der sensorische Input entweder verknüpft werden mit bereits vorhandenen Daten oder erst einmal mit einer Bedeutung versehen und gespeichert werden. Die Qualität und das Tempo der Verknüpfung und damit der Auswertung des Wahrgenommenen können nun durch mangelnde Zusammenarbeit der verschiedenen Gehirnbereiche und ihrer Funktionen beeinträchtigt werden – *der zweite Risikofaktor*.
- Doch selbst wenn Wahrnehmung und Verknüpfung „ordnungsgemäß" funktionieren, können Störungen auftreten durch stressbedingte Funktionsmängel – *der dritte Risikofaktor*.

Die Vernetzung von Lerninhalten

In diesem Abschnitt soll dargestellt werden, wie wir Lernen gehirnfreundlich organisieren können, so dass Lerninhalte die größtmögliche Chance bekommen, nicht nur im Gehirn anzukommen, sondern dort auch verarbeitet und vernetzt zu werden.

Jeder weiß es aus Erfahrung: Wir können uns Fakten besser merken, wenn sie aus einem Wissensgebiet stammen, das uns bereits vertraut ist. Es gibt zum Beispiel Jungen, die ungeheuer gut über Autotypen, Flugzeuge und Ähnliches Bescheid wissen. Sie können sich auch technische Details dazu erstaunlich gut merken. Sicher ist das Interesse daran ein Moment, das die Gedächtnisleistung positiv beeinflusst. Das Entscheidende dürfte aber sein, dass hier die neue Information in ein Gitter aus bereits Vorhandenem „eingeklinkt" wird, somit vielfach vernetzt ist und deshalb auch nicht so leicht wieder „herausfällt". Wir können an uns selbst feststellen, dass es bestimmte Bereiche gibt, in die wir Neues problemlos einordnen können, so dass wir es uns auch merken. Das sind meistens Bereiche, mit denen wir beruflich zu tun haben oder die mit unseren Hobbys in Zusammenhang stehen. Dann wieder gibt es Themen, die uns vielleicht sogar interessieren, zu denen wir uns jedoch nur schwer etwas merken können.

Beim Lesenlernen haben wir es mit Anfängern zu tun, die sich in eben dieser Situation befinden: Sie lernen Neues, das sie wahrscheinlich auch – zumindest am Anfang, bevor die ersten Misserfolge kommen – interessiert. Es existiert in ihren Gehirnen aber kein Netz aus bereits vorhandenem Wissen, in das dieses Neue hineinpassen würde.

Wir müssen also damit rechnen, dass das Gelernte nicht auf Anhieb haften bleibt, es sei denn, Kinder verfügen bereits über ein Netz aus Informationen, die sie sich nach und nach selbst zugelegt haben, so wie es meine Tochter Maxi in ihrer Vorschulzeit machte. Für Kinder wie sie bräuchte man sich jedoch keine Gedanken über die Organisation des Leselehrgangs machen, denn sie war eines jener Kinder, bei denen es der Lehrer gar nicht verhindern könnte, dass sie lesen lernen.

Diese Kinder sind allerdings in einer „normalen" 1. Klasse kaum vertreten. Also sind wir Lehrer gefragt. Was ist zu tun, um all den Kindern, für die Lesenlernen wirklich Neuland-Betreten heißt, möglichst gute Erfolgschancen zu geben? Ganz einfach – wir müssen eben die Bedingungen für eine Vernetzung des neu Gelernten schaffen. Das heißt: Wir müssen an möglichst vielen verschiedenen Stellen des Gehirns Eindrücke hinterlassen, die mit den zu speichernden Inhalten korrespondieren.

Wir dürfen uns nun aber nicht vorstellen, unser Gehirn sei ein Organ, in dem man sich wie auf einer Landkarte orientieren könne: Hier ist dies und da ist jenes. Es ist „irgendwie" schon so, aber auch wieder anders.

Das soll heißen: Es gibt sehr wohl Gehirnbereiche, die bevorzugt für bestimmte Funktionen zuständig sind. Das ist *eine* Möglichkeit, die Arbeitsweise des Gehirns zu beschreiben. Wir wissen aber auch, dass bei Ausfällen in Folge von Krankheiten oder Verletzungen verloren gegangene Fähigkeiten wieder – wenigstens zum Teil – erlernt werden können, dass also andere Gehirnbereiche für die geschädigten Areale „einspringen" können, was auf Flexibilität bei der Aufgabenverteilung hindeutet und was eben gerade nicht auf eine starre und irreversible Zuordnung bestimmter Aufgaben zu bestimmten Gebieten schließen lässt.

Der Neurologe Wilder Penfield[45] hat durch seine Versuche bewiesen, dass bestimmte Erinnerungen an bestimmten Stellen im Gehirn gespeichert sind. Er hat nämlich bei der Durchführung von Gehirnoperationen, wenn die Schädeldecke ohnehin geöffnet war, an wachen Patienten mit einer Elektrode bestimmte Stellen im Kortex stimuliert, worauf sich bei der Person eine spezifische Erinnerung an ein Lied, einen Geruch, ein Gespräch usw. einstellte. Ein und dieselbe Erinnerung konnte beliebig oft wachgerufen werden, indem man die dafür zuständige Stelle stimulierte. Das könnte man nun als einen klaren Beweis dafür auffassen, dass es für unser Gehirn doch eine Landkarte gibt.

So einfach ist die Sache nun aber nicht. Der Neurologe Lashley hat nämlich ungefähr zur selben Zeit das genaue Gegenteil „bewiesen".[46] Er trainierte bei Tieren bestimmte Fertigkeiten und schuf auf diese Weise bestimmte Gedächtnisinhalte bei ihnen. Dann begann er, den Kortex – die Großhirnrinde – systematisch abzutragen. Von seiner Theorie ausgehend, dass jeder Gedächtnisinhalt eine physiologische Spur – ein Engramm – in das Gehirn eingräbt, erwartete er natürlich, dass er irgendwann den fraglichen Bereich „erwischen" würde, wodurch die Erinnerung an das Gelernte gelöscht wäre. Zu seinem Erstaunen stellte er jedoch fest, dass keines seiner Versuchstiere seine Erinnerungen verlor, selbst wenn der Kortex bis zur Hälfte abgetragen wurde. Sie schienen lediglich ungenauer und verschwommener zu werden.

Das Lashley-Penfield-Paradoxon, das allem Anschein nach zwei gegensätzliche Behauptungen bewies, bildete lange Zeit ein Problem. Vor dem gedanklichen Hintergrund, dass *entweder* die eine *oder* die andere Behauptung „stimmt", kann das Problem nicht gelöst werden. Die Gehirnforschung ist jedoch – ebenso wie übrigens auch die neuere Physik[47] – über dieses Stadium der Einteilung der Welt in entweder Nur-Schwarz oder Nur-Weiß hinaus.[48]

In Bezug auf unser Gehirn heißt das: Das Gehirn hat bestimmte spezifische Bereiche. Es ist aber auch unspezifisch, holographisch aufzufassen.

Für unsere Absicht, nämlich, den Leselehrgang so gehirnfreundlich wie möglich zu gestalten, brauchen wir hier nicht weiter in die Tiefe zu gehen. Wir müssen wissen: Gelerntes hinterlässt Spuren im Gehirn und zwar nicht nur grundsätzlich und im ganzen Gehirn, sondern auch an bestimmten verschiedenen Orten. Wir dürfen davon ausgehen, dass Lernen umso effektiver wird, je mehr verschiedene Orte im Gehirn dabei aktiviert werden und dass davon auch die Deutlichkeit und Tiefe der Spuren des Gelernten beeinflusst werden.

Verknüpfung von Lerninhalten mit Bildern

Schon lange bevor die Gesetze des Lernens wissenschaftlich untersucht wurden, wussten die Menschen um mnemotechnische Tricks. So spazierten beispielsweise die „alten Griechen“ beim Einüben eines Vortrags herum und „hefteten“ bestimmte Teile davon an bestimmte Gebäude oder an bauliche Merkmale. Hielten Sie nun ihren Vortrag, so gingen sie in Gedanken ihren Spazierweg noch einmal ab und erinnerten sich bei den jeweiligen Gebäuden, Säulen oder Treppen an das dort Gespeicherte.

Nach dem gleichen Prinzip arbeiten übrigens auch Gedächtniskünstler. Und selbst wenn wir selber uns nicht zu einem solchen entwickeln wollen, kann es im Alltag manchmal sehr nützlich sein, über die Wirkungsweise unseres Gehirns nicht nur Bescheid zu wissen, sondern dieses Wissen auch anzuwenden. Ich denke da an Einkaufslisten. Sicher, die kann man aufschreiben und den Zettel ins Geschäft mitnehmen. Aber es kommt doch auch vor, dass einem etwas einfällt, das dringend besorgt oder erledigt werden müsste, wenn man gerade keine Gelegenheit hat, Notizen zu machen, beim Autofahren beispielsweise. Was machen Sie also, wenn Ihnen auf der Autobahn bei 150 Stundenkilometern einfällt: Ich brauche dringend Toilettenpapier und Kaffee, und außerdem muss ich heute unbedingt noch Tante Anna anrufen. Sie können die drei Sachen ganz einfach speichern, wenn Sie sie über Bilder verankern.

Das Prinzip ist folgendes: Sie prägen sich grundsätzlich, „für alle Fälle“, eine Liste von zehn Schlüsselbildern ein, deren jedes seinen festen Platz in der Zehnerreihe hat, also: 1. Bild, 2. Bild, 3. Bild usw. Haben Sie diese zehn Bilder sicher gespeichert, dann ist es kinderleicht, sich zehn verschiedene Sachen zu merken, die Sie gedanklich mit diesen Bildern verknüpfen. Ist das Bild Nr. 1 zum Beispiel mit dem Bild des Toilettenpapiers verbunden, erscheint beim Erinnern dieses Bildes „automatisch“ das Toilettenpapier mit auf ihrem inneren Bildschirm.

Entscheidend ist, dass Sie erst einmal über die zehn Bilder verfügen. In mehreren Büchern findet man Vorschläge dafür. Ich selbst benutze folgende Schlüsselbegriffe seit vielen Jahren mit Erfolg:[49]

1 = Kerze (sieht einer Eins ähnlich) (Vgl. Abbildung Seite 195)

2 = Schwan (sieht einer Zwei ähnlich)

3 = dreiseitige Pyramide

4 = rechteckiger Koffer

1
6
2
7
3
8
4
9
5
10
10

5 = eine Hand

6 = ein Elefantenrüssel (sieht einer Sechs ähnlich)

7 = eine Flagge

8 = eine Sanduhr

9 = ein Golfschläger

10 = ein Zehnmarkschein

Kehren wir nun zu unserem Beispiel zurück. Wir müssen uns merken: Toilettenpapier und Kaffee kaufen, Tante Anna anrufen.

Ich stelle mir (für 1.) also zuerst die Kerze vor, die in einer aufgestellten Klorolle steht, und danach (für 2.) den Schwan, der in einer Tasse Kaffee schwimmt. Für Tante Anna (3.) denke ich an die dreiseitige Pyramide, aus der oben Tante Annas Kopf herausschaut. Auf der Vorderseite der Pyramide ist eine altmodische Wählscheibe oder auch eine zeitgemäße Telefontastatur angebracht – je nach persönlicher Vorliebe. In einer Seite steckt ein Telefonhörer.

Zu Hause angekommen, weiß ich noch, dass ich mir drei Dinge gemerkt habe, und stelle mir nun meine drei Schlüsselbilder vor: Zuerst kommt die Kerze – richtig, das *Toilettenpapier*! Dann der Schwan: Er schwimmt auf der *Kaffee*tasse. Und zum Schluss die Pyramide: Ach ja, *Tante Anna*!

Bilder geben aber nicht nur dann wirkungsvolle Merkhilfen ab, wenn wir sie, wie in unserem Beispiel, eins zu eins mit den zu speichernden Inhalten verknüpfen. Wir können auch etwas Trockenes, schwer zu Speicherndes, in Bilderform darstellen, gleichsam in die Bildersprache übersetzen und uns dadurch leichter einprägen.

Ein geradezu schlagendes Beispiel für die Wirksamkeit dieser Technik liefert folgender Satz. Lesen Sie ihn aufmerksam und versuchen Sie, ihn sich einzuprägen.[50]

Zweibein sitzt auf Dreibein und isst Einbein.

Da kommt Vierbein und nimmt Zweibein das Einbein weg.

Da nimmt Zweibein Dreibein und schlägt damit Vierbein.

So sehr Sie sich abmühen müssen, um sich diesen Satz nur auf dem Kanal über die Sprache einzuprägen, so kinderleicht können Sie ihn sich für immer merken, wenn Sie ihn in die Bildersprache übersetzen, also „ganzhirnig" vorgehen,, indem Sie den „linkshirnigen" Sprachinhalt mit „rechtshirnigen" Bildern verknüpfen.

Also: Zweibein ist ein Mensch, Einbein irgendeine Keule zum Abnagen, Dreibein ein Hocker und Vierbein ein Hund. Nun lesen Sie den Satz noch einmal und stellen sich zum Inhalt die passenden Bilder vor. Na, wie war's? Ganz schön leicht, nicht wahr?

Wir gehen also außerordentlich gehirnfreundlich vor, wenn wir das Lernen von Buchstaben über Bilder besser verankern, wie es detailliert im Abschnitt über das Lesenlernen durch Geschichten beschrieben ist. Ebenfalls unter diesem Punkt ist bereits die Arbeit mit den Buchstabengedichten abgehandelt worden.

Überblick über weitere gehirnfreundliche Möglichkeiten

Wir kennen also bereits zwei Möglichkeiten, beim Lernen die linkshirnige Information – Lernen einzelner Buchstaben – mit rechtshirnigen Aktivitäten zu verknüpfen und auf diese Weise mehrere Kanäle und verschiedene Gehirnbereiche zu benutzen.

Rufen wir uns noch einmal die verschiedenen Funktionen der beiden Gehirnhälften ins Gedächtnis und kombinieren wir diese Information mit dem Wissen um unsere verschiedenen Sinneskanäle als Input-Möglichkeiten, dann haben wir einen sehr brauchbaren Leitfaden dafür, wie wir möglichst breit gestreut und damit auch möglichst erfolgsträchtig unsere Lerninhalte vermitteln können.

Die Hemisphärenfunktionen	
Links	**Rechts**
analytisches, lineares Vorgehen	synthetisches Vorgehen
Schritt für Schritt	alles auf einen Blick
Einzelheiten	Ganzheit
abstrakte Zeichen und Symbole	konkrete Inhalte, Geschichten
einzelne Zahlen, Buchstaben	Bilder, Farben und Formen
Anstrengung	Rhythmus, Musik
Lernen von Neuem	Bewegung, Körpergefühl
Bewusstsein	Umgehen mit Vertrautem
	Entspannung
	Unbewusstes

Aus der Übersicht wird klar: Im „normalen“ Unterricht wird die ganze Linkshirnpalette beim Lernen voll abgedeckt.

- analytisches, lineares Vorgehen, Schritt für Schritt: Wir lernen einen Buchstaben nach dem anderen.
- Einzelheiten, abstrakte Zeichen und Symbole, einzelne Zahlen, Buchstaben: Wir lernen einzelne Buchstaben. Das sind abstrakte Zeichen.
- Anstrengung, Lernen von Neuem, Bewusstsein: Wir lernen etwas Neues. Wir lernen bewusst und müssen uns anstrengen.

Rechtshirnige Aktivitäten und Inhalte kommen im „normalen“ Unterricht zwar durchaus vor: Vorlesen von Geschichten, Singen, Bewegen. Sie werden jedoch meist nur ungezielt, wenig systematisch und vor allem ohne konkrete Verknüpfung mit linkshirnigen Lerninhalten eingebracht. Vernetzung im Gehirn kann aber nur geschaffen werden, wenn ...

- verschiedene Gehirnbereiche angesprochen werden und
- zwischen diesen verschiedenen Bereichen Verknüpfungen geschaffen werden.

Unvernetzte Aktivitäten lassen sich so darstellen:

Wir lernen einen Buchstaben

Wir singen ein Lied

Wir hören eine Geschichte

Wir machen eine Gymnastikübung

Wir sagen einen Vers auf

Wir sehen ein Bild

Wir lesen ein Wort

Wir malen ein Bild

Vernetzt sieht das Ganze so aus:

Wir lernen einen Buchstaben				Wir singen ein Lied zu dem Buchstaben
		Wir hören zu dem Buchstaben eine Geschichte		
Wir machen eine Bewegungsübung zu dem gelernten Buchstaben				Wir sagen einen Vers zum Buchstaben auf
		Wir sehen ein Bild zu dem Buchstaben		
Wir lesen ein Wort aus der Buchstaben-geschichte				Wir malen ein Bild zu dem Buchstaben

Daraus wird deutlich: Es ist im Hinblick auf eine Optimierung des Leselernprozesses nicht damit getan, irgendwelche rechtshirnigen Aktivitäten durchzuführen. Das Entscheidende ist die Verknüpfung aller Aktivitäten mit den jeweiligen Lerninhalten.

Was nun unsere Sinneskanäle betrifft, so wird auch hier im „normalen" Unterricht eher schmalspurig gearbeitet. Die „klassischen" Vermittlungskanäle sind: Sehen und Hören. Dabei ist es so leicht, die Kanäle Schmecken und Fühlen systematisch einzubeziehen und den Sinneskanal Riechen zumindest gelegentlich.

Der Sinneskanal „Schmecken"

Buchstaben kann man „schmecken" und sie sich durch Essen einverleiben. In den letzten zehn Jahren haben sich meine persönlichen Akzente etwas verschoben. Während ich früher zwar mit einer gewissen Regelmäßigkeit mehrere Male im Schuljahr mit den Kindern etwas aß, habe ich in den letzten Jahren begonnen, systematisch zu jedem Buchstaben in der Schule zu „kochen" oder auch nur etwas Mitgebrachtes, bereits Fertiges zu essen.

Alles, was ich über das gemeinsame Essen bereits in der Originalfassung dieses Buches gesagt habe, gilt für mich weiterhin: Das gemeinsame Essen in einer Gruppe, die über Jahre hinweg täglich einige Stunden zusammen lebt und arbeitet, ist ein Erlebnis, das weit mehr vermittelt als das bloße Sattwerden.

Ich denke mir immer, dass für die Kinder ein Platz, an dem es auch etwas zu essen gibt, wo es einem also auch ganz vordergründig „leiblich" gut geht, schon gar nicht mehr so schlecht sein kann. Freilich ist es wichtig, dass gerade so schöne Unternehmungen auch für alle Beteiligten schön und befriedigend verlaufen und nicht der Hand des Lehrers völlig entgleiten, im Chaos enden und dann zu Frustrationen auf beiden Seiten führen, die mehr Schaden als Nutzen bringen.

Wenn also gemeinsam gekocht wird, stelle ich immer einen genauen Arbeitsplan für meine Sitzgruppen auf und überlege:

- **Was machen alle gemeinsam?**

Schälen und Zerkleinern von Obst und Gemüse, Brote streichen, Spieße „auffädeln", Schnittlauch schneiden usw.

- **Was machen einzelne Schüler in der Tischgruppe?**

Ein Beispiel für Arbeitsaufteilung wäre:

1. und 2. Schüler: Nudeln abmessen (im Messbecher)

3. und 4. Schüler: Wasser aufsetzen und Herdplatte einschalten

5. und 6. Schüler: Nudeln ins kochende Wasser schütten, umrühren

Lehrerin: Die gegarten Nudeln abgießen

- **Was bereiten Lehrerin oder Eltern vor?**

Nicht alles kann in der Schule gemeinsam mit den Kindern gekocht werden. Manches bereite ich vor, manches bringen Eltern fertig mit oder richten es in der Schule her.

- **Welche Regeln sollen beim Essen gelten?**

Gemeinsame Rituale haben eine starke Kraft. Nicht umsonst nehmen sie in allen „primitiven" Kulturen immer noch einen wichtigen Platz ein. Auch die katholische Kirche weiß um die Bedeutung und den Nutzen ritualisierter Abläufe. Lediglich in unserem Alltag haben Rituale kaum mehr einen Platz.

Für die Schule werden sie aber zunehmend wieder entdeckt und man kann in manchen Publikationen über ihren Wert lesen. Ich achte sehr darauf, dass das gemeinsame Essen immer in einem schönen, rituellen Rahmen abläuft. Wenn es nur eine Kleinigkeit gibt, die bereits fertig ist, kommt das natürlich nicht so zum Tragen wie bei einem Essen, das wir gemeinsam zubereiten. Da muss nach dem Kochen erst noch aufgeräumt werden. Dann decken alle Kinder ihren Platz. Ich teile immer Papierservietten als Sets aus, auf die wir Teller und Besteck legen. Wenn jeder etwas auf seinem Teller hat, geben alle Kinder einer Tischgruppe einander die Hände. Wir sagen „Guten Appetit!" Erst dann darf gegessen werden.

Im Folgenden gebe ich die „Gerichte" wieder – manches ist wirklich nur eine Kleinigkeit –, die bei mir zurzeit „in" sind. Ich stelle sie in der Reihenfolge vor, in der wir sie – begleitend zu den gelernten Buchstaben – gegessen haben. Sie ersehen daraus, dass Kompliziertes und sehr Einfaches einander abwechseln.

Die besten Erfahrungen habe ich mit dieser Verteilung der „Esstage" gemacht: An drei aufeinander folgenden Wochen wird pro Woche jeweils ein Buchstabe durchgenommen. Die vierte Woche ist dann die Esswoche, in der zu den drei Buchstaben gegessen wird. Das können drei verschiedene Tage sein. Wir haben manchmal aber auch mehrere Buchstaben an einem Tag verspeist, zum Beispiel I und D (Ingwer und Datteln). Die einzigen Buchstaben, zu denen ich kein passendes Gericht habe, sind X und Y. Eine Kollegin teilte mir mit, sie habe zum X Mixmilch gemacht, mit großem Erfolg. Das habe ich selbst noch nicht ausprobiert, kann es mir aber sehr gut vorstellen.

Achtung!

Beachten Sie unbedingt, dass es wichtig ist, alles, was Sie mit den Kindern machen, vorher zu Hause auszuprobieren. Die Tücke steckt oft im Detail. Überlegen Sie sich genau, wie Sie einzelne Aufgaben unter den Kindern verteilen. Probieren Sie genau aus, wie viel von den einzelnen Zutaten Sie brauchen, welche Mengen beim Zubereiten herauskommen.

Die „Speisenfolge"

A

Ananas mit Sahne: Die Ananas kommen aus der Dose. Zum Herzeigen bringe ich eine richtige Ananas mit. Jedes Kind bekommt eine von mir in Stücke geschnittene Scheibe auf einen Pappteller, dazu einen Zahnstocher zum Aufpicken der Stückchen. Wer will, bekommt einen Tupfer Sahne aus der Sahne-Spraydose (manchmal bekomme ich auch von einer Mutter einen Sahneboy geliehen).

Praktischer Tipp: Während ich die Ananas in Stücke schneide, malen die Kinder die „echte" Ananas auf ein Leseblatt mit der Überschrift: Wir essen Ananas. Wer mit Malen fertig ist, darf das Wort Ananas in so vielen verschiedenen Farben wie möglich auf das Malblatt schreiben, also Ananas mit rotem Buntstift, mit blauem, gelbem, usw.

M

Mandelkekse: Die bringe ich einfach mit. Wir setzen uns im Kreis zusammen und essen sie.

O

Obsttörtchen mit Sahne: Fertige Obsttörtchen kaufen, mit frischen Obststückchen belegen. Das hat sich besser bewährt als der Obstsalat aus der Dose, den viele Kinder nicht mögen. Auch hier gibt es auf Wunsch wieder einen Tupfer Sahne aus der Spraydose.

R

Ramabrot: Das ist immer ein großer „Renner" bei den Kindern. Auf „Leicht und Cross"-Brote streiche ich sehr dünn Rama auf.

T

Tortellini: Auf einer Kochplatte, die ich ins Klassenzimmer stelle, koche ich Tortellini. Die Kinder haben einen Suppenteller und eine Menügabel dabei. Jedes Kind bekommt auf seine Tortellini ein wenig Butter und einen Löffel Parmesan (wenn es will).

W

Wurstspieße: Die Kinder schneiden Wiener Würstchen in Scheiben, rote und gelbe Paprika sowie Salatgurken in Stücke und stecken Wurst- und Gemüsestücke abwechselnd auf Schaschlikspieße.

E

Essiggurken-Sandwich: Zwei Mütter haben morgens Vollkornbrot vom Bäcker geholt, Brotscheiben dünn mit Butter bestrichen und diagonal durchgeschnitten. Die Kinder schneiden Essiggurken in Scheiben und belegen damit die vorbereiteten Butterbrote.

L

Litschis: Ich bestelle im Obstladen ein Körbchen Litschis, die wir in der Pause gemeinsam essen.

K

Kletzenbrot: Das K lernen wir im Advent, da gibt es bereits überall Kletzenbrot. Ich habe eine besonders gute Einkaufsquelle. Das fertige Kletzenbrot schneide ich in kleine Probierstückchen. Kletzen sind gedörrte Birnen. Ich bestelle einige davon im Obstladen und bringe sie zusammen mit dem Kletzenbrot in die Schule mit. Wer will, darf sie probieren. Kletzen kennen nur sehr, sehr wenige Kinder.

N

Nüsse aller Art: Ich bringe verschiedene Nüsse mit:

Walnüsse, Haselnüsse, Erdnüsse, Macadamianüsse, Pekannüsse, Paranüsse.

I

Ingwer: Wir probieren kleine Stückchen von frischem Ingwer. Ich habe auch noch Ingwerkekse und für jedes Kind ein Stück kandierten Ingwer mitgebracht.

D

Datteln: frische Datteln am Zweig. Sie können zum Vergleich auch noch in Zuckersirup eingelegte Datteln mitbringen, die es in Schachteln zu kaufen gibt.

S

Senfsemmeln: Ich lasse beim Bäcker kleine Vollkorn-Partysemmeln backen, die ich halbiere. Die Kinder haben an der Gruppe je ein Tellerchen mit süßem, scharfem und extra scharfem Senf stehen. Sie sollten jeder ein Messer und einen Kuchenteller mitbringen und dürfen sich nun von der gewünschten Senfsorte etwas auf ihre Semmel streichen. Den scharfen Senf nenne ich „Teufelssenf“. Das ist Löwensenf extra scharf. Nicht alle Kinder wagen sich an diesen. Wer sich traut, wird bewundert.

U

Ungarische Brote: Mit U ein Essen zu finden ist schier unmöglich. Da erfand ich die „ungarischen Brote". Bei unserem Bäcker bestellte ich wieder Partysemmeln, die von mir halbiert wurden. Die Kinder bestrichen die Semmelhälften mit Butter. Sie schnitten Petersilie klein. (Schnittlauch würde auch gehen.) Auf jeder Tischgruppe stand ein Tellerchen mit süßem Paprikapulver. Ich hatte aus Tonpapier Streifen geschnitten, die ein Drittel mal so breit waren wie die Brötchen lang. Diese Streifen wurden quer über die Buttersemmel gelegt. Dann wurde das obere Drittel der Semmel mit Paprikapulver bestreut und das untere mit gehackter Petersilie. Nach dem Abnehmen des Tonpapierstreifens, der das mittlere Drittel der Semmel sauber gehalten hatte, ergab sich das Muster der ungarischen Flagge: rot-weiß-grün quer gestreift.

F

Fischstäbchen mit Kartoffelsalat

Die Fischstäbchen werden von zwei Müttern in der Küche des Lehrerzimmers gebraten. Ist keine Küche da, können sie gut auch zu Hause gebraten und in einer Isoliertasche in die Schule gebracht werden. Sie schmecken auch lauwarm. (Am besten schmecken mir übrigens Fischstäbchen der Marke „Käptn Iglo".) Viele Kinder essen keinen Kartoffelsalat. Es schmecken auch Ketchup und Semmeln zum Fisch.

G

Gemüserohkost: Die Kinder schneiden Gurken, Karotten und Stangensellerie in lange Streifen. Aus Quark, Milch, Salz, Pfeffer, Zucker und verschiedenen Kräutern (Petersilie, Schnittlauch, Dill, Kerbel, Kresse usw.) einen Dip anrühren.

H

Himbeeren mit Vanilleeis: Tiefkühlhimbeeren mit etwas Zucker auf der Kochplatte im Klassenzimmer erhitzen. Jedes Kind hat einen Suppenteller und einen Kaffeelöffel dabei. Das Eis teilen die Gruppen selber aus. Das geht gut mit dem in Schachteln abgepackten Eis, das sich leicht schneiden lässt.

B

Butterbrezen (– so heißen sie in Bayern)**:** Zwei Mütter richten sie entweder in der Schule oder zu Hause her und bringen sie uns.

Sch

Schokoladenfondue: Die Kinder schneiden Obst in kleine Stückchen, die sich gut aufspießen lassen. Besonders gut eignen sich Äpfel und Orangen. In einem Topf wird Schokolade mit etwas Sahne geschmolzen. Die Kinder legen sich Obststücke auf den mitgebrachten Teller. Es wird mit dem Teelöffel ein wenig geschmolzene Schokolade daneben gegeben. Vorsicht! Nicht zu viel Schokosoße! Das wird sonst zu süß!

C

Currywurst: Wiener Würstchen werden heiß gemacht und mit Ketchup und Curry gegessen. Der Curry wird über den Ketchupklecks auf dem Teller gestreut.

Z

Zitronenlimonade: Zitronen auspressen. Saft von 2-3 Zitronen mit 1 Liter Mineral- oder Leitungswasser auffüllen, mit Honig süßen, mit Zitronenscheibe garnieren.

J

Joghurtbanane: Pro Joghurt 1 Banane, Saft von ? Zitrone, etwas Zucker oder Honig zum Süßen. Banane mit Gabel sehr fein zerdrücken, Zitronensaft und etwas Honig oder Zucker dazu. Das Bananenpüree gut mit einem Becher gekühltem weißem Joghurt vermengen. Mit Zitronenmelisse garnieren. Schmeckt gut mit Keksen. Eine Portion reicht leicht für zwei Kinder.

V

Vanillesoße: Soßenpulver für kalt gerührte Vanillesoße nach Anweisung mit Milch zubereiten. Die Soße kann über gewürfeltes Obst gegeben werden, das die Kinder vorbereiten. Mit etwas mehr Aufwand lässt sich auch gut Schokoladenpudding zur Vanillesoße kochen. Jede Gruppe muss dann von einem halben Liter Milch Pudding zubereiten. Das wird nacheinander erledigt: Jeweils eine Gruppe kocht, die anderen erledigen Freiarbeit oder Ähnliches. Das Einrühren des angerührten Puddingpulvers in die kochende Milch soll die Lehrerin übernehmen, alles andere können die Kinder vorbereiten. Am besten bringt jedes Kind ein Kompottschüsselchen mit. In kleinen Portionen wird der Pudding viel schneller kalt als in einer großen Schüssel.

P

Popcorn: Jede Sitzgruppe macht eine eigene Portion Popcorn. Für sechs Kinder braucht man ca. ½ Tasse Popcorn und gut 2 cl Öl. In einer Kaffeetasse und an einem Schnapsglas markiere ich mit Folienstift, wie viel Popcorn bzw. Öl eingefüllt werden muss.

Ich zitiere weiter aus meinem Buch *Schreibvergnügen*, in dem ich genau erzähle, *wie* wir Popcorn machen:[51]

„In der Schule teilte ich jedem Kind einer Sechsertischgruppe eine Aufgabe zu.

Erstes Kind: Popcorn in die Tasse füllen (bis zum Strich)

Zweites Kind: Öl ins Schnapsglas gießen (bis zum Strich)

Drittes Kind: Kochplatte anschalten (auf II)

Viertes Kind: Öl aus dem Schnapsglas in den Kochtopf gießen.

Wir warteten alle einige Minuten, bis ich sagte, dass das Öl jetzt heiß genug sei (was dann der Fall ist, wenn die Ölfläche einen wellenförmigen, bewegten Rand bildet).

Fünftes Kind: Popcorn aus der Tasse in den Topf schütten.

Ich verteilte das Popcorn gleichmäßig durch Schwenken des Topfes. Alle schauten wir gespannt, wann das erste Korn zu hüpfen anfange. Als es so weit war, kam das letzte Kind der Gruppe an die Reihe.

Sechstes Kind: Deckel auf den Topf legen.

Dann horchten wir ganz mäuschenstill auf das Popcorn-Feuerwerk, das jetzt im Topf losging. Als das Geknalle langsamer wurde und schließlich verebbte, nahm ich den Deckel ab. Das „Aaah!“ und „Oooh!“ der Kinder beim Anblick des überquellenden Topfes war hörenswert. Ich salzte das Popcorn, füllte es in eine Schüssel und die nächste Gruppe kam an die Reihe.

Wer nichts zu tun hatte, konnte sich sein Buch, das wir immer unter der Bank liegen haben, holen und lesen oder sich mit Freiarbeit beschäftigen. Die meisten Kinder wollten aber am liebsten beim „Kochen“ zuschauen. Mit jeder Gruppe, die drankam, ging es ohnehin etwas schneller, weil Topf und Herdplatte schon heiß waren. Für alle drei Gruppen brauchten wir nur 40 Minuten. Als alle mit dem Kochen fertig waren, deckten wir die Tische mit roten Papierservietten. Die Kinder stellten die mitgebrachten Kompottschüsselchen auf ihren Platz und ich verteilte in jeder Gruppe das selbstgekochte Popcorn.“

Qu

Quittengelee: Wir lernen das Qu immer erst im Herbst in der 2. Klasse. Da gibt es gerade frische Quitten. Ich bringe zuerst einen Korb voller Früchte in die Klasse mit, gebe sie den Kindern in die Hand, lasse sie daran riechen – Quitten duften herrlich! Das ist ein echtes Aha-Erlebnis, denn die wenigsten Kinder kennen Quitten.

Während die Klasse mit dem Arbeitsblatt zum Qu beschäftigt ist oder Freiarbeit macht – wer Lust hat, kann mir auch zuschauen –, schneide ich die Quitten in Achtel, die ich dann noch einmal halbiere. Dazu braucht man ein großes scharfes Messer und auch etwas Kraft, denn die Früchte sind hart und holzig. Ich setze sie in einem großen Topf mit Wasser bedeckt auf und lasse sie weich kochen. Im Zimmer und auch auf dem Gang breitet sich ein herrlicher Duft aus.

Über Nacht lassen wir die Quitten abtropfen. Das geht wie zu Großmutters Zeiten: Ein Stuhl wird umgedreht auf einen Tisch gestellt, mit den vier Beinen nach oben. An den vier hochstehenden Stuhlbeinen werden die vier Zipfel einer Stoffwindel festgebunden und genau unter die Windel wird eine große Schüssel zwischen die Stuhlbeine gestellt. Nun werden die weichen Quittenstücke samt dem Saft, in dem sie schwimmen, aus dem Kochtopf in die Windel geschüttet. Der Saft läuft über Nacht durch das Tuch und sammelt sich in der Schüssel. Aus ihm wird am nächsten Tag Gelee gekocht wie üblich: Auf 1 l Saft kommt 1 kg Gelierzucker. Alles unter Rühren einige Minuten aufkochen lassen, bis der Saft zu gelieren beginnt. Wenn Sie unsicher sind, ob die Kochzeit schon ausreichend war, lieber etwas länger kochen lassen. Dann wird das Gelee unter Umständen etwas fester, schmeckt aber auf jeden Fall auch sehr gut.

Während ich das Gelee beaufsichtige, streichen die Kinder Butterbrote. Die fettigen Messer werden mit Küchenrolle sauber gewischt. Dann wird aufgeräumt. Die Plätze werden mit Stoffservietten gedeckt. Jedes Kind holt seinen mitgebrachten Kuchenteller heraus und legt das – wieder – saubere Messer daneben. Ich stelle zu jeder Gruppe zwei Schüsselchen mit Quittengelee. Die Kinder dürfen sich jetzt ein Geleebrot streichen. Wenn jedes Kind eines vor sich liegen hat, sagen wir „Guten Appetit!“ und lassen es uns schmecken. Jedes Kind hat auch noch ein Schraubglas dabei, in dem es noch einige Esslöffel Gelee mit nach Hause nehmen darf.

Zwei nichtspezifische Kochmöglichkeiten zum Schluss

Buchstaben-Suppe:

Für die Suppe nehme ich Hefebrühwürfel aus dem Reformhaus (– mir schmecken am besten die der Marke „Cenovis“). Die Brühe bereite ich zu. Den Rest machen die Kinder selber. Jede Tischgruppe kocht selber. So sind die Aufgaben verteilt:

1. und 2. Kind: Nudeln abmessen, in das kochende Wasser geben, Küchenwecker einstellen. (*Achtung!:* Natürlich lasse ich die Kinder nicht unbeaufsichtigt mit kochendem Wasser umgehen. Da stehe ich daneben.)

3. und 4. Kind: Sieb für die Nudeln halten, während ich das Nudelwasser abgieße, Nudeln kalt abbrausen, auf die Suppenteller verteilen.

5. und 6. Kind: Schnittlauch schneiden und auf die Teller verteilen.

Die Brühe bereite ich ganz zum Schluss zu und gegessen wird erst wieder, wenn alle etwas haben.

Eine schöne Anschlussarbeit hierzu gibt es: Jedes Kind darf seinen Namen aus trockenen Nudelbuchstaben auf ein farbiges Kärtchen kleben.

Buchstaben-Kekse:

Aus einfachem Plätzchenteig, den einige Mütter nach meinem Rezept vorbereiten, werden Buchstaben geformt. Da kann jedes Kind seine Lieblingsbuchstaben formen. Sie können aber auch Buchstaben vorgeben. Ich lasse gern von jeweils einer Sitzgruppe ein vollständiges Alphabet backen. Ich lasse mir für diese Back-Aktion von hilfswilligen Müttern Backbleche liefern, die bereits mit Backpapier belegt sind. Wir brauchen für je zwei Kinder immer ein Backblech. Mit Bleistift halbiere ich das ausgelegte Papier, so dass jedes Kind ein halbes Blech hat. Dann schreibe ich auf jede Abteilung den Namen des „Besitzers“. Wir formen unsere Buchstaben, legen sie ordentlich jeder auf seinen Teil des Backblechs. Die Helfermütter holen zur vereinbarten Zeit die Bleche ab, backen die Plätzchen zu Hause und bringen sie dann wieder. Ich habe für jedes Kind eine Papiertüte mit seinem Namen hergerichtet und sie denjenigen Müttern mitgegeben, die auch die passenden Bleche abgeholt haben. Also: Wenn Tonis Mutter die Bleche mit den Keksen von Toni, Jan, Dominik und Alex zum Backen mit nach Hause nimmt, dann bekommt sie vier beschriftete Tüten mit: Toni, Jan, Dominik und Alex. In diesen Tüten werden die Plätzchen jedes Kindes in der Schule wieder abgeliefert. Wir machen nun eine ABC-Ausstellung. Jede Gruppe stellt ihr Alphabet aus. Dazu legen wir unsere bunten Baumwolltücher hübsch drapiert auf den Boden, arrangieren darauf die Keks-Alphabete und schreiben zu jedem Alphabet ein Kärtchen, welche Gruppe es angefertigt hat.

Zu den Baumwolltüchern:

Es gibt sie in manchen Naturkostläden oder auch in Geschäften, die Kleidung im Indien-Look verkaufen. Meine Tücher sind 1 m x 1 m groß, aus dünner Baumwolle, und kosten pro Stück Euro 2,30.

Speisekarte

Ananas mit Sahne

Mandelkekse

Obsttörtchen

Ramabrot

Tortellini

Wurstspieße

Speisekarte
Essiggurken-Sandwich
Litschis
Kletzenbrot
Nüsse
Ingwer
Datteln

Am nächsten Tag essen wir unsere Ausstellungen dann auf und haben uns nun die Buchstaben im wahrsten Sinn des Wortes „einverleibt".

Hier das Rezept für den Teig, der sich deshalb so besonders gut zum Formen eignet, weil er sehr einfach ist. Trotzdem schmecken die Plätzchen, wenn sie nicht älter als 2-3 Tage sind, sehr gut.

Einfacher Plätzchenteig:

125 Gramm Butter, 250 Gramm Zucker, 750 Gramm Mehl, 4 Eier, 2 Päckchen Vanillezucker, 1 Päckchen Backpulver; alles gut zusammenkneten und bei 190 Grad goldgelb backen.

Freies Schreiben und Speisekarten

Das gemeinsame Essen war – wie könnte es auch anders sein – bei den Kindern ein großer Erfolg. Natürlich kamen nicht alle Speisen bei allen Kindern gleich gut an. Jedes hatte seine Lieblingsessen. Immer, wenn wir sechs verschiedene Buchstaben „durchgegessen" hatten, schrieben wir eine Speisekarte, die von den Kindern illustriert wurde. Jeder bekam seine eigene Speisekarte im DIN-A4-Format für die Lesemappe. Eine große Version in DIN A3 hängten wir aus. Die Illustrationen für diese „Ansichts-Karte" stammten jeweils von mehreren Kindern.

Die Kinder schrieben auch immer wieder etwas zu unseren Essen auf. Hier einige Texte in Originalorthographie. Wenn man sie laut liest, versteht man sie sofort:

> Wir esen zu jeden Buchschdaben wir machen Manchmal ales selbsd das Macht schpas unt schmekt gut des wegen haben wir auch eine Schpeisekarte aufgehenkt. Nico
>
> von die Tortellini Konnte ich nicht mehr auf hören. Danach ist mir schlecht geworden. Stefan
>
> Litschis sind süs aber sie sind ohne zuka. Florian
>
> Wir essen zu jeden buchschdaben. Alz erstes haben wir Ananas mit Sahne gegesen mir hat es ser gut geschmekt wir haben von der ananas was ahbgeschnieten und danach haben wir die ananas mit Sane geschmükt. Am besten haben mir Die Tortellini geschmekt. Die ungarischen Brote haben mir suber geschmekt. Marisa

Der Sinneskanal „Fühlen"

Großräumige Lautgesten

Sie werden gemeinsam mit dem neuen Buchstaben eingeübt. Großräumig nenne ich sie im Gegensatz zu der in manchen Büchern angebotenen Fingersprache, die nichts anderes als ein Nachformen der Buchstaben mit den Fingern ist und daher – das ist meine Meinung – zu wenig Wahrnehmungsreize für ein „Körpergedächtnis" liefert. Großräumige Bewegungen liefern deutlichere Wahrnehmungen als die kleinräumigen Schreibbewegungen. Angesichts der vielen sensorisch gestörten Kinder, die wir heutzutage in einer durchschnittlichen Schulklasse unterrichten müssen, lohnt es sich, „weiter unten" anzusetzen und ihnen zuerst einmal gröbere Reize zu bieten, über die dann langsam feinere neuronale Schaltungen aufgebaut werden können.

Meiner Erfahrung nach stellen gerade die großräumigen Lautgesten für lernschwache Kinder eine wichtige zusätzliche Informationsquelle dar, mit deren Hilfe es ihnen leichter fällt, die Bilder der Buchstaben zu verinnerlichen.

Ich werde nun mein „Körperalphabet" der Reihe nach verbal beschreiben und auch aufzeichnen. Beachten Sie bei den nicht-symmetrischen Buchstaben, dass sie von den Kindern so geturnt werden, als stünden sie vor einem großen Blatt, auf das dieser Buchstabe geschrieben werden soll. Das Kind erlebt sich bei diesen Übungen als lebendigen Buchstaben und muss in seinem Körper die richtige Schreibrichtung programmieren. Das heißt also: Der Buchstabe muss vom Kind aus gesehen richtig sein und erscheint dann natürlich Ihnen, falls Sie dem Kind gegenüberstehen, seitenverkehrt. Am Beispiel F ist das schnell erläutert: Die beiden Querstriche zeigen auf dem Papier nach rechts, also muss die F-Fahne auch auf der rechten Körperseite mit den Armen gezeigt werden.

Damit die Richtung stimmt und der Buchstabe nicht spiegelbildlich erscheint, ist bei den asymmetrischen Buchstaben das Strichmännchen von hinten abgebildet. Wenn Sie einem Kind oder der Klasse gegenüberstehen und vorturnen wollen, müssen Sie darauf achten, das seitenverkehrt zu tun, damit es für die Kinder stimmt.

Wie bei den Buchstabenbildern, so werden auch bei den Lautgesten nur die Großbuchstaben dargestellt. Wir sprechen zu jeder Lautgeste den dazugehörigen Laut. Bei manchen Buchstaben, bei denen das Sprechen ein besonders wichtiger Teil der Darstellung ist, habe ich das noch einmal eigens in der Beschreibung erwähnt. Aber wichtig ist es immer. Es sollte nicht vernachlässigt werden, weil dadurch noch zwei weitere Sinneskanäle eingeschaltet werden (Mundmotorik, Hören).

A

Stehen mit gegrätschten Beinen, die Arme eng an die Seiten gelegt.

B

Die Arme werden vor der Brust „brezelförmig“ verschränkt. Das passt zur B-Geschichte von Bruno Brezel und erinnert an die B-Form.

C

Stehen auf dem linken Bein, linker Arm hängt gerade herunter. Rechter Arm und rechtes Bein werden seitlich abgewinkelt und bilden zusammen mit dem Körper den C-Bogen. Ansicht von hinten.

D

Stehen mit geraden Beinen, der linke Arm hängt herunter. Der rechte Arm wird seitlich abgebogen, die Fingerspitzen werden auf der Hüfte aufgestützt. Oberkörper und der Bogen des rechten Armes bilden das D. Ansicht von hinten.

E

Stehen auf dem linken Bein. Die beiden nach rechts waagrecht ausgestreckten Arme und das seitlich abgewinkelte rechte Bein bilden die drei Querstriche. Ansicht von hinten.

F

Gerade stehen. Die beiden waagrecht nach rechts ausgestreckten Arme bilden die „F-Fahne". Ansicht von hinten.

G

Gerade stehen. Der linke Arm wird über den Kopf nach rechts gelegt, der rechte Arm mit den Fingerspitzen in die Hüfte gestützt. Körper und rechter Arm bilden den Korb des G, der linke Arm den Henkel. Ansicht von hinten.

H

Gerade stehen. Die beiden Arme werden waagrecht vom Körper weggestreckt wie die Balken einer Waage. Sie stellen den Querstrich des H dar. Eine der beiden Hände ist senkrecht nach oben abgewinkelt, die andere nach unten. Sie deuten die senkrechten Seitenstriche an.

I

Gerade stehen. Den rechten Arm senkrecht in die Luft strecken.

J

Stehen auf einem Bein. Die rechte Hand wird auf die linke Schulter gelegt, die Handfläche zeigt waagrecht nach links, als Dach des J. Das linke Bein ist seitlich abgewinkelt. Ansicht von hinten.

K

Stehen mit gegrätschten Beinen. Der linke Arm liegt eng am Körper an, der rechte Arm ist schräg nach oben vom Körper weggestreckt. Linkes Bein und Körper bilden den senkrechten K-Strich, rechter Arm und rechtes Bein die beiden Schrägstriche. Ansicht von hinten.

L

Wir stehen mit dem Gesicht gegen die Schreibrichtung, der Rücken zeigt nach rechts. Beide Arme werden auf den Rücken gelegt, die Hände waagrecht vom Körper nach hinten weggestreckt. Kopf und Körper bilden den senkrechten L-Balken, die Hände den waagrechten. Diese Haltung erinnert auch an das Lama in unserer L-Geschichte, das im Buchstabenheft so abgebildet ist, dass Hals und Rücken das L darstellen.

M

Die Lautgesten für M und N habe ich aus der Gebärdensprache der Taubstummen übernommen. Ich finde sie deshalb so nützlich, weil sie leicht anzuwenden sind und deutlich den Unterschied zwischen den beiden Lauten erkennen lassen, was später einmal für das Rechtschreiben sehr wichtig ist.

Beim M legen wir drei Finger – Zeige-, Mittel- und Ringfinger – der rechten Hand auf den geschlossenen Mund und sagen dazu: Mmmmm!

N

Bei N legen wir Zeige- und Mittelfinger der rechten Hand auf die Unterlippe des leicht geöffneten Mundes. Die untere Reihe der Zähne ist zu sehen. Wir sagen: Nnnn.

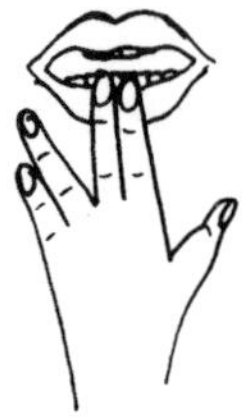

O

Gerade stehen. Die beiden Arme bilden vor dem Körper ein O.

P

Gerade stehen. Die rechte Hand wird flach auf den Kopf gelegt. Der Körper bildet den senkrechten Balken des P, der abgebogene rechte Arm die Kurve. Ansicht von hinten.

Qu

Gerade stehen. Der linke Arm wird oben über den Kopf gelegt, so dass die linke Hand am rechten Ohr liegt. Der Daumen bleibt am Ohr, die restlichen vier Finger werden weggestreckt. Der rechte Arm wird seitlich weggestreckt, am Ellbogen senkrecht nach oben abgewinkelt. Die „Gestaltungsidee" für das Qu: Der Kopf ist das O, die vom Ohr seitlich weggestreckten Finger der Schrägstrich des Q. Der rechte abgewinkelte Arm stellt das U dar, das am Q hängt. Ich lerne seit jeher den Kindern das Q nur mit dem daran hängenden u und nicht „solo", wie es früher in manchen Fibeln stand. Wir nennen das Qu „kw". Es ist auch nur die Speicherung zusammen mit dem u sinnvoll, denn es gibt im Deutschen kein Wort mit Q ohne u. – Ansicht von hinten.

R

Zum R gehört die Geschichte vom rasenden Roland. Das Rasen deuten wir an, indem wir die Arme wie Flügel seitlich abwinkeln und mit den Händen und Unterarmen ganz schnell auf und ab „flattern". Dazu machen wir mit der Zunge das Renngeräusch: „Rrrrr".

S

Wir malen mit einer Hand die S-Kurve in die Luft und zischen dazu: „Ssss". Ansicht von hinten.

T

Der linke Arm wird nach vorne gehalten, die Hand zur Faust geballt. Der rechte Unterarm wird nun quer auf die linke Faust gelegt – als Querbalken des T – und dazu gesprochen: T – T – T. Bei jedem „T" wird die Bewegung wiederholt.

U

Beide Arme werden seitlich ausgestreckt und die Unterarme senkrecht nach oben gehalten. Sie bilden die Schüssel des U.

V

Gerade stehen. Beide Arme werden seitlich schräg nach oben gehalten, so dass sie ein „V" bilden.

W

Diese Lautgeste erinnert wieder an eine Buchstabengeschichte, an die vom wilden Wassermann. Wir strecken die angewinkelten Arme seitlich vom Körper weg. Jeder Arm bildet eine Hälfte des W. Dann wippen wir in den Knien auf und ab und sagen dazu: Wwww. Das soll die Wellen des wild bewegten Meeres aus unserer Geschichte darstellen.

X

Wir stehen mit gegrätschten Beinen und seitlich schräg nach oben ausgestreckten Armen.

Y

Wir stehen auf einem Bein und halten die ausgestreckten Arme seitlich schräg nach oben. Im Unterschied zum V stehen wir hier auf einem Bein. Beim V gehören ja nur die Arme zur Lautgeste und wir wollen deutlich machen, dass beim Y auch noch ein senkrechter Strich vorhanden ist.

Z

Wir stehen auf dem linken Bein, mit dem Gesicht gegen die Schreibrichtung. Der linke Arm wird in Schulterhöhe waagrecht nach vorn ausgestreckt. Das rechte Bein wird am Knie abgewinkelt, der Unterschenkel waagrecht nach hinten gestreckt.

Grobmotorische Bewegungen

Durch die Lautgesten wird mit dem eigenen Körper ein Buchstabe dargestellt. Die Idee des Buchstaben muss *im Körper* sein. Die Ergänzung dazu bilden grobmotorische Bewegungen, mit denen *ein außen vorgegebener Buchstabe* „nachgespurt" wird.

Ich klebe den jeweils aktuellen Buchstaben so groß wie möglich mit Tesakrepp-Klebeband auf den Fußboden im Klassenzimmer, und zwar Groß- und Kleinbuchstaben. Sie wollen sicher wissen, warum ich mich hier nicht auf den Großbuchstaben beschränke, obwohl ich doch an anderer Stelle gesagt habe, dass das für das Verankern einer Assoziation genügen würde. Nun geht es hier aber nicht nur um das Speichern und Erinnern von Buchstabenformen, sondern auch um das Verankern eines Bewegungsablaufs im Körper, und zwar nicht nur im Hinblick auf das Erinnern, sondern vor allem im Hinblick auf das Reproduzieren der Buchstaben durch das Schreiben. Und da ja sowohl Groß- als auch Kleinbuchstaben aktiv geschrieben werden müssen, möchte ich auch beide Bewegungsspuren im Gehirn bahnen. Ich gehe nämlich davon aus, dass eine Form, die schon mit dem ganzen Körper „im Groben" ausgeführt wurde, gewissermaßen also bereits „vorgebahnt" ist, hinterher auch leichter „in die Hand" geht, und der Erfolg gibt mir da Recht. Auf den aufgeklebten Buchstaben können die Kinder nun

- gehen
- hüpfen (auf einem oder beiden Beinen) und
- krabbeln.

Das dürfen sie in allen Richtungen machen, vorwärts und rückwärts, also nicht nur in der richtigen Schreibrichtung. Mir ist nur wichtig, dass die Form des Buchstabens verinnerlicht wird.

Während bei den Lautgesten auch die Buchstabenvorstellung im Kopf beteiligt ist, muss das bei diesen Bewegungen auf den großen aufgeklebten Buchstaben nicht so sein. Hier ist wohl die „unbewusste Intelligenz" des Körpers am Werk, so würde ich das interpretieren, denn „irgendwie" trägt auch diese Form des Umgangs mit den Buchstaben dazu bei, sie zu sichern und zu verankern. Ich habe die Erfahrung gemacht, dass Kinder, denen ein bestimmter Buchstabe nicht so leicht in den Kopf will, durch das Krabbeln, Hüpfen, Gehen oder Kriechen auf den „Bodenbuchstaben" sich diesen plötzlich merken können.

Der Tastsinn

Die dritte Schiene des Sinneskanals „Fühlen" ist die Wahrnehmung über den Tastsinn, also über taktile Reize.

Sandpapierbuchstaben

Das erste Material, das ich hierzu einsetze, sind Sandpapierbuchstaben, die ich selbst hergestellt habe. Auf Graupappe, die ich mir im Format 12 x 12 cm zuschneiden ließ, klebte ich Buchstaben, die ich aus Sandpapierbögen – nicht zu feinkörnig! – ausgeschnitten hatte.

Alle Buchstaben, die wir schon „richtig" gelernt haben, liegen im Freiarbeitsregal, Groß- und Kleinbuchstaben. Ich habe auch noch ein Stoffsäckchen in der Größe genäht, dass man eine Buchstabentafel bequem hineinstecken und sie auch noch im Säckchen abtasten kann. Die Kinder können nun die Sandpapierbuchstaben mit den Fingern abtasten und nachfahren. Sie können sie auch blind erfühlen. Dabei arbeiten immer zwei Kinder zusammen. Eines steckt einen Buchstaben in das Säckchen. Das andere Kind, das gerade zum Fühlen „dran" ist, schaut einstweilen weg. Dann greift es in das Säckchen und findet durch Abtasten den richtigen Buchstaben heraus.

Leimwörter mit Quarzsand

Eine wunderbare Möglichkeit zum Lesen durch Fühlen habe ich vor einigen Jahren kennen gelernt. Auf Graupappekärtchen im Format DIN A6 schreibe ich mit Leim ein Wort, das ich anschließend mit farbigem Quarzsand bestreue. Nach dem Trocknen kann die sandige Leimspur abgetastet werden. Dabei kann das Kind, das das Wort erfühlen möchte, entweder mit verbundenen Augen oder wieder mit dem Tastsäckchen arbeiten. Dieses Lesen durch Fühlen eignet sich besonders gut für Leseübungen zum Erlesen von Silben und kurzen Wörtern.

Schreiben im Sandkasten

Beim Lernmittelhaus Ovo Haas gibt es einen Tischsandkasten, der mit Quarzsand gefüllt wird. Im Sand können Buchstaben durch Schreib- und Nachspurübungen „gefestigt" werden. Es ist auch eine hervorragende Übung, einem Kind, das die Augen verbunden hat, im Sandkasten die Hand zu führen und auf diese Weise einen Buchstaben, eine Silbe oder ein Wort zu schreiben. Das Kind soll herausfinden, was es geschrieben hat.

Der Sinneskanal „Riechen"

Der Geruchssinn transportiert seine Sinneseindrücke direkt in das limbische System unseres Gehirns. Hier findet kein Filtern durch eine „Sicherheitskontrolle" wie zum Beispiel den Thalamus statt, und Geruchseindrücke werden auch nicht in bewussten Denkprozessen weiter verarbeitet. Gerüche können unsere Befindlichkeit massiv beeinflussen, positiv wie negativ. Im Zusammenhang mit den gelernten Buchstaben bietet es sich an, gelegentlich einen Duft in die Klasse mitzubringen. Ich habe eine Zeit lang damit experimentiert, für jeden Buchstaben einen bestimmten Duft im Freiarbeitsregal „auszustellen". Das habe ich mittlerweile wieder reduziert. Ich legte in den letzten Jahren mehr Wert darauf, zu allen Buchstaben etwas zu essen. Bei den Düften beschränkte ich mich auf einige wenige gängige , die leicht zu beschaffen waren: Dill, Rosmarin, Anis, Zimt, Vanille, Muskat, Lavendel, Kaffeebohnen, Weihrauch, Petersilie. Diese Düfte brachte ich mit, wenn sie „aktuell" waren. Manche Gewürze oder Öle sind so haltbar, dass man sie einige Zeit ausstellen kann. Andere wieder, wie frische Petersilie, sind nach einem Tag verbraucht. Das, was dauerhaft war, ließ ich nach dem gemeinsamen Besprechen und „Be-Riechen" für einige Zeit im Freiarbeitsregal liegen. Ich fertigte kleine Wortkärtchen mit den Namen der Gewürze, die die Kinder diesen zuordnen konnten.

Entspannungsübungen

Sie bilden nach wie vor eine wichtige Ergänzung zum bewussten, angestrengten Lernen. Über den Einsatz von Entspannungsübungen habe ich mich an anderer Stelle so ausführlich geäußert, dass ich mich hier auf das Allernotwendigste beschränken möchte.[52]

Ich fange mit den Erstklässlern bereits am zweiten Schultag an, eine „stille Zeit" einzuführen. Wir setzen uns alle im Kreis im Schneidersitz auf den Boden und üben zunächst einmal nur für zwei Minuten: Augen zu und still sein. Wir atmen ruhig und langsam aus – ein – aus. Dann stellen wir uns eine schöne kräftige Farbe vor. Das reicht für den Anfang. Die tägliche Entspannungszeit wird allmählich ein wenig länger, geht aber nie über zehn Minuten hinaus.

Wie Entspannungsübungen genau und Schritt für Schritt aufgebaut und geübt werden können, habe ich in *Stillsein ist lernbar* ganz ausführlich beschrieben. Hier sei nur so viel gesagt: Lernen im entspannten Zustand spricht eher die rechte Hirnhemisphäre an, macht es uns leichter, kreativ zu denken und Denkblockaden zu umgehen. Professor Lozanow hat sich genau das bei seiner Lerntechnik Suggestopädie, heute allgemein bekannt als „Superlearning", zunutze gemacht. [53]

Doch ob Sie nun Entspannungsübungen „nur so" durchführen oder Versuche mit Superlearning machen: Es ist in mehr als einer Hinsicht für Ihre Schüler wohltuend und fruchtbar, wenn täglich wenigstens für fünf Minuten eine „stille Zeit" in irgendeiner Form stattfindet.

Ohne Angst lernen, denn Angst macht dumm!

Im ersten Teil dieses Buches wurde von der Wirkungsweise des Thalamus und von Denkblockaden, die unter Stress auftreten, berichtet. Wenn wir uns Gedanken darüber machen, wie der Leselernprozess optimal ablaufen kann, müssen wir uns unbedingt auch mit diesen neurologischen Vorgängen befassen. Es ist ja nicht sehr sinnvoll, unser pädagogisches Augenmerk nur auf das Lernen im engeren Sinn zu richten, mögen wir es auch noch so gehirnfreundlich und didaktisch gekonnt anbieten. Wie wir am Beispiel von Lili (s. S. 33 ff.) gesehen haben, muss Lernversagen nicht mit Legasthenie oder mangelnder Begabung zusammenhängen. Weit häufiger als es für gewöhnlich vermutet wird, spielt Angst im weitesten Sinne als Saboteur des Lernens eine verhängnisvolle Rolle. Das ist umso heimtückischer, als Ängste beileibe nicht offen und für jeden erkennbar auftreten. Sie sind im Gegenteil meist so gut getarnt, dass erst einmal alle möglichen „Etiketten" vergeben werden, bevor an das Thema Angst überhaupt gedacht wird: Unkonzentriertheit, Unaufmerksamkeit, mangelnde Disziplin, Faulheit, Legasthenie, Hyperaktivität.

Die Bandbreite möglicher Störungen ist groß. Wir würden erfolgreicher erziehen und unterrichten, wenn es uns gelänge, hinter die Kulissen der von uns beobachteten Störungen zu schauen. Wer Probleme macht, hat Probleme. So ist es meiner Erfahrung nach sehr oft mit tiefsitzenden Ängsten aller Art zu erklären, wenn Kinder in der Schule ein negatives und störendes Verhalten zeigen.

Nun sind wir in einer Klasse mit 25 oder 30 Schülern zwar nicht in der Lage, individuelle Therapie zu machen. Wir haben, wenn wir uns um einen Schüler besonders kümmern, immer 25 oder mehr Schüler „im Nacken", die wir nicht einfach abkoppeln können. Wir können auch die grundsätzliche Befindlichkeit jedes einzelnen Schülers nicht diagnostisch abklären und müssen uns mit den Mitteln behelfen, die uns zur Verfügung stehen: pädagogisches Wissen, unsere pädagogische Erfahrung, Einfühlsamkeit und ein gewisses Maß an Vernunft oder „gesundem Menschenverstand".

Wenn Sie den Abschnitt über die Wirkungsweise des Thalamus gelesen haben (s. S. 35 ff.), so haben Sie bereits eine gewisse Vorstellung davon, wie wir in der Schule – natürlich wieder nur im Rahmen unserer Möglichkeiten – dazu beitragen können, eine Lernumgebung zu schaffen, die es den Kindern ermöglicht, sich so sicher zu fühlen, dass sie sich um das Lernen kümmern können, statt sich ständig um ihr „Überleben" Sorgen zu machen. Was dort bereits angesprochen wurde, möchte ich hier nur noch einmal in Stichpunkten auflisten:

- Erfolgserlebnisse und Anerkennung
- Lernen in Ruhe und ohne Hetze
- Geduld und Verständnis
- Individuelle Arbeitsmöglichkeiten

Dass alle diese Punkte wichtig sind, leuchtet ohne weiteres ein. Nun gibt es aber Lehrer, die sich wirklich Mühe geben, ihre Schüler zu loben, ihnen Zeit zu lassen, die Verständnis zeigen und versuchen, jedem Kind auch die Möglichkeit individuellen Arbeitens zu geben, und dennoch kann es sein, dass etwas Essentielles fehlt: Ein genau definierter, klarer Rahmen, innerhalb dessen die Lernprozesse ablaufen. Fehlt aber dieser Rahmen, so sind alle anderen Bemühungen so gut wie vergeblich. Gerade die Wichtigkeit dieses Rahmens ist wiederum manchen Lehrern nur sehr schwer zu vermitteln. Deshalb soll dieser grundlegende Punkt noch näher ausgeführt werden.

Sicherheit und damit Angstabbau durch einen genau definierten Rahmen

Angstbesetzte Kinder brauchen starke Erwachsene, denen sie zutrauen, dass sie in der Lage sind, sie zu beschützen. Sie brauchen Kontinuität, die Gewissheit, dass bestimmte Abläufe gleich sind, so dass sie sich bereits vorher darauf einstellen können. Sie brauchen feste Regeln, die unverrückbar gelten, auf die sie sich verlassen können.

Daraus ergibt sich für uns Erziehende als wichtigste Konsequenz: Wir müssen unsere Stärke dadurch zeigen, dass wir es „irgendwie" schaffen, diese Kinder zu bändigen, in die Schranken zu weisen, Grenzen zu setzen. Grenzen bedeuten ja nicht nur Beschränkung, sondern auch Schutz. Wie soll sich ein angstbesetztes Kind sicher und beschützt fühlen bei einem Erwachsenen, der nicht einmal in der Lage ist, mit so einem kleinen, schwachen Kind fertig zu werden, denn klein und schwach fühlt es sich in seiner Angst ja, wenn ihm das vielleicht auch nicht so bewusst ist, dass es das artikulieren könnte. Wie also soll ein schwacher Erwachsener der Garant für Sicherheit sein können? Dass diese Interpretation beileibe nicht weit hergeholt ist, kann der aufmerksame Erzieher durchaus selbst feststellen.

Ein Beispiel möchte ich hierzu bringen. Es handelt von Simon, einem meiner ehemaligen Schüler. Ich schrieb über ihn, als er in die 3. Klasse ging:[54]

„Simon geht in die 3. Klasse. Er steht bei seinen Mitschülern in dem Ruf, ungeheuer stark und mutig zu sein, kurz: ein toller Kerl. Er lässt auch keine Gelegenheit aus, das zu beweisen. Schnell ist er mit markigen Sprüchen bei der Hand und gibt sich immer überlegen. In der Schule war es zunächst schwierig mit ihm. Als er zu mir in die 1. Klasse kam, ging ihm bereits aus Kindergartenzeiten der Ruf voraus, sich ständig durch Herumalbern und störendes Verhalten in der Gruppe profilieren zu wollen. Zwei glückliche Umstände trugen dazu bei, dass er sich positiv entwickelte und seine „Power" auf sozial verträgliche Weise einsetzte:

Er fand Gefallen am Lernen, war vom Elternhaus her bereits gut gefördert, interessierte sich deshalb für vieles und wollte etwas leisten. Er traf in mir auf eine zwar verständnisvolle, aber auch durchaus konsequente und unnachgiebige Lehrerin, die seinen Eskapaden mit großer Entschlossenheit entgegentrat. Bald hatte er mich auch als ‚Chefin' akzeptiert und wir kamen in den zwei Jahren bestens miteinander aus.

Nun geht er also in die 3. Klasse. Bei der neuen Lehrerin probierte er zunächst, ob es auch hier für ihn Grenzen gab und wenn ja, wie weit diese gesteckt waren. Doch da wir uns immer wieder über meine ehemaligen Schüler unterhielten und ich der Kollegin auch meine Erfahrungen mit Simon mitteilte, konnte sie seinen Vorstößen geschickt begegnen und ihn auch wieder in ein Fahrwasser lenken, in dem er seine Fähigkeiten positiv einsetzte.

Nur eine Erfahrung ging ihr entsetzlich auf die Nerven: Es kam von Simons Seiten immer wieder zu kleinen Regelverstößen, deretwegen sie ihn ermahnen musste. Hatte sie das getan, herrschte Ruhe und er arbeitete wieder ordentlich. Sie sagte mir, sie müsse sich über dieses Verhalten schrecklich ärgern, denn Simon schaue sie bei diesen Gelegenheiten immer auf eine Weise an, bei der sie das Gefühl habe, er wolle sie provozieren.

Ich sah das – aus reicher Erfahrung mit seinen Eigenheiten – anders. Meiner Einschätzung nach war die markige Tour, mit der er seine Selbstdarstellung betrieb, nur eine Tünche über seiner äußerst dünnen seelischen Haut. (...)

Ich schilderte meiner Kollegin also Simon, wie ich ihn kennen gelernt hatte: ‚Sie dürfen sich von seiner Kraftmeierei nicht täuschen lassen. Simon ist ein ausgesprochen angstbesetztes Kind. Sie merken das an seinen vielen Unsicherheiten, die er immer ganz geschickt tarnt. Für ihn ist es entscheidend, dass er auf starke Erwachsene trifft, die ihm Halt und Schutz geben.

Und wann erlebt er uns als stark? Wenn wir ihm Grenzen setzen können. Wie soll denn ein Erwachsener ihm Schutz und Sicherheit vermitteln können, wenn er nicht einmal mit dem kleinen Simon fertig wird? Er muss sich immer wieder vergewissern, dass diese Grenzen vorhanden sind. Sie bedeuten für ihn nicht nur Einschränkung, sondern auch Sicherheit und Geborgenheit. Und weil er Sie noch nicht so gut kennt, braucht er eben öfter die Bestätigung, dass schon alles in Ordnung ist. Die holt er sich, indem er seine Grenzen erprobt. Das ist bestimmt nicht als Provokation gedacht. Genauso, wie manche Kinder immer wieder eine Portion Zuwendung brauchen, auch wenn das nur ein Blick oder ein Lächeln ist, braucht Simon seine Dosis Sicherheit, dann ist er beruhigt und arbeitet weiter.'

Meiner Kollegin leuchtete das ein. Sie hatte inzwischen ja auch schon die Erfahrung gemacht, dass Simon nicht so war, wie er sich darstellte. Die Bestätigung meiner Einschätzung erhielt sie kurz darauf in einer Turnstunde. Da wurden die Sprossenwände in der Turnhalle so ausgeklappt, dass sie frei im Raum, rechtwinklig zur Wand, standen. Die Kinder sollten auf der einen Seite hochklettern, oben über die Sprossenwand steigen und auf der anderen Seite wieder hinunterklettern. Simon brauchte gehörige Zeit, bis er oben war und stellte sich äußerst ungeschickt beim Hinüberklettern auf die andere Seite an. Er tat betont ungeschickt und meine Kollegin, die das zunächst etwas albern und unnötig fand, sah plötzlich, dass er offensichtlich wirklich Todesängste ausstand. Der Schweiß perlte ihm auf der Oberlippe, er war bleich und – so schien es – fast am Ende seiner Kräfte. Die Beine zitterten ihm. Mit Müh und Not kletterte er wieder herab.

Das Erstaunlichste an diesem Vorfall aber war, dass niemand in der Klasse das Geringste bemerkt hatte. Die Kinder hatten Simons Getue und sein Zögern und Zittern beim Übersteigen der Sprossenwand als ‚Show' interpretiert, die er da oben abzog. So stark war die Magie seines Images als markiger Kerl, dass überhaupt niemand auf die Idee kam, er könne sich wirklich gefürchtet haben. Für seine Lehrerin allerdings war das der Beweis: Simon war eigentlich ein furchtbarer Feigling."

Am Beispiel Simons wird sehr gut nachvollziehbar, wie verheerend es für ein Kind sein muss, von Erziehern nicht die Sicherheit garantiert zu bekommen, nach der es so sehr verlangt. Nur weil er sich im „normalen" Unterricht geborgen fühlte, konnte Simon seine gute Begabung auch wirklich in Lernerfolge umsetzen. In der Turnstunde, wo es um körperlichen Mut ging, war er auf sich allein gestellt: Er musste die Sprossenwand überklettern und irgendwie mit seiner Feigheit zurechtkommen. Das schaffte er auch, gab aber gleichzeitig der Lehrerin einen entscheidenden Einblick in seine wirkliche Befindlichkeit.

Wir Lehrer müssen einen Rahmen festsetzen, der verbindlich ist. Wir müssen Grenzen abstecken und deren Einhaltung konsequent überwachen. Das Schlimmste, was allen angstbesetzten Kindern passieren kann, sind Lehrer oder Eltern, die mit ihnen nicht fertig werden.

Gerade dadurch, dass Ängste so häufig gut kaschiert werden, kommt die Verbindung zwischen Angst einerseits und Frechheit, Disziplinlosigkeit und Ungehorsam andererseits vielen Lehrern nicht in den Sinn. Im Umgang mit schwachen Lehrern laufen schwierige Kinder jedoch geradezu zur Höchstform auf. Dabei wollen sie nichts anderes als endlich die Gewissheit, dass ihnen irgendwer Einhalt gebieten und damit auch Sicherheit und Schutz gewähren kann.

Erst dann, wenn die Rahmenbedingungen so deutlich festgelegt sind, dass der Lehrer als „Chef" akzeptiert wird, können angstbesetzte Kinder ihre Energie auf das eigentliche Thema der Schule, das Lernen, richten. Gerade sie, die „ungezogenen Fratzen", können ganz besonders nett, einsichtig, eifrig und hilfsbereit sein, wenn ihnen rechtzeitig Einhalt geboten wird.

Wie der Lehrer es anstellen kann, einen festen und verbindlichen Ordnungsrahmen aufzubauen, darüber habe ich an anderer Stelle geschrieben.[55] Hier sollen nur abschließend die drei wichtigsten Punkte festgehalten werden.

Ein fester Ordnungsrahmen wird aufgebaut durch:

- genaue Festlegung der verbindlichen Regeln
- konsequente Überwachung dieser Regeln
- negative, aber logische und für das Kind einsehbare Konsequenzen bei jedem Regelverstoß

Umgang mit akuten Stress-Situationen

Der „Räuber Thalamus" bleibt friedlich, wenn die Lernumgebung „stimmt", wenn ein fester Rahmen Sicherheit garantiert, wenn Lernen interessant und anregend gestaltet wird, wenn in Ruhe gearbeitet werden kann und auch Erfolge möglich sind. Es kann aber trotzdem, auch bei friedlichem Thalamus, einmal vorkommen, dass plötzlich akuter Stress auftritt:

- Ein Kind weiß vielleicht eine Antwort nicht auf Anhieb, wird aber nun gerade aufgerufen und gerät dann vollends in Panik.
- Ein Kind kann eine Aufgabe nicht auf Anhieb lösen und verzweifelt daran.
- Ein Kind wird plötzlich aufgerufen, während es an etwas anderes gedacht hat.

- Ein Kind meint, es könne etwas Bestimmtes, kann es dann aber doch nicht und wird dadurch verwirrt.
- Ein Kind hat das Gefühl, es brauche für eine Aufgabe zu lange und wird plötzlich nervös.

Es gibt noch viele andere Möglichkeiten, die dazu führen können, dass ein „Blackout" auftritt und Stress das Denken unmöglich macht. Geschieht so etwas öfter, kann es das Selbstvertrauen eines Kindes gewaltig erschüttern. Im Extremfall geht das dann so weit, dass ein Kind beim bloßen Gedanken, es müsse vor der Klasse oder überhaupt in der Schule etwas „abliefern", bereits dermaßen in Stress gerät, dass es nicht mehr klar denken kann. Der Mechanismus, der dahinter steckt, wurde bereits genau erklärt (s. S. 39 ff.)

Sind Lehrer erst einmal sensibilisiert für diese Möglichkeit, so erkennen sie auch schnell, wenn bei einem Kind ein „Überfall der schwarzen Sheriffs" erfolgt. Es wäre natürlich zwecklos, hier nur verbal zu intervenieren mit „Sprechblasen" wie: „Das kannst du schon! Du hast es doch sonst auch gekonnt! Nun denk einmal genau nach! Konzentrier dich!" und dergleichen.

Wenn die „schwarzen Sheriffs" im Anmarsch sind, dann heißt das ja: Die Landeplattformen im Gehirn, an denen sonst das „gute" Acetylcholin andockt, das Lernen möglich macht, werden nun besetzt vom Stresshormon Noradrenalin, das Lernen verhindert. Stresshormone müssen abgebaut werden. Folgende Möglichkeiten dafür gibt es:

- Bewegung
- Atemübungen
- eine konzentrierende Körperhaltung
- eine beruhigende Lehrerstimme
- das Wissen darüber, was in unserem Nervensystem bei plötzlichen Blackouts passiert.

Eine besonders sinnvolle Kombination zum Abbau akuter Stress-Situationen ist die Verbindung von intensiver Bewegung mit einer nachfolgenden ruhigen, konzentrativen Übung wie zum Beispiel einer Körperhaltung aus dem Yoga, einer kurzen Entspannungsübung, der Cook-Haltung oder etwas Vergleichbarem.[56]

Bewegung

Ich habe in meinen Klassen die Erfahrung gemacht, dass Joggen auf der Stelle und zu einer flotten Musik etwas sehr Nützliches ist. Ich lege flotte Musik auf und jogge gemeinsam mit den Kindern drei bis fünf Minuten im Klassenzimmer auf der Stelle. Ich habe auf einer CD ein bestimmtes Musikstück, das genau fünf Minuten und 20 Sekunden dauert, ein Medley aus verschiedenen Pop- und Rock-'n'-Roll-Titeln. Zu dieser Musik joggen meine Schüler und ich besonders gerne. Danach sind die Kinder körperlich „ausgearbeitet" und entspannt.

Atemübungen

Nach flotter Bewegung ist die Stimmung in der Klasse zwar entspannt, aber auch locker und etwas „aufgekratzt". Deshalb empfiehlt es sich, im Anschluss daran noch etwas Ruhiges zu machen, zum Beispiel einige Atemübungen. Dafür eignen sich:

- Bauchatmung
- Flankenatmung
- langsame Atemzüge nach einem vorgegebenen Rhythmus: vier Taktschläge einatmen, acht Taktschläge ausatmen.[57]

Konzentrierende Körperhaltung

Hier eignet sich alles, was den Körper „ruhig stellt", sei das nun eine bestimmte Körperhaltung aus dem Yoga, das Berühren der „Stresspunkte" auf der Stirn, die Cook-Übung oder was auch immer. Die verschiedenen Möglichkeiten habe ich ausführlich an anderer Stelle beschrieben[58], möchte hier aber trotzdem in Kurzform wenigstens so weit darauf eingehen, dass Sie eine gewisse Vorstellung davon haben und entscheiden können, ob Sie in diesen Bereich weiter einsteigen wollen. Es lohnt sich zwar auf alle Fälle, hat aber nur dann Sinn, wenn Sie selbst sich damit wohlfühlen.

Körperhaltungen aus dem Yoga

Die von mir bevorzugte Übung ist eine vereinfachte Version des Yoga-Baumes. Sie stehen auf einem Bein, haben das andere Bein abgewinkelt und legen dessen Fußsohle an das Knie des ersten Beines. Die Handflächen werden über dem Kopf aneinander gelegt.

So bleiben Sie einige Zeit (Kinder eine halbe bis eine Minute) ruhig stehen.

Das Berühren der Stresspunkte auf der Stirn

Der Teil der Großhirnrinde, der für vernünftiges Denken und Planen ohne emotionale Beeinträchtigungen zuständig ist, aber auch für soziales Verhalten, also ein sehr wichtiger Gehirnbereich, liegt hinter unserer Stirn.[59] Dr. T. Bennett hat in den dreißiger Jahren durch Selbstversuche am Fluoroskop nachgewiesen, dass eine Berührung von Reflexpunkten auf der Stirn die Blutzufuhr zu diesem Gehirnareal verstärkt, dass es mithin aktiviert wird. Ich nehme es nun mit den Reflexpunkten bei den Erstklässlern nicht so genau, weil ich festgestellt habe, dass es grundsätzlich eine wohltuende und beruhigende Wirkung auf die Kinder hat, wenn sie eine Hand auf die Stirn legen, die Augen schließen und ruhig atmen. Ich erkläre ihnen vorher, dass unter der Stirn unser „Denkerhirn" liegt, das wir beim Lernen alle brauchen. Die Übung nenne ich: Wärmflasche aufs Denkerhirn.[60]

Die Cook-Übung

Diese Übung besteht aus zwei Körperhaltungen, die nacheinander eingenommen werden und jeweils eine Minute beibehalten werden sollen. Die folgende Beschreibung ist sehr knapp, gibt aber dennoch einen gewissen Eindruck dieser Übung und ermöglicht auch sicher manchem Leser bereits das Nachmachen. Sehr genau ist diese Übung samt dem dazu hinführenden langsamen Übungsaufbau beschrieben in meinem Buch *Brain-Gym® & Co.*[61]

Erster Teil: Gerade stehen mit geschlossenen Augen, die Fingerspitzen beider Hände gegeneinander legen, ruhig atmen.

Zweiter Teil: Stehen mit gekreuzten Knöcheln, Handgelenke kreuzen, Daumen zeigen zum Körper, Finger verschränken und dann die verschränkten Hände nach innen, zum Körper hin, hochdrehen, so dass die Finger über der Brust liegen und wieder nach oben zeigen. Augen schließen, ruhig atmen. Wichtig: Steht das rechte Bein vor dem linken, muss der linke Unterarm über dem rechten liegen und umgekehrt.

Die beruhigende Lehrerstimme

Gerade in Stress-Situationen kommt es auf unsere nonverbalen Botschaften besonders an. Wir wirken beruhigend und – das sei nur am Rande gesagt – auch disziplinierend, wenn wir uns langsam und bewusst bewegen – nicht fahrig und hektisch! – und wenn wir mit etwas tieferer Stimme sprechen, die Frequenz also senken. Gerade unter Stress, bei Ärger oder wenn wir in Hektik sind, neigen besonders wir Frauen dazu, unsere Stimme zu heben und schnel-

ler zu sprechen. Damit treten wir aber geradezu eine Lawine los, denn wir wirken so für negatives oder angstbesetztes Schülerverhalten enorm verstärkend. Beruhigend, dämpfend, disziplinierend wirken wir mit ruhiger, leicht abgesenkter Stimme, langsam sprechend und uns „gemessen" bewegend. Auf diese Weise senden wir nonverbal: Beruhige dich, ich habe alles im Griff! Schrille Stimme, schnelles Sprechen und/oder fahrige Bewegungen wirken kontraproduktiv.

Nichts ist so leicht für uns Lehrer wie diesen Bereich effektiv zu kontrollieren und zu trainieren, wenn wir uns erst einmal die Bedeutung der nonverbalen Signale bewusst gemacht haben.

Das Wissen darüber, was in unserem Nervensystem bei plötzlichen Blackouts passiert

In früheren Zeiten hatten die Menschen große Angst vor gewissen Naturerscheinungen, weil sie deren Hintergründe nicht kannten und die damit zusammenhängenden Gesetzmäßigkeiten nicht durchschauten. Sie empfanden

Gewitter, den Wechsel der Jahreszeiten, Sonne und Regen, Tag und Nacht als etwas Magisches, von unbekannten, wohl- oder übelmeinenden Mächten Verursachtes. Dementsprechend fühlten sie sich auch diesen Mächten ausgeliefert. Ähnlich muss es Kindern ergehen, die nicht verstehen können, warum sie plötzlich „dumm" sind, wo sie doch eigentlich alles ganz gut könnten.

Neben dem Stress, der Auslöser für plötzliche Blackouts ist, kommt dann als Folge dieser Blackouts noch der Stress hinzu, sich plötzlich als Versager zu erleben. Diesen Stress kann man nun gut „entschärfen", wenn man den Kindern erklärt, wie derartige Blackouts zustande kommen. Es nimmt sehr viel Angst, wenn man das scheinbar Unerklärliche einsehbar und durchschaubar machen kann.[62]

Etwas Grundsätzliches noch zu den Stressabbau-Übungen: Es ist durchaus sinnvoll, eine allgemeine Bewegungs- und Entspannungsphase auch dann einzusetzen, wenn „nur" ein einzelner Schüler Probleme hat.

„In der Lerngruppe Klasse ist es wie auf einem Schiff: Alle sind voneinander abhängig. Darum finde ich es auch durchaus in Ordnung, wenn einmal *alle* etwas machen vor dem gedanklichen Hintergrund, dass das besonders *für einen* Schüler von Nutzen ist. Das ist eine Möglichkeit, soziale Verantwortung und Kameradschaftlichkeit so ganz nebenbei und ohne erhobenen Zeigefinger zum Thema zu machen."[63]

Prophylaxe und Therapie von Lernstörungen durch Trainieren basaler Fähigkeiten

Wir haben es bereits gehört: Nicht alle Kinder, die in die Schule kommen, sind lesefähig in dem Sinn, dass ein „normaler" Leselehrgang ihnen dazu verhelfen könnte, sich selbst zu richtigen Lesern zu machen. Woran liegt es nun, dass die einen sehr wohl das Lesen lernen und die anderen auch nach einem Jahr Unterricht an einfachsten Texten immer noch herumstottern und vielleicht gerade noch einfache Sätze verstehen können, aber nicht zusammenhängende Geschichten?

Wenn Sie all das beachten, was ich bisher an Vorschlägen für einen gründlichen, übungsintensiven, gehirnfreundlichen und möglichst entspannten Unterricht unterbreitet habe, dann haben auch Kinder mit grundlegenden Defiziten sehr gute Chancen, das Lesen zu lernen. Noch besser werden die Chancen, wenn Sie über den neurologischen Unterbau Bescheid wissen, der nötig ist, damit Lesenlernen überhaupt stattfinden kann.

Die beiden Hirnhemisphären müssen zusammenarbeiten

Sinnentnehmendes Lesen besteht aus einer Reihe von Schritten, die so gut aneinander gekoppelt sein müssen, dass der eine unmerklich in den anderen übergeht und zum Schluss eine Geschichte so virtuos vorgelesen wird, als würde sie eben erst der Phantasie eines Erzählers entspringen. Zwei grundlegende Aktivitäten unseres Gehirns stehen am Anfang dieser Kette, deren eine dem linken und deren andere dem rechten Gehirn zugeordnet wird:

Die *linke* Gehirnhälfte erkennt die einzelnen Symbole, aus denen Schrift sich zusammensetzt, die Buchstaben, und ordnet ihnen einen Laut zu.

Die *rechte* Gehirnhälfte schmilzt eine Lautkette zu einem sinnhaften Gebilde, nämlich einem Wort, zusammen und ordnet diesem eine Bedeutung zu.

Damit dieser Grundprozess der Worterkennung reibungslos ablaufen kann, müssen rechte und linke Hemisphäre zusammenarbeiten und Informationen austauschen. Diese Kommunikation zwischen den beiden Hemisphären wird über das Corpus callosum abgewickelt, einen Strang aus 300 Millionen einzelnen Nervenfasern, der die beiden Gehirnhälften verbindet.

Lernen geht umso leichter, je besser die verschiedenen Gehirnbereiche untereinander vernetzt sind, je mehr Nervenverbindungen nicht nur existieren, sondern auch optimal funktionieren. Damit unser Gehirn zu einem lern- und leistungsfähigen Organ wird, muss die Infrastruktur erst einmal angelegt werden. Das geschieht bereits ab dem Säuglingsalter in verschiedenen Lernschritten und über Bewegung. Die ersten sich regelmäßig wiederholenden Bewegungen, die der Säugling so oft ausführt, dass durch sie bestimmte Verknüpfungen angelegt werden, sind reflexgesteuert. Einige dieser Reflexe kennt jeder, zum Beispiel den Greifreflex: Die Fingerchen schließen sich, wenn die Handfläche eines Säuglings berührt wird. Durch dieses häufige Ausführen der Greifbewegung erfolgen die entsprechenden Bahnungen im Gehirn und es kann später zum gezielten Greifen kommen, allerdings nur, wenn der Reflex seine Tätigkeit zum rechten Zeitpunkt, etwa im 6. Lebensmonat, einstellt, damit er bei der Greifbewegung nicht mehr „dazwischen funken" kann.

Die Zusammenarbeit der beiden Gehirnhälften wird in besonderem Maße gefördert durch das Krabbeln, weil dabei ja ständig rechte und linke Körperhälfte koordiniert zusammenarbeiten müssen. Nun ist eine ausgedehnte Krabbelphase zwar sehr günstig für diese Zusammenarbeit. Es gibt aber auch Kinder – meine eigene Tochter gehört dazu -, die diese Phase kaum durchgemacht haben und trotzdem das Lesen hervorragend lernen. Denn wenn auch die entsprechende Bewegungsart – das Krabbeln – in besonderem Maße geeignet ist, die Kommunikation zwischen rechts und links „anzukurbeln", so gibt es doch noch andere Möglichkeiten dafür. Am sichersten, einfachsten und zuverlässigsten erfolgen Bahnungen im Gehirn über eine entsprechend gründliche und nach und nach aufbauende Bewegungsentwicklung. Andererseits gibt es Ersatzstrategien, die manchmal sogar noch wirkungsvoller sein können als das „Original": Begeisterung und Interesse für eine Sache vermögen in vielen Fällen den entsprechenden körperlichen Unterbau zu ersetzen und erreichen quasi „von oben" eine Bahnung, die erstklassig funktioniert. Nach diesem Prinzip arbeiteten zum Beispiel Glenn Doman und Carl Delacato bei der Therapie von Kindern mit hirnorganischen Schäden.[64]

In der Schule haben wir nur sehr bescheidene Möglichkeiten, sehen wir uns doch immer einer ganzen Klasse gegenüber und haben nicht die Ruhe, uns intensiv um einzelne schwierige Fälle zu kümmern. So müssen wir zwangsläufig gewisse Abstriche bei den Anforderungen an uns selbst machen, können aber dennoch einiges bewirken.

Wenn wir mit Erstklässlern Bewegungsübungen durchführen, sehen wir sofort, wer sich gut integriert bewegt und wer Probleme hat, seine zwei Arme und Beine „auf die Reihe" zu bringen.

Kinder, die nicht in der Lage sind, einfache Überkreuzbewegungen rhythmisch nach Musik durchzuführen, werden von mir sofort einmal auf meine Liste „Genau zu beobachten“ gesetzt. Bereits dadurch, dass ich diese Kinder viel öfter und intensiver gezielt beobachte als die unauffälligen, bemerke ich Leseprobleme sehr früh. Parallel dazu übe ich mit allen – nicht nur mit den auffälligen – Kindern, diese Überkreuzbewegungen locker, rhythmisch und exakt durchzuführen. Durch das Üben dieser integrierten Bewegungen, bei denen rechts und links gut zusammenarbeiten müssen, damit sie schön, fließend und exakt ausfallen, werden alle Kinder gefördert. Ich erhebe nicht den Anspruch, hier genau zuzuordnen, wie viel denn nun im einzelnen Fall bei Verbesserungen der Leseleistung auf das Konto „Bewegungsverbesserung“ zu verbuchen ist. Uns Praktikern geht es nicht darum, Theorien zu beweisen oder recht zu haben, sondern einzig darum, Kindern zu helfen.

Mir fiel in den vergangenen 15 Jahren, in denen ich mit gezieltem Bewegungstraining arbeite, auf, dass unter den Kindern mit Bewegungsproblemen ein weit höherer Anteil an lerngestörten Kindern ist als unter den unauffälligen. Ich kann aufgrund meiner Beobachtungen sagen, dass ungefähr drei Viertel derjenigen Kinder, die über sehr eingeschränkte Bewegungsmuster verfügen, auch beim Lesenlernen sehr viel Unterstützung brauchen.

Da regelmäßige Bewegungsübungen ohnehin vorgeschrieben sind, ist es ein Leichtes, gleich gezielt am Aufbau von integrierten Bewegungsmustern zu arbeiten. Das ist besonders gut möglich mit Überkreuzbewegungen aller Art, bei

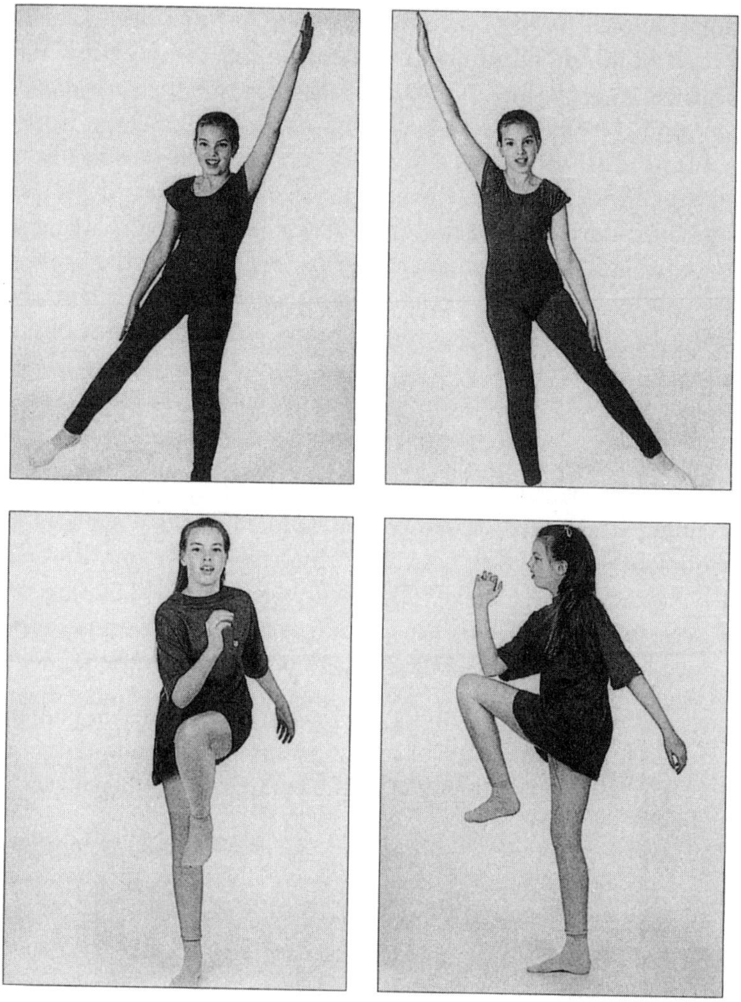

denen immer rechtes Bein und linker Arm, linkes Bein und rechter Arm gemeinsam und zueinander passend – eben integriert – bewegt werden.[65]

Doch nicht nur ***Überkreuzbewegungen*** helfen beim Aufbau nützlicher Bewegungsmuster. Auch über das ***Tanzen*** erfolgt höchst wirkungsvolle Förderung, wie ich an anderer Stelle ausführlich ausgeführt habe.[66] Hier nur so viel: Allein durch die Grundformen tänzerischer Bewegungen werden Schrittarten eingeübt, die das Bewegungsvokabular der Kinder deutlich erweitern. Da gibt es den Nachstellschritt, Schleifschritt, Seitengalopp, Hopserlauf, Tupfschritt,

Stampfschritt, Schluss-Sprung und Spreizsprung. Wer sich auf dieses Feld begeben möchte, findet reichlich Anregungen in den Büchern von Anneliese Gaß-Tutt.[67]

Beim Lesen einer Zeile müssen die Augen die Mittellinie mühelos überqueren können

Wir wissen: Beide Gehirnhälften müssen zusammenarbeiten, damit wir uns richtig bewegen und effektiv lernen können. Diese Zusammenarbeit kommt beim Lesen nicht nur dadurch zum Tragen, dass aus Buchstaben Wörter werden. Es müssen erst einmal die einzelnen Zeichen der Reihe nach von links nach rechts entziffert werden, rasch und mühelos, damit unsere beiden Gehirnhälften ihr „Lesefutter" bekommen, das sie dann auswerten können. Nun ist es so, dass alle Bewegungen der linken Körperseite vom rechten motorischen Kortex und alle Bewegungen der rechten Körperseite vom linken Kortex gesteuert werden. Bei der Steuerung der Augenbewegungen ist für alles, was im linken Gesichtsfeld beider Augen anvisiert wird, die rechte Hemisphäre zuständig und für das rechte Gesichtsfeld die linke Hemisphäre.

Wenn wir lesen (oder schreiben), so beginnen wir damit auf der linken Seite einer Zeile, im linken Gesichtsfeld. Die rechte Hemisphäre steuert das Auge. Nun kommen wir in das Mittelfeld. Hier beginnt die linke Hemisphäre, sich „einzumischen", denn sie soll ja bald das Steuer übernehmen. In diesem Mittelfeld müssen nun beide Hemisphären zusammenarbeiten. Dann erfolgt – wie beim Staffellauf – die Stabübergabe an die linke Seite, während die rechte sich zurückzieht und Pause hat, bis in der nächsten Zeile alles wieder von vorne beginnt.

Wir beginnen mit dem	Lesen einer Zeile	auf der linken Seite
linkes Gesichtsfeld beider Augen	Mittelfeld	rechtes Gesichtsfeld beider Augen
rechte Hemisphäre	Zusammenarbeit rechts/ links Stabübergabe	linke Hemisphäre

Mir fällt auf, dass Kinder mit ungeschickten, nicht integrierten Bewegungen häufig dazu auch noch mit dem Überqueren der Mittellinie Probleme haben. Da die Augenbeweglichkeit und das mühelose Überqueren der Mittellinie für alle Kinder wichtig sind, üben wir das auch mit der ganzen Klasse.

Die liegende Acht – die Übung für ein leichteres Überqueren der Mittellinie

Den Aufbau dieser Übung und ihre Hintergründe habe ich in meinem Buch *Brain-Gym® & Co.* ausführlich dargestellt. Hier will ich mich auf das Notwendigste beschränken und Ihnen nur einen kurzen Abriss dieser Übungsmöglichkeit geben. Es muss noch angemerkt werden, dass auch diese Übung einen hohen diagnostischen Wert hat. Sie fällt genau den „richtigen" Kindern äußerst schwer, und es kommt bei ihnen zu den erstaunlichsten Fehlformen: zu bloßen Schaukelschwüngen, Spiralen, brezelartigen Gebilden, Kreiseln und Schleifen.

Richtig geht diese Übung so: Es wird mit einer Hand eine große liegende Acht in die Luft gemalt. Zu beachten ist:

Die Acht wird über das Mittelfeld schräg nach oben gezeichnet, die Bögen führen an den Seiten jeweils abwärts. Die Kreuzung der Acht sollte ungefähr in Höhe der Nase sein.

Der Kopf bleibt gerade, die Augen folgen der Hand, die die Acht zeichnet. Nach acht bis zehn Achterschwüngen kommt die andere Hand dran. Zum Schluss schwingen beide Hände in Form einer Acht.

Das In-der-Luft-Schwingen ist für viele Kinder anfangs sehr schwer. Deshalb empfehle ich den Übungsaufbau, den ich in *Brain-Gym® & Co.* vorgeschlagen habe. Außerdem kann die Acht noch auf einem großen Bogen Pack-

papier vorgezeichnet und nachgespurt werden, ebenso auf einem DIN-A4-Blatt oder in einem Sandkasten.

Bewährt hat sich bei mir folgendes Vorgehen: Ich klebe mit Tesakrepp-Klebeband die liegende Acht groß auf ein freies Wandstück, in Bodennähe. Ein Kind darf mit einem dicken Borstenpinsel die Acht nachfahren.

Was tun, wenn b und d verwechselt werden?

Es gibt Kinder, die mit den Augen allein manche Buchstaben nicht unterscheiden können: Sie verwechseln b und d, schreiben die 1 oder die 3 verkehrt herum und nehmen den Unterschied zwischen ihrer Fehlform und dem von der Lehrerin vorgegebenen Muster nicht wahr. Die Augen allein genügen hier als Sinneskanal nicht, um verlässlich das eine vom anderen unterscheiden zu können. Der wirkungsvollere Kanal für das genaue Speichern und Unterscheiden der verschiedenen Formen ist der kinästhetische. Buchstaben und Wörter werden nicht nur über das visuelle System gespeichert, sondern auch durch die Propriozeption, die Eigenwahrnehmung von Bewegungen. Diese leistet uns hervorragende Dienste, wenn wir das Schreiben von Buchstaben mit dem Schwung der liegenden Acht koppeln.

Dabei müssen wir darauf achten, welche Buchstaben in welche Seite der Acht hinein geschwungen werden können. Alles, was mit einem Schwung *gegen* den Uhrzeigersinn beginnt, muss in die linke Hälfte geschrieben werden. Nehmen wir gleich einmal das d.

d

Es beginnt mit einem Kreis gegen den Uhrzeigersinn. Kinder, die sich einen Buchstaben über die Bewegungsspuren merken sollen, fahren zuerst einmal nur die liegende Acht ab, mehrere Male, bis sie so richtig gut im Fluss sind.

Dann schwingen sie aus diesem Fluss ein d in die linke Hälfte der Acht. Diese Abfolge wird mindestens dreimal, besser fünfmal, wiederholt:

- Einige fließende Achterschwünge
- Aus dem Achter herauskommend fließendes Weiterschreiben auf das d zu.
- Wieder mit den flotten Achterschwüngen beginnen, d in die linke Hälfte.
- Das Ganze wird mehrere Male wiederholt.

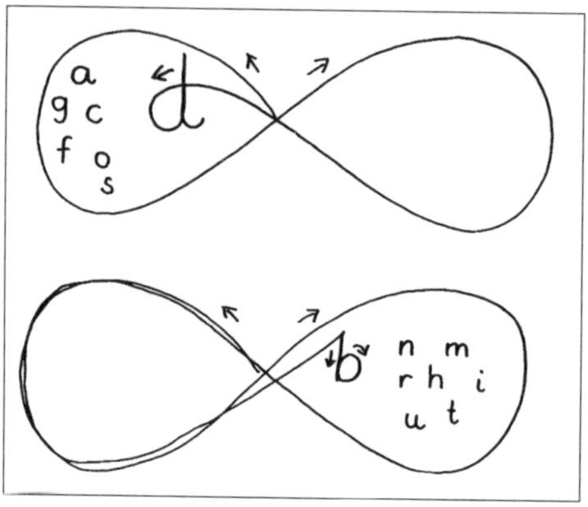

Danach wird das b in eine Acht hineingeschrieben. Das b beginnt mit einem senkrechten Strich. Der Bauch des b wird im Uhrzeigersinn geschrieben, und zwar in die rechte Seite der Acht, mit deren Bewegungsrichtung er sich deckt.

Mit verdrehten Zahlen kann genauso verfahren werden. Man muss nur überlegen, auf welche Seite der Acht eine Zahl oder ein Buchstabe gehören.

Was tun, wenn das Zusammenlesen von Wörtern nicht recht klappen will?

Damit aus einzelnen Buchstaben ein Wort werden kann, muss die rechte Gehirnhälfte assistieren. Die Zusammenarbeit beider Gehirnhälften können wir durch Bewegungen fördern, wie zum Beispiel das Überkreuzmuster. Aber: Es kann sein, dass die Leseprobleme gar nicht nur von mangelnder Zusammenarbeit der Hemisphären kommen, sondern dass bereits auf der „Lieferanten-Ebene" Schwierigkeiten bestehen.

Haben nämlich die Augen Schwierigkeiten, eine Zeile fließend und mühelos abzutasten, dann wird wahrscheinlich in der Großhirnrinde das „Rohmaterial" für das Lesen auch nicht optimal ankommen. Ob beim Lesen Augenstress vorliegt, kann ganz leicht überprüft werden:

Nehmen Sie eine Fingerpuppe, einen bunten kleinen Ball, einen dicken Farbstift oder Ähnliches in die Hand. Halten Sie den Gegenstand mit ca. 40 cm Abstand in Augenhöhe vor das Gesicht des Kindes. Und nun bewegen Sie ihn waagrecht langsam hin und her und geben dem Kind die Anweisung, den Kopf gerade und ruhig zu halten und den Gegenstand mit den Augen zu verfolgen. Die Augen sollen in einer fließenden Bewegung folgen können. Hüpfen sie, so dass sie eine Stecke überspringen, oder stocken sie zwischendurch, so bedeutet das, dass es Mühe macht, eine fließende Augenbewegung entlang einer Zeile auszuführen. Kommt zu dieser Bewegung dann noch die komplexe Tätigkeit „Lesen" hinzu, so wird das zu viel und wir stellen Leseprobleme fest, die in Wirklichkeit vielleicht Augenprobleme sind.

Augentraining

Die Augenbeweglichkeit kann einfach und wirkungsvoll trainiert werden durch Augengymnastik mit der liegenden Acht, kombiniert mit dem Rubbeln zweier „Augen-Reflexpunkte“, wie ich sie für mich nenne.

Die Augenacht

Sie nehmen wieder einen kleinen Gegenstand und bewegen ihn im Abstand von ca. 40 cm vor dem Gesicht des Kindes in Form einer liegenden Acht. Achten Sie darauf, dass die beiden langen Schräglinien in der Mitte bergauf führen und nur die seitlichen Bögen bergab.

Diese Form der Acht ist wirksamer, als wenn die Schräglinien bergab führen. Dafür gibt es verschiedene Erklärungen, auf die ich hier nicht eingehen möchte. Es ist auf alle Fälle *diese* Augenbewegung, die mehr Training braucht und schwerer fällt, denn das Bergab-Schauen fällt allen Kindern mit Leseproblemen leichter, während sie das Nach-oben-Schauen als anstrengend empfinden. Gelingt es aber, die Augenbewegungen so zu trainieren, dass sie leicht und fließend werden und mühelos in alle Richtungen gehen können, verbessert sich die Lesefähigkeit fast immer. Das habe ich oft festgestellt.

Die Reflexpunkte

Unter den Schlüsselbeinen befinden sich – an den Ecken zum Brustbein – die beiden Endpunkte des Nierenmeridians. In der chinesischen Medizin wird der Niere ein starker Einfluss auf die Funktion der Augen zugeschrieben. „Vor allem die Nieren-Essenz nährt die Augen“ und „Nieren-Yin-Mangel kann zum Nachlassen der Sehkraft und zu trockenen Augen führen“ heißt es blumig bei Giovanni Maciocia, dem Klassiker für chinesische Medizin schlechthin.[68]

Werden nun die beiden Endpunkte des Nierenmeridians gerubbelt, während die Augen eine Achterbewegung ausführen, so verbessert das die Wirkung dieser Augengymnastik ganz erheblich.

Viele Kinder können bereits nach einer einmaligen Übung, bei der sie fünf- bis siebenmal eine liegende Acht mit den Augen „geturnt“ haben, in Verbindung mit dem Rubbeln dieser „Reflexpunkte“, wesentlich besser zusammenlesen und verstehen auch, was sie gelesen haben. Für mich ist es immer wieder frappierend, das zu erleben, aber es ist nun mal so und lässt sich auch gut erklären.

Ich erlebte diese Übung schon immer als äußerst wirkungsvoll, folgte früher aber – als ich mich noch nicht mit chinesischer Medizin beschäftigt hatte –

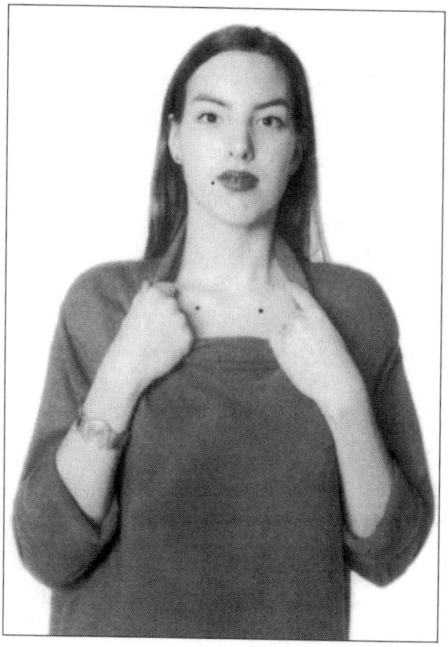

ausschließlich dem Erklärungsmodell P. Dennisons, der diese „Reflexpunkte“ als „Gehirnknöpfe“ bezeichnet und der auch darauf besteht, dass das Rubbeln dieser Punkte in Verbindung mit dem Halten des Bauchnabels erfolgen muss.[69] Ich habe inzwischen festgestellt, dass es auch so hervorragend wirkt.

Eine schöne laute Stimme erleichtert das auditive Erkennen gelesener Texte

Kinder, die sich laut, mit kräftiger Stimme und gut betont artikulieren, gehören nicht zu den schlechten Lesern. Diese schreien vielleicht im Pausenhof herum, sind aber, wenn es ans Lesen oder ans schöne Sprechen geht, meist nicht in der Lage, gut betont, laut und deutlich zu sprechen.

Sprechtraining ist immer auch Lesetraining. Wie wichtig das Rezitieren von Gedichten ist, wurde bereits ausführlich besprochen. Hier sollen Möglichkeiten aufgezeigt werden, wie Kindern das genaue Hören und das schöne Sprechen erleichtert werden können.

Die Denkmütze für genaues Hören

Zu meinem Hörtraining gehört es, mit Kindern Stimmübungen zu machen und sie Töne nachsingen zu lassen. Das ist für viele nicht leicht. Ich lasse einen Ton „frei“, indem ich ihn vorsinge und fordere die Kinder auf, genau diesen Ton wieder „einzufangen“ durch genaues Nachsingen. Das versuchen wir einzeln, aber auch mit der ganzen Klasse. Beim ersten Ton ist der Erfolg zunächst noch nicht überwältigend, obwohl sich das rasch ändert, je weiter unser Training insgesamt fortschreitet. Ich singe also „La“ und alle Kinder singen nach: „La“. Dann „fangen“ auch noch einzelne Kinder diesen Ton und singen ebenfalls „La“.

Anschließend rubbeln wir alle unsere Ohren so, wie Paul Dennison es bei seiner Übung „Denkmütze“ macht: Wir beginnen am oberen Rand und rub-

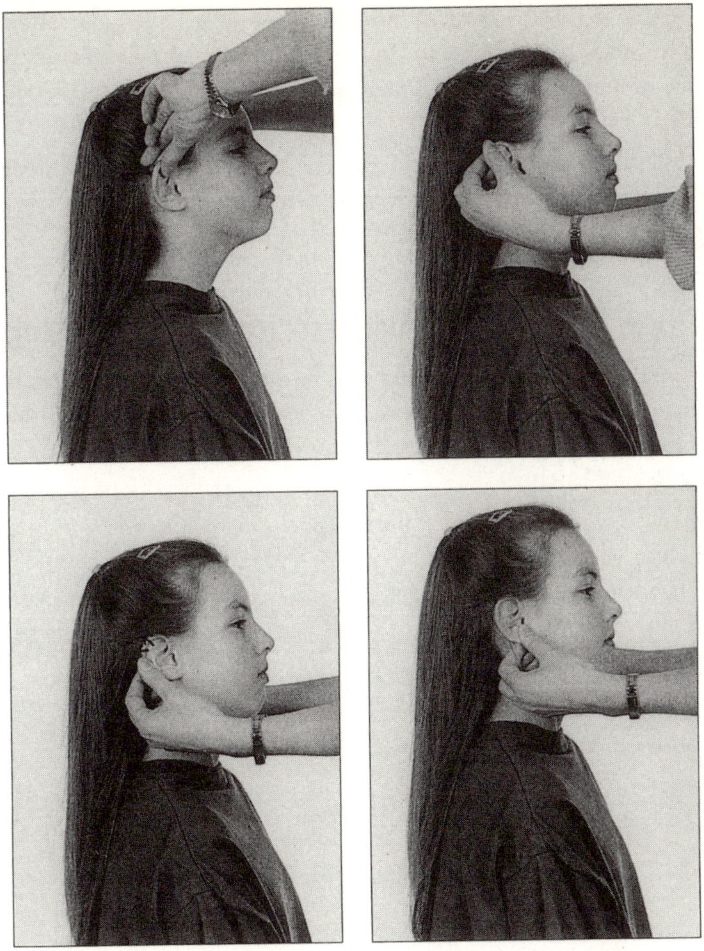

beln von da an abwärts am Ohrenrand entlang und zwar so, dass wir das eingerollte Ende nach hinten biegen, als wollten wir es bügeln. Am Ohrläppchen angekommen, reiben wir dieses kräftig und machen dann alles noch mal von vorn, insgesamt drei- bis fünfmal.

Danach gehen wir wieder auf Tönejagd. Wir stellen fest: Der Ton wird jetzt leichter erwischt. Die Stimmen sind jedoch meist immer noch nicht kräftig genug und das Ganze hört sich eher ein bisschen kümmerlich an. Deshalb machen wir jetzt noch eine Übung für die kräftige Stimme:

Wir reißen den Mund so weit auf, wie es geht. Gleichzeitig strecken wir uns gründlich und gähnen, wenn wir es können, was bei dieser Übung ganz leicht ist. Dann reißen wir den Mund noch einmal weit auf und massieren das Kiefergelenk.

Anschließend wieder: Tönejagd. Nun sind alle Stimmen entschieden kräftiger. Erst nach diesen Vorübungen singen wir gemeinsam. Oft führen wir diese Übungen auch durch, bevor wir ein Gedicht aufsagen oder eine Theaterprobe abhalten.

Weitere Übungen zur Verbesserung der Lernfähigkeit

Die wichtigsten und wirkungsvollsten Übungen für ein Training grundlegender Fähigkeiten und die Prophylaxe von Lernstörungen habe ich hier aufgeführt. Doch das ist nicht alles, was es zu diesem Thema zu sagen gäbe. Das füllt ein eigenes Buch.[70]

Wenn Sie erst einmal die Erfahrung gemacht haben, wie wirkungsvoll bereits die hier vorgestellten Übungen sind, werden Sie wahrscheinlich Lust bekommen, sich über dieses Gebiet gründlicher zu informieren. Vorerst aber sind Sie mit dem hier Aufgeführten gut versorgt und können damit sehr effektiv arbeiten.

Schlussgedanken

Als ich vor vielen Jahren die Pfade „fertiger" Leselehrgänge verließ, dachte ich mir manchmal: Kannst du denn das ganze Übungsmaterial beschaffen und wird dir nicht unterwegs auf einmal die Luft ausgehen? Rückblickend weiß ich, wie richtig es war, mich auf mein Gefühl zu verlassen und Lesen so zu lehren, wie es mir sinnvoll und richtig erschien. Die Luft ist mir niemals ausgegangen. Ich habe im Gegenteil im Lauf der Jahre so viel an Ideen und an Übungsmöglichkeiten dazu gewonnen, dass ich nun dabei bin, auszusondern und das Bessere dem Guten vorzuziehen.

Was für mich allerdings all die Jahre unersetzlich war und sicher auch bleiben wird, das sind die Buchstabengeschichten und -gedichte. Ihre Figuren sind für mich fast Freunde geworden und haben inzwischen viele Kinder und Lehrer, wie mir immer wieder berichtet wird, amüsiert und erfreut. So sind sie – ob sie nun Anton, Otto, Dora Dussel, König Karl oder Tom Trampeltier heißen – die besten Botschafter für das, was ich heute genauso leidenschaftlich wie vor zwölf Jahren bei der ersten Fassung meines Buches an Mann, Frau und Kind bringen möchte:

Lesen kann phantastisch sein!

Anmerkungen

1 Buchner, Christina: Schulerfolg ist machbar, Freiburg: Herder, 2003

2 Vgl. Seite 53 ff.

3 Buchner, Christina: Coach dein Kind, Wien: öbv&hpt Verlag, 2003

4 Vgl. Seite 168 ff.

5 Vgl. S. 225 ff und 235 ff.

6 Prof. Dr. Friederike Klippel ist Inhaberin des Lehrstuhls für Didaktik des Englischunterrichts an der Ludwig-Maximilian-Universität München.

7 Hüholdt, Jürgen: Wunderland des Lernens, Bochum: Verlag für Didaktik, 1984

8 Blakeslee, Thomas R.: Das Rechte Gehirn, Freiburg: Aurum, 1988

9 Thompson, Richard F.: Das Gehirn, Heidelberg 1990
Springer, Sally, und Deutsch, Georg: Rechtes Gehirn, linkes Gehirn, Heidelberg 1990

10 Buchner, Christina: Der Räuber Thalamus und andere Geschichten. Brainstories zur Lernbiologie für Eltern und Pädagogen, Kirchzarten: VAK, 1998

11 Nach M. Moliné und J. Douce zitiert in: Hüholdt, a.a.O., S. 123

12 Hüholdt, a.a.O., S. 123

13 Buchner, Der Räuber Thalamus, a.a.O.

14 Auf die Frage, wie die Wirkungsweise von Thalamus und schwarzen Sheriffs ausgeschaltet werden kann, gehe ich in Teil 2 dieses Buches näher ein.

15 Buchner, Der Räuber Thalamus, a.a.O., S. 88 ff.

16 Buchner, Der Räuber Thalamus, a.a.O., S. 89 f.

17 Buchner, Christina: Brain-Gym® & Co. – kinderleicht ans Kind gebracht, Kirchzarten: VAK, 1997

18 Siehe hierzu auch: Hannaford, Carla: Mit Auge und Ohr, mit Hand und Fuß, Kirchzarten: VAK, 21998

19 Siehe hierzu: Buchner, Christina: Neues Rechnen, neues Denken, Kirchzarten: VAK, 22001

20 Bettelheim, Bruno: Ein Leben für Kinder, Stuttgart: Deutsche Verlags-Anstalt, 1987, S. 388

21 Buchner, Christina: Lesen lernen mit links ... und rechts, gehirnfreundlich und ohne Stress, Kirchzarten: VAK, ^{6}2002

22 Buchner, Christina: Kluge Kinder fallen nicht vom Himmel, Freiburg: Herder, 1997, S. 62 ff.

23 Winn, Marie: Die Droge im Wohnzimmer, Reinbek: Rowohlt, 1980

24 Tomatis, Alfred: Das Ohr – die Pforte zum Schulerfolg, Dortmund: verlag modernes lernen, 1998

25 Tomatis, a.a.O.

26 Buchner, Christina: Stillsein ist lernbar, Kirchzarten: VAK, ^{5}1999

27 Tomatis, a.a.O.

28 Sanders, Barry: Der Verlust der Sprachkultur, Frankfurt am Main: Fischer Taschenbuch Verlag, 1998

29 Tomatis, a.a.O.

30 Bruck, M., zitiert in Hasselhorn, Marcus; Schneider, Wolfgang, und Marx, Harald (Hrsg.): Diagnostik von Lese-Rechtschreibschwierigkeiten, Göttingen: Hogrefe, 2000

31 Reichen, Jürgen: Lesen durch Schreiben, Zürich: sabe, 1988

32 Buchner, Christina: Schreibvergnügen. Wie Kinder das Geschichtenschreiben lernen können, München: Oldenbourg, 1990

33 Reichen, a.a.O.

34 Für alle Bilder auf den Seiten 113 bis 126: © Horst Lemke, 1970: *Mein buntes Bilderwörterbuch,* erschienen beim C. Bertelsmann Jugendbuch Verlag, einem Unternehmen der Verlagsgruppe Random House GmbH, München

35 Bezugsquelle für elektrisch betriebene Spiralbindegeräte: Lehrmittel Erika Frey, Amselweg 6, Oberpframmern, Tel. 08093/2211.

36 Spitta, Gudrun: Kinder schreiben eigene Texte in Klasse 1 und 2, Bielefeld: CVK, 1985, zitiert nach Reichen, a.a.O.

37 Schilling, F.: Marburger Graphomotorische Übungen, Dortmund: verlag modernes lernen, 1983

38 Frühwirth, Inge Maria: Simile-Serie, Wien: Jugend und Volk

39 Bayerisches Lesebuch für das zweite Schuljahr, München: Bayerischer Schulbuchverlag, 1954

40 Buchner, Christina: Kluge Kinder fallen nicht vom Himmel, a.a.O.

41 Bezugsquelle für Aufkleber: Jako-O Versand, Postfach 1150, D-96473 Rodach, Tel. 09564-929315
Bezugsquelle für Press-Schwämme: Apel Versand, Mühlengrund 5, 99988 Wendehausen, Tel. 036024-88425

42 Tomatis, a.a.O.

43 Grimm, Gabi, und Kuhn-Henking, Regula: Lesen und verstehen, Schaffhausen/ Schweiz: SCHUBI-Lernmedien AG, 1998

44 Gärtner, Hans: Kinderwitze

45 Zitiert in: Birkenbihl, Vera: Stroh im Kopf, Landsberg am Lech: mvg

46 Zitiert in: Birkenbihl, a.a.O.

47 Siehe hierzu die Bücher von Fritjof Capra, zum Beispiel Capra, Fritjof: Wendezeit, Bern/München/Wien: Scherz

48 Siehe hierzu auch: Damasio, Antonio R.: Descartes' Irrtum, München: List, 1995

49 Liste aus: Birkenbihl, a.a.O.

50 Leicht abgewandelt nach Birkenbihl, a.a.O.

51 Buchner, Christina: Schreibvergnügen, a.a.O.

52 Buchner, Stillsein ist lernbar, a.a.O., und: Buchner, Christina, und Wimmer, Silvia: Wassermann und Eskimo, Kirchzarten: VAK, 1997

53 Detaillierte Anleitungen zu Entspannungsübungen und zu Superlearning finden Sie in: Buchner, Stillsein ist lernbar, a.a.O.

54 Buchner, Christina: Ich will einfach wichtig sein, Freiburg: Herder, 2000, S. 125

55 Buchner, Stillsein ist lernbar, a.a.O., und Brain-Gym® & Co., a.a.O.

56 Die Cook-Übung ist genau beschrieben in: Buchner, Brain-Gym® & Co., und in Buchner, Stillsein ist lernbar, a.a.O.

57 Genaue Anweisungen hierzu finden Sie in: Buchner, Brain-Gym® & Co., a.a.O.

58 Buchner, Brain-Gym® & Co., a.a.O.

59 Siehe hierzu: Damasio, Descartes' Irrtum, a.a.O.

60 Mehr zu dieser Übung in: Buchner, Stillsein ist lernbar, a.a.O., S. 51 ff.

61 Buchner, Brain-Gym® & Co., a.a.O.

62 In meinem Buch Der Räuber Thalamus und andere Geschichten habe ich alle Geschichten über das Gehirn und seine Arbeitsweise veröffentlicht, so wie ich sie Kindern erzähle.

63 Buchner, Der Räuber Thalamus, a.a.O.

64 Doman, Glenn: Wie kleine Kinder lesen lernen, Freiburg: Hyperion, 1966, und Doman, Glenn: Was können Sie für Ihr hirnverletztes Kind tun, Freiburg: Hyperion, 1980

65 Sehr ausführlich ist der Aufbau von Überkreuzbewegungen beschrieben in: Buchner, Brain-Gym® & Co., a.a.O.

66 Ausführliche Anleitungen hierzu in: Buchner, Brain-Gym® & Co., a.a.O., S.127 ff.

67 Gaß-Tutt, Anneliese: Tanzkarussell 1 und 2, Boppard: Fidula, o.J.

68 Maciocia, Giovanni: Die Grundlagen der Chinesischen Medizin, Kötzting: Verlag für Traditionelle Chinesische Medizin, 1994

69 Dr. Paul Dennison, Begründer der Edu-Kinestetik

70 Buchner, Brain-Gym® & Co., a.a.O.

Über die Autorin

Christina Buchner ist Rektorin an einer Grundschule im Landkreis München. Sie erprobt seit mehr als zwanzig Jahren alternative Unterrichtsmethoden. Nach zehn Unterrichtsjahren an der Hauptschule wechselte sie an die Grundschule. Dort entwickelte sie ihre eigene Methodik und Didaktik des Lesenlernens, ferner Konzentrations-, Meditations- und Bewegungsübungen für Kinder sowie einen eigenen Rechenlehrgang für elementare Mathematik. Bei VAK veröffentlichte sie sechs weitere Bücher, in denen sie ihre Ideen und Erfahrungen darstellt: *Lesen lernen mit links ... und rechts, gehirnfreundlich und ohne Streß; Stillsein ist lernbar; Brain-Gym® & Co. – kinderleicht ans Kind gebracht; Wassermann und Eskimo; Der Räuber Thalamus und andere Geschichten; Neues Rechnen – neues Denken.* Sie hält Vorträge und gibt Seminare zur Lehrerfortbildung.

Christina Buchner:

Lesen lernen mit links

... und rechts, gehirnfreundlich und ohne Streß. Bilder, Geschichten, Ideen für Lehrer, Eltern und Therapeuten

Dieses Buch zeigt Lehrern, Eltern, Logopäden und anderen Therapeuten, wie sie Kindern dazu verhelfen können, gut und gerne zu lesen. Wird diese Leselernmethode von Anfang an eingesetzt, lassen sich viele Lernprobleme vermeiden: durch Ansprechen der linken *und* der rechten Gehirnhälte. Anders als herkömmliche Lesefibeln vermittelt Christina Buchner das Alphabet spielerisch anhand von Geschichten mit Tiefgang, die Kindern Spaß machen.

186 Seiten, 55 Abbildungen, Spiralheftung, (18 x 24,5 cm),
ISBN 3-924077-49-5

Christina Buchner:

Stillsein ist lernbar

Konzentration, Meditation, Disziplin in der Schule

Immer weniger Kinder können heute noch richtig zuhören, horchen, ge-horchen. Die Flut der Bilder von außen – etwa die des Fernsehens – verhindert das Entstehen eigener innerer Bilder. Kinder haben mehr Zerstreuung, als ihnen gut tut. Was ihnen fehlt, ist Sammlung. Lehrer sind zunehmend mit Lernstörungen, mit Hyperaktivität und Aggressivität konfrontiert. Die Entspannungs-, Konzentrations- und Meditationsübungen, die die Autorin dem entgegensetzt, machen fruchtbares Unterrichten wieder möglich. Das Buch bietet eine Fülle von Vorschlägen, die sich in der Schule bewährt haben.

182 Seiten, 30 Abbildungen, Paperback (18 x 24,5 cm),
ISBN 3-924077-65-7

Carla Hannaford:

Was jedes Kind zum Wachsen braucht

Zwischen Computer und Waldkindergarten: So werden Kinder stark fürs Leben

Mit anschaulichen Beispielen schildert Carla Hannaford, was zu einem abwechslungsreichen Umfeld dazugehört, in dem die Anlagen der Kleinen sich optimal entfalten. Eltern und Erzieher erfahren hier, welche Bedingungen sie für eine ganzheitliche Förderung der Kinder schaffen müssen. Die Autorin versteht Erziehung als „Begleitung ins Leben" und stellt daher die persönliche Beziehung zwischen Eltern und Kind in den Mittelpunkt. Sie eröffnet Perspektiven für eine Pädagogik, die den physischen, emotionalen und intellektuellen Bedürfnissen der Kinder gerecht wird.

216 Seiten, 38 Abbildungen, Paperback (15 x 21,5 cm)
ISBN 3-935767-11-0